KB261950

학습하는 당신이 희망이다

지은이 | 손석춘
펴낸이 | 김성실
편집 | 박남주 · 천경호 · 조성우 · 손성실
마케팅 | 이준경 · 이용석 · 김남숙 · 이유진
디자인 · 편집 | (주)하람커뮤니케이션(02-322-5405)
종이 | 한림P&P
제작 | 미르인쇄
펴낸곳 | 시대의창
출판등록 | 제10-1756호(1999. 5. 11)

초판 1쇄 인쇄 | 2009년 10월 7일
초판 1쇄 발행 | 2009년 10월 14일

주소 | 121-816 서울시 마포구 동교동 113-81 4층
전화 | 편집부 (02) 335-6125, 영업부 (02) 335-6121
팩스 | (02) 325-5607
블로그 | sidaebooks.net

ISBN 978-89-5940-156-7 (03300)
책값은 뒤표지에 있습니다.

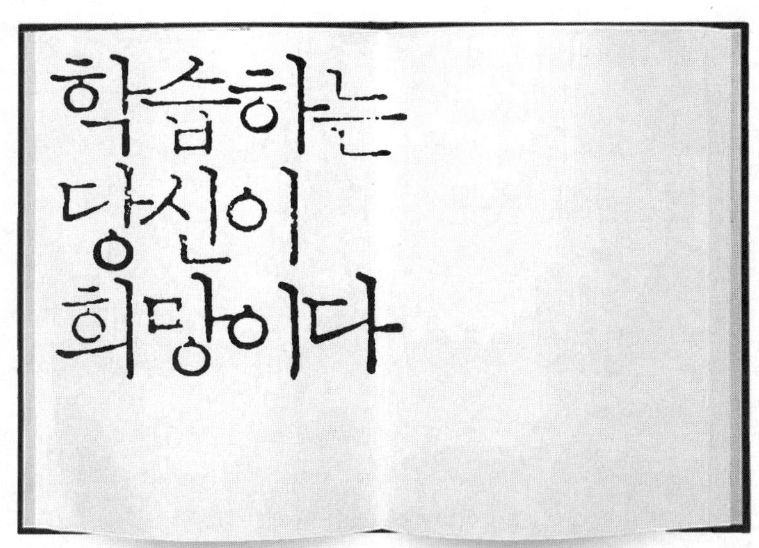

학습하는 당신이 희망이다

손석춘의 촌철살인

시대의창

《학습하는 당신이 희망이다》 이 책의 표제는 참 서툰 '말 걸기'다. 입시지옥에서 '학습'이란 말을 지겹도록 들어왔거나 대뜸 '운동권'을 떠올리는 이가 적지 않다는 사실을 모르지 않는다. 책읽기를 즐거워하지 않는 세태와도 아귀가 맞지 않는다. 자칫 '계몽주의자' 아니냐는 핀잔마저 들을 수 있다.

하지만 바로 그렇기에 이 책의 표제는 더 정당하고 더욱 절실하다. 이 절망스런 공화국에서 희망은 학습하는 '당신'에게 있기 때문이다. '당신'은 이 책을 펴 여기까지 몇 줄 읽은, 바로 당신이다. 동시에 미국 시사주간지 《타임》이 2006년 '올해의 인물'로 선정한 '당신YOU'이다. 인터넷이 열어놓은 공간에서 '당신'은 이미 '인류의 삶에 가장 큰 영향을 끼치는 사람'이다.

이 책의 첫 글은 6월대항쟁 20돌을 맞아 2007년 6월 10일 새벽에 써서 인터넷에 띄웠다. 그로부터 2009년 8월 15일까지 옹근 2년 동안 대한민국은 이명박 정권의 등장과 한나라당의 국회 과반의석 확보, 촛불항쟁, 서울 용산참사, 노무현 전 대통령의 비극적 자살, 미디어악법 날치기, 쌍용자동차의 전쟁으로 이어지며 소용돌이쳤다. 네티즌 대다수가 비관과 낙관, 다시 비관으로 시계추처럼 오간 그 시기를 정확하게 짚어야 할 까닭은 그것이 회고하고 추억해야 할 과거의 문제가 아니라 대한민국의 미래와 직결되어 있기 때문이다. 이 책은 그 2년 동안 여러 미디어에 쓴 글을 모았다. 단순한 모음집이 아니라 일관된 주제로 2년 동안 삶의 현장을 담으며 써온 책이라고 해도 무방하다.

이 책을 관통하는 핵심어는 '주권'이다. 6월대항쟁이 20돌을 맞은 날, 인터넷에 주권운동을 제안한 이유는 한국 민주주의가 후퇴할 조짐이 또렷했기 때문이다.

"모든 권력은 국민으로부터 나온다. 희미한 옛 추억의 한 구절이 아니다. 대한민국 헌법 조항이다. 민주공화국임을 밝힌 헌법은 곧바로 2항에서 대한민국의 주권은 국민에게 있다고 천명한다."

6월대항쟁 20돌을 맞은 날 쓴 칼럼의 첫 문장이다. 2007년 6월, 당시 대통령 선거운동이 본격화한 시점이었다. "한여름에 함박눈 쏟아지듯 최루탄을 쏘아대던 바로 그들이 곳곳에서 화려하게 부활하고 있다. 저들이 만발한 곳곳마다 어두운 체념과 절망이 퍼져간다"고 진단했다. 바로 그렇기에 "모든 권력이 국민으로부터 나오는 민주공화국을 세워갈 '국민주권운동'을 결연히 제안"한다고 밝혔다. 하지만 대통령을 뽑는 선거 정국이어서 국민주권운동 제안은 묻혀갔다.

대선 뒤 절망의 담론이 지배하고 있던 2008년 3월에 열린 새로운사회를여는연구원 총회에서 '왜 다시 민중인가'라는 제목으로 강연을 하며 '주권운동은 국민 대다수인 민중이 주체가 되어 새로운 경제, 새로운 사회를 열어가는 새로운 정치과정'이라고 거듭 강조했다. 바로 그렇기에 그해 5월부터 타오른 '촛불 바다'는 내게 경이였고 감동이었다.

〈헌법 제1조〉노래가 서울 광화문 사거리와 전국 곳곳에서 퍼져갈 때,
더욱 그랬다.

2008년 5월부터 100만 명이 넘는 국민이 참여해서 100회 넘도록 타
오른 촛불항쟁은 '광우병 쇠고기' 반대에서 출발해 '모든 권력이 국민
으로부터 나오는 민주공화국'을 열망하며 국민 스스로 전개한 최초의
주권운동이다. 바로 그 점에서 촛불항쟁은 21세기의 세계사적 지평을
함축하고 있다. 과도한 평가는 금물이지만 학문적 식민성에 사로잡혀
자신이 딛고 있는 사회에서 일어난 민중의 새로운 창조성을 개념화하
지 못하는 일 또한 우리가 경계해야 옳다. 촛불항쟁의 형식도, 주권운
동의 내용도, 모두 세계사적 전망을 품고 있다.

촛불항쟁의 정신인 '주권'은 결코 어려운 개념이 아니다. 대한민국
헌법이 명문화한 '모든 권력이 국민으로부터 나오는' 공화국을 누가
어떻게 구현할 것인가의 문제다.

문제의 핵심은 주권을 실현해갈 주체에 있다. '학습하는 당신'을 이
책이 전면에 부각한 까닭이다. 범국민적 주권운동을 제안했던 바로 그
해(2007년)에 노무현 대통령도 주권운동을 역설했다. 당시 한미자유무
역협정FTA을 아무런 여론 수렴 없이 일방적으로 강행한 대통령이 같
은 이름으로 '주권운동'을 제안했을 때 당혹스러웠다. '접점'을 찾을
수 없었기에 그의 신자유주의 정책을 날카롭게 비판할 수밖에 없었다.
이 책의 1부 '저 빛나던 노사모는 어디 갔는가'에는 그 고심에서 나온
글들이 실려 있다.

그런데 비극적 최후를 맞은 이후 공개된 노무현 전 대통령의 퇴임
뒤 유고를 보면 수렴 가능성을 보여준다. 고인이 '세계 경제위기와 버
락 오바마 정권의 등장'을 평가하면서 신자유주의와 한미자유무역협

정에 대해 새로운 인식을 보여주었기 때문이다.

유고에서 더 공감하는 대목은 인터넷에 대한 고인의 비판이다. 고인은 "많은 사람들은 인터넷에 새로운 기대를 걸고 있다"고 지적하면서도 동시에 "인터넷에 들어가보면 정보는 넘쳐나지만 내용이 부실하다. 분노와 증오는 넘쳐나지만 사실과 논리는 부족하고, 깊이도 모자라고, 비슷한 생각끼리도 서로 앞뒤가 맞지 않고 충돌한다. 이렇게 해서는 사람들의 생각을 움직일 수가 없다"고 분석했다. 최근의 인터넷문화에 적실한 비평이다.

이 책에 실린 글들은 주권운동의 방법으로 사회 모든 부문에서 주권을 '학습하고 토론하는 소모임'의 확대를 강조하고 있다. 학습과 토론이 절실한 이유는 새로운 사회가 '민중의 창조물'이라는 데 있다.

이 책은 3부로 나누어져 있다. 1부는 2007년 6월 10일 국민주권운동을 제안한 칼럼에서 시작해 2008년 2월 이명박 대통령 취임 직전까지 쓴 글이다. 이명박 후보의 '경제 살리기' 공약이 얼마나 허구적인가를 부각하고 선거 공간에서 유권자들의 학습과 토론을 강조했다. 진보정당의 분열을 반대하는 날 선 글도 담겨 있다.

2부는 이명박 대통령의 취임식 날로 시작한다. 그날 아침 인터넷에 올린 '취임식 날에 마지막 날을 충고하는 까닭'에서 신자유주의로 경제 살리기는 불가능함을 명토박았다. 촛불항쟁이 벌어졌을 때 쓴 글에서도 주권의 필요성, 학습의 중요성을 제안했다. 아울러 이명박 정권의 경제정책이 한나라당 후보 경선 때 박근혜의 '줄푸세' 정책과 똑같다는 사실을 부각해 이명박의 대안이 박근혜로 떠오르는 현상에 경계할 필요성을 제기했다.

3부의 첫 글 〈민중의 슬기가 희망이다〉는 2009년 1월 1일 《한겨레》

에 기고한 칼럼이다. 미네르바 구속을 비롯한 인터넷 통제를 비판하고 서울 용산 철거민 참사를 고발했다. 이어 노무현 전 대통령의 서거와 추모 열기에 담긴 의미를 짚고 우리가 무엇을 할 것인가를 그때그때 제시한 글을 담았다.

닫는 글에서 제안했듯이 이명박 정권 이후에 박근혜 정권이 들어서는 최악의 시나리오를 막으려면 지금 우리가 무엇을 해야 할까는 자명하다. 촛불항쟁은 2008년 8월에 끝난 게 아니라 시작이기에 더 그렇다. 여울여울 타오르는 촛불의 한복판에서 《주권혁명-우리가 직접 정치하고 직접 경영하는 즐거운 혁명》을 출간하며 강조했듯이 주권혁명은 하루아침에 이뤄질 수 없다. 정치사상을 다룬 《주권혁명》이 다가서기 부담스러웠던 독자들도 이 책 《학습하는 당신이 희망이다》에선 왜 주권운동이 절실한 시대정신인가를 구체적 사안 속에서 쉽게 학습할 수 있으리라고 감히 판단한다. 외람되지만 주권운동의 더 깊은 논리를 탐구하고 싶은 독자에겐 이 책과 더불어 《주권혁명》의 학습과 토론을 권하고 싶다. 학습하는 당신이 희망인 까닭이다.

새로운사회를여는연구원에서

손석춘

CONTENTS

제 2 부

왜 다시 민중인가

제 3 부

학습하라, 토론하라, 연대하라

저 빛나던 '노사모'는 어디 갔는가

당신은 아직 절망할 자격이 없다

6월항쟁 20돌, '국민주권운동'을 제안한다

"모든 권력은 국민으로부터 나온다."

희미한 옛 추억의 한 구절이 아니다. 대한민국 헌법 조항이다. 민주공화국임을 밝힌 헌법은 곧바로 2항에서 대한민국의 주권은 국민에게 있다고 천명한다.

현실은 어떤가. 6월대항쟁 20돌을 맞은 오늘, 전국 곳곳에서 성대한 기념식이 열린 오늘, 솔직할 때다. 과연 이 땅의 모든 권력은 국민으로부터 나오고 있는가? 전혀 아니다. 되레 우리를 오랫동안 짓눌렀던 세력이 총과 대검, 곤봉이 아니라 법과 제도, 절차적 민주성을 앞에 내세워 다시 이 땅의 국민을 덮쳐오고 있다.

보라. 한여름에 함박눈 쏟아지듯 최루탄을 쏘아대던 바로 그들이 곳곳에서 화려하게 부활하고 있다. 저들이 만발한 곳곳마다 어두운 체념과 절망이 퍼져간다. 개혁 열망에 힘입어 집권한 정치인들까지 이미 저들과 '경제대연정'을 펴고 있다.

한국 정치판 안팎에서 '오래된 격언'이 여전히 나돈다. '그놈이 그놈'이란다. '구관이 명관'이란 말로 이어진다. 2007년 대선을 앞둔 한국 정치는 정확히 그 지점에 서 있다.

과연 그래도 좋은가. 결코 아니다. 바로 그래서다. 모든 권력이 국민으로부터 나오는 민주주공화국을 세워갈 '국민주권운동'을 결연히 제안한다. 국민주권운동이 절실한 까닭은 우리가 왜 참담한 상황까지 왔는가를 짚어보는 것만으로 충분하다. 최루탄 쏟아지는 거리에서 싸운 사람들이 정치를 직업적 정치인들에게만 맡겼기 때문이다. 우리가 다시 생활현장으로 돌아가면서 정치꾼들에게 정치를 일임한 탓이다. 그 결과다. 우리가 거리에서 온몸으로 돌을 던질 때, 생활전선에서 일하고 있을 때, 자신의 정치적 욕망이나 부의 축적을 목표로 했던 저들이 피투성이 민주투쟁의 결실을, 우리의 노동의 대가를, 저 높은 자리에 앉아 만끽해왔다.

진정 묻고 싶다. 앞으로도 저들에게 정치를, 경제를 모두 맡겨두고 그저 우리는 그들 가운데 조금 나아보이는 사람에게 4~5년에 한 번씩 투표나 하고, 일터에선 평생 시키는 대로 일하며, 꼬박꼬박 세금만 내다가 어느 날 쫓겨날 터인가. 저들이 독점한 정치가, 저들이 독점한 경제가 우리의 삶을 얼마나 황무지로 만들고 있는가. 비정규직 노동자가, 농민이 대낮에 시위 현장에서 공권력이 휘두른 폭력에 맞아죽어도 조용한 나라에 우리는 살고 있다.

좋다. 우리는 '참을 인' 자 새겨가며 살 수 있다. 모난 돌이 정 맞으니 둥글둥글 살자고 권할 수도 있다. 하지만 오늘 우리가 체념하면, 절망하면, 우리 아이들이 살아갈 세상은 어떻게 될까?

한미자유무역협정이 체결되어 양극화가 심화되고, 미―중 사이에 갈등이 커지면 전쟁터가 될 위기에 시달려야 할까? 대학 들어가기 더 어렵고, 졸업해도 비정규직 일자리가 대부분인 사회에서 우리 아이들이 살아가도 과연 좋은가?

아니다. 모든 게 돈으로 환산되고, 모든 게 이윤이 목적이고, 양극화가 심화되어가는 저들의 공화국, 아니, 저들의 왕국으로 걸어 들어가는 게 필연은 결코 아니다. 지금 우리는 갈림길에 서 있다. 저들의 왕국으로 가는 길과 다른 길이 있다. 돈보다 사랑이, 경쟁보다 연대가 중시되는 새로운 사회, 고루 잘사는 사회, 민주공화국으로 가는 길이 그것이다. 그 선택은 누가 하는가? 직업적 정치인들이 아니다. 전경련이나 경총은 더욱 아니다. 바로 우리다. 정치에 침을 뱉어도 좋다. 다만 '제 얼굴에 침뱉기'임을 알고 뱉을 일이다.

단호히 말한다. 우리는 정치에 절망할 자격이 없다. 왜? 절망하기엔 우리가 온전히 한 일이 없다. 우리는 늘 정치를 저들만의 것으로 삼아왔다. 경제적 주요 결정도 저들만의 것으로 여겨왔다. 하지만 민주주의의 가장 성숙한 모습은 '자기 통치'에 있다.

대통령을 뽑을 권리조차 주지 않았던 군사독재에 맞서 우리는 직선제라는 국민주권을 스스로 만들었다. 하지만 국민주권은 투표가 결코 전부는 아니다. 6공화국에서 네 사람의 대통령을 직선으로 뽑은 오늘, 다섯 번째 정치인을 뽑아야 할 오늘, 과연 모든 권력은 국민으로 나오는가? 진지하게 물어야 할 때다. 대답이 부정적이라면 이제 우리 스스로 나서야 옳다. 모든 권력이 우리로부터 나오게 만들어가야 한다. 더는 누군가 해주길 기대하지 말자. 그래서 공연히 지치지 말자. 우리 스스로 할 때다. 그것이 자기 통치라는 민주주의 이념이다. 모든 권력은 국민으로부터 나온다는 헌법정신이다.

그렇다. 2007년 대선에서 또다시 특정 인물에 기댈 수 없다. 국민주권운동이 절실한 까닭이다. 지난 대선에서 썩은 정치를 청산해버리고

자 했던 국민들의 의지는 '노사모'로 나타났다. 하지만 한계가 있었다. 특정 인물 중심의 결집이었다. 이제는 달라야 한다. 인물이 아니라 분명한 가치와 정책, 법률과 제도의 개혁이 중심에 서야 한다.

두 가지 갈림길에서 선택권이 분명 우리에게 있는데도 우리 아이들에게 저들의 왕국을 물려주는 것은 죄악이다. 체념할 때가 아니다. 누군가를 기다릴 때도 아니다. 우리 스스로 깨끗한 희망을 만들어가야 옳다. 정치·경제·언론 부문의 모든 권력이 국민에서 나올 수 있도록 법과 제도는 물론, 사람을 바꿔가는 일, 바로 그것이 국민주권운동이다. 누군가 기획하고 누군가 조직하는 엄숙한 운동이 아니다. 그 이름에 걸맞게 우리 모두가 기획자요, 조직자다. 한국 정치에 새로운 지평을 열어가는 즐거운 운동을 새롭게 펼쳐보자는 제안이다.

국민주권운동으로 우리는 국민소환권을 법제화할 수 있다. 지자체만이 아니라 국회의원과 대통령도 국민이 소환할 수 있어야 한다. 한미자유무역협정 따위의 국가 중대사안을 대통령 혼자 정치적 감각으로 결정해 밀어붙여도 속수무책인 현실은 마땅히 바꿔야 한다. 비정규직과 양극화 해소, 은행 공공화를 비롯한 경제주권의 문제에도 마땅히 국민이 참여해야 옳다. 국민주권을 실현할 수 있도록 법률은 물론, 헌법도 바꿔나가야 한다.

그래서다. 6월항쟁 20돌을 참담하게 보낸 오늘, 옷깃을 여미고 감히 호소한다. 국민주권 찾기에 뜻을 모을 것을, 국민주권을 구현하는 실천에 다함께 나설 것을. 이 땅의 민중, 모든 민주시민에 제안한다. 호소한다. _ 2007년 6월 10일

저 빛나던 '2002년 노사모'는 어디에

열정적 민주시민들이 할 일은 아직 많다

'노무현을사랑하는사람들(노사모)'이 노무현 대통령 임기 중 마지막 총회를 열었다. 노사모 초기 구성원들 가운데 상당수가 떨어져나간 상황에서 노사모를 새삼 거론하는 게 과연 어떤 의미가 있는지 망설여진다. 생산적인 토론이 가능할까도 회의적이다.

그럼에도 쓴다. 총회가 '노 대통령과 함께 큰 일 한 번 또 하자'고 결의했기 때문이 아니다. 대통령에게 힘을 모아드리자고 뜻을 모아서도 아니다. 오늘, '2002년 노사모'가 향수를 자아내기 때문이다.

2002년 노사모는 한국 정치사의 한 장을 새롭게 썼다. 먹물들 대다수가 수구세력의 집권을 기정사실화하며 패배주의에 사로잡혀 있을 때, 노사모는 곰비임비 뜻을 모았다. 마침내 수구세력과 각을 세웠던 정치인 노무현을 당선시켰다. 풀뿌리 정치운동의 새로운 전형이었다.

그날의 열정적 민주시민들이 그리운 까닭은 다른 데 있지 않다. 한국의 정치판이 2002년 그때와 꼭 닮았기 때문이다. 이회창보다 심하면 심했지 나아보이지 않는 후보들이 유력주자로 신문지면과 방송화면을 '장악'하고 있다. 게다가 누구를 가릴 것도 없이 온갖 추문이 꼬리를 물고 이어진다. 이른바 범여권은 '도토리 키재기'다.

민주시민들이 절망을 느낄 법 하다. 물론 절망의 뿌리는 깊다. 무엇보다 대통령 당선 뒤 노사모의 좌절을 들 수 있다. 노사모 초기의 열정적 지지자들이 기대했던 정치인 노무현과 실제 대통령 노무현은 큰 차이가 있거나 반대 쪽으로 갔기 때문이다. 그럼에도 초기 노사모에 열정적으로 참여한 시민들조차 개탄할 만큼, 노사모는 무조건 지지로 흘러가고 있다. 그 양상은 크게 두 흐름으로 나타난다.

첫째, 대통령에 대한 어떤 비판도 받아들이지 않는 흐름이다. 조금이라도 비판하면 반발한다. 대통령을 비판하는 정치칼럼마다 무조건 비호하는 글이 홍수를 이루는 게 대표적 보기다. 인신공격도 서슴지 않는다. 비방과 저주를 담은 편지를 보내기도 한다. 논지의 명확성을 위해 구체적 보기를 드는 걸 양해하기 바란다. 지난 칼럼 〈당신은 아직 절망할 자격이 없다〉에 실린 댓글을 보자. 가령 '한 자리 차지하지 못한 한풀이'라는 댓글과 그 칼럼은 대체 어떤 관계가 있는가. 그것이 사실이 아님은 누구보다 대통령 측근들이 잘 알고 있다. 칼럼을 자신의 '출세'를 위해 쓰는 사람도 있지만, 모든 지식인이 그런 것은 아니다. 모든 칼럼을 그렇게 바라볼 때 언론의 영역은 사라진다.

둘째, 진보적 시각에서 대통령을 비판하면 '민주노동당원의 주장'으로 몰아치는 흐름이다. 과연 그래도 좋은 걸까? 여기서도 사실과 진실, 옳고 그름은 실종된다. 모든 글이 정파적 이익을 위한 것이라고 아예 용감하게 단언하는 사람도 있다. 인터넷 문화를 주도하는 댓글이 특정 정파의 '선전문' 차원으로 전락하는 모습은 안쓰럽다.

가랑비에 옷 젖는 걸까. 인터넷 전반이 시나브로 파당화하고 있다. 수구세력을 대변해온 《조선일보》《동아일보》《중앙일보》를 우리가 비판하는 까닭은 저들이 자신의 논지나 사익을 위해 사실 왜곡이나 색깔 공세까지 서슴지 않기 때문이다. 정직하게 볼 때다. 인터넷 댓글문화가 닮아가고 있다. 인터넷이 언론개혁의 견인차가 되길 기대해온 사람으로서는 참으로 안타까운 일이다.

그래서다. 무조건 지지자들에게 간곡히 강조하고 싶다. 인터넷 공론장마저 모든 것을 정파적 잣대로 바라볼 때, 한국 정치에 희망은 없다. 한 사람의 지식인으로서 쓴 '국민주권 운동' 제안에도 댓글과 편지로 정파적 의도를 캐묻는다. 민주시민들이 자신들의 권리를 온전히 누리자는 운동을 펴나가자는 제안마저 정략적 잣대를 들이댄다면, 어떤 정치 담론이 가능한가. 한국의 퇴행적 정치문화를 누가 어떻게 바꿀 수 있는가. 실제로 수구 정치세력이 다시 활개치고 있지 않은가.

아직도 노무현 비판에 무조건 반발하고 싶거든 왜 노 대통령이 참석한 6월항쟁 기념식에 정작 박종철의 아버지와 이한열의 어머니가 참여하지 않았는지를 깊이 성찰해볼 일이다. 과연 그 분들이 자신의 출세를 위해서인가? 민주노동당을 위해서인가?

2002년 한국 정치는 노사모로 한 걸음 더 전진했다. 하지만 노무현을 무조건 지지하는 사람들은 지금 한국 정치가 뒷걸음치는 데 앞장서고 있다. 저 빛났던 '노사모'의 2002년과 오늘을 비교하면, 한국 정치사에 노사모가 어떻게 기록될까 우려가 앞선다. 한국 민주주의는 아직 갈길이 멀다. 노사모를 만들었던 초기 열정적 민주시민들이 할 일은 아직 많다. 당장 2007년 대선정국도 마찬가지다. 한국 정치판을 환호할 때는 결코 아니되, 그렇다고 환멸할 때는 더욱 아니다. 그래서다. 2002년 노사모를 만들었던, 그 초기의 열정적 민주시민들이 그립다. 그 빛나던 사람들은 지금 어디서 무엇을 하고 있는가. _ 2007년 6월 18일

누가 대통령 되든 한국경제는 좋다?

노무현 대통령의 황당한 현실 인식

"단언컨대 경제는 잘 간다. 대통령이 누가 되든 잘 간다."

노무현 대통령의 '소신'이다. 2007년 7월 1일 미국 시애틀의 한 호텔에서 연 동포간담회 자리였다.

과연 그러한가. 전혀 아니다. 물론, 경제 파탄이나 경제 위기론을 마구 부풀려온 부자신문은 비판받아 마땅하다. 대기업 중심의 수출 경제와 외국자본이 지배하는 금융경제는 전혀 위기가 아니기 때문이다. 하지만 민중 경제는 어떤가. 위기다. 신자유주의로 국민경제의 선순환구조가 파괴되었기 때문이다.

비정규직 노동자나 영세 자영업자, 농민, 빈민의 경제는 파탄으로 내몰리고 있다. 한국 사회의 절대 다수인 민중에게 "대통령이 누가 되든 한국경제는 잘 간다"는 대통령의 주장은 무책임한 인식을 넘어 울뚝밸을 치솟게 한다. 노 대통령은 임기 말이지만 '친노세력'에서 줄줄이 대통령 출마를 선언하고 있기에 문제는 더 심각하다.

더구나 노 대통령은 "모든 개방은 성공했다"고 여전히 사실과 다른 주장을 하고 있다. 김영삼 정권이 임기 중에 '경제선진국 진입'을 과시하려다가 불러온 게 바로 IMF 구제금융 사태다. 지금 노무현 정권은 똑같은 전철을 밟고 있다. 한미자유무역협정을 반대하면 쇄국하자는 거냐는, 전혀 사실과 다른 단순 논리도 여전히 엿보인다. 무엇보다 황당한 것은 대통령이 국민 탓을 한다는 사실이다. 노 대통령은 연설의 마지막에서 다음과 같이 언죽번죽 말했다.

"한국의 복지 수준이 심각한데 국민의 요구가 높지 않은 것을 우려하고 있다."

그러한가. 한국의 복지 수준을 개선하라고 노무현 후보를 당선시켜준 게 바로 우리 국민 아니던가. 복지 개선에 나설 섟에 되레 신자유주의로 줄달음친 뒤, 겨우 임기 말에 한다는 말이 '국민 탓'인가.

현실을 직시하기 바란다. 복지에 대한 요구가 과연 없는가? 오히려 묻고 싶다. 국민이 지금 복지를 이야기할 상황인가? 비정규직을 늘리는 입법을 버젓이 '보호 법안'으로 둔갑시켜 누가 통과시켰는가. 한미 FTA를 반대하며 스스로 몸을 불사른 허세욱 노동자를 보라. 민중은 복지 이전에 생존권을 위협하는 정책에 온몸으로 저항하고 있다.

노 정권은 한미FTA를 반대하는 서울 광화문 집회를 대대적인 경찰력 투입으로 막았다. 그날 광화문에서 노무현 당선자 시절의 인수위원회와 청와대에서 일했던 인사를 만났다. 그는 광화문 곳곳에 깔린 경찰 병력을 보며 흥분했다.

"이 꼴 보려고 내가 정권을 세우는 데 참여했던가? 참담하다."

그렇다. 국민의 복지 요구가 높지 않은 게 아니다. 지금 이 순간에도, 비정규직 노동자를 비롯해 민중은 곳곳에서 복지 이전에 생존권을 위해 밥을 굶으며, 비바람 맞으며, 공권력에 맞아가며, 싸우고 있다.

김영삼 정권이 과시한 '경제선진국 진입'의 결과는 '자살률이 가장 높은 나라'다. 그럼에도 이 땅의 주요 정치세력과 신문, 방송이 서로 손잡고 국민의 복지와 생존권 보장 요구를 살천스레 짓밟고 있는 데 문제의 핵심이 있다.

노 대통령의 발언에서 전적으로 공감하는 대목이 하나 있다. 대통령은 "한국이 아직 정치 선진화가 안 됐는데 우리 국민이 정치 선진화를 요구하지 않는다는 것이 불만"이라고 말했다. 하지만 그것이 과연 노 대통령의 불만이어도 좋을까. 정치 선진화를 요구하는 국민이라면 선거공약과는 다른 방향으로 임기 내내 흘러간 대통령을 방관할 리 없다. 밀실에서 한미FTA 강행을 결정한 정권을 좌시할 리 없다.

그렇다. 대통령 선거 이야기만 나와도 불쾌해지는 오늘의 현실은 분명 문제다. 아무리 기존 정치인들에 환멸을 느끼더라도, 정치를 외면하면 그 피해는 우리 민중에게 벅벅이 돌아온다.

더는 국민이 정치 선진화를 요구할 때가 아니다. 정치 선진화에 적극 나설 때다. 무엇보다 현재로선 누가 되든 민중의 경제가 악화될 게 불을 보듯 명백하기에 더 그렇다. 저들만의 경제를 좇는 정치를 바꿔나가야 할 때다. _ 2007년 7월 2일

지도부 체포 포기하고 법 개정 나서라

이랜드 사태와 노 정권이 해야 할 일

한 치도 다르지 않았다. 노동자들의 시위와 점거농성이 있자 비로소 언론은 눈길을 돌렸다. 여전히 노사관계를 사건 기사의 틀로 본다는 증거다. 하지만 '이랜드 사건'은 돌발사건이 결코 아니다. 오래 전에 예정된 게 결국 일어났을 뿐이다. 더구나 점거농성을 몇 차례나 예고했고 마지막 경고까지 보낸 터다.

점거농성이 벌어지자 이랜드 경영진은 새삼 놀란 듯이 텔레비전을 통해 '인질극' 운운하며 나섰다. 이른바 '공권력'도 이미 균형추를 잃었다. 점거농성 이전부터 이랜드 노조 지도부 6명에 체포영장을 발부했다. 아직까지 이랜드 경영진은 "물리적 공권력 투입은 가급적 자제해야 하겠다"고 밝히고 있다. '가급적'이라는 말에도 묻어나지만 '물리적 공권력 투입'의 여론전을 펴고 있다는 의심을 지울 길이 없다. 이랜드 경영진은 '불법 점거'로 천문학적 손실을 입었다며 '수순밟기' 선전전을 펴고 있다. 소비자들의 불편까지 들먹인다.

명토 박아 묻는다. 그 책임을 왜 노동자만 져야 하는가. 노사관계를 파탄으로 몬 경영진에게 일차적 책임이 있지 않은가.

그럼에도 이랜드는 입주업주들을 대상으로 '공권력을 투입해달라'
는 내용의 탄원서에 서명을 강요하고 있는 것으로 알려졌다. 그들이 경
찰의 진압을 요청하고 있는 곳은 어린 자녀를 둔 어머니들이 대다수인
농성장이다.

사태의 발단과 현재까지의 과정은 과거와 한 치도 다를 바 없다. 하
지만 이 순간 이후는 달라야 마땅하다. 무엇보다 이랜드 사태에서 공권
력은 중립을 지켜야 할 의무가 있다. 비정규직 노동자들이 대량 해고되
고 대량 생존권 투쟁을 벌이고 있기 때문만은 아니다. 찬찬히 돌아보
라. 노무현 정권은 '비정규직 법안'을 일방적으로 밀어붙일 때 무엇이
라 강변했는가. 비정규직 노동자들은 물론, 전문가들이 '보호 법'이 아
니라 '해고 법'이라고 비판했을 때, 모르쇠로 일관했다. 심지어 정규직
노동자들이 이기주의적 발상으로 법 통과를 가리틀고 있다는 황당한
주장까지 서슴지 않았다.

현실은 어떤가. 이랜드가 살아 있는 보기다. 비정규직법 시행을 계
기로 할인매장의 비정규직 계산원 750여 명을 해고하거나 용역업체로
넘기겠다는 경영진을 보라. 이미 홈에버에선 2년이 안 된 계약직 사원
400여 명이 기간만료를 이유로 해고됐다. 뉴코아에선 외주화를 거부한
계약직 사원들을 잘랐다.

그래서다. 적어도 노 정권이 논리적 일관성을 지니려면, 지금 할 일
은 결코 '공권력 투입'이 아니다. 스스로 강변한 '입법 정신'이 진정이
었다면, 최소한 중립을 지키는 게 의무다. 아니 최소한의 예의다. 따라
서 노조 지도부를 체포하겠다거나 여성 농성자들을 폭력으로 진압하
고 연행하는 야만은 않겠다고 분명한 의지를 밝혀야 옳다. 그런 '의지
천명'이 점거 사태를 노사 자율로 빠르게 해결하는 데 도움이 된다.

아울러 법의 구체적 조항이 입법정신을 따라가지 못한 게 드러난 참에 마땅히 법을 바꿔야 옳다. 이 또한 '쇠귀에 경 읽기'일지 모르겠다. 하지만 쓴다. 뒤늦게라도 법의 맹점을 깨달았다면, 법을 개정하는 데 청와대가 앞장서기 바란다.

비단 이랜드만이 아니다. 지금 이 순간도 850만 명에 이르는 비정규직 노동자들은 곳곳에서 차별받고, 언제 해고될지 모르는 불안감에 사로잡혀 있다. 한낮에 찌는 더위에서 단식하며 외롭게 기나긴 투쟁을 벌이고 있는 KTX 승무원들을 보라.

행여 이제 '여당'이 지리멸렬 되었다거나, 대통령에게 무소불위의 '힘'이 없다고 언구럭부리지 말라. 한미자유무역협정 체결을 강행하는 '막강한 권력'과 '가공할 추진력'의 단 10퍼센트만이라도 비정규직 노동자들의 눈물을 닦아주는 데 써보라. 그것은 다름 아닌 '대통령 후보' 노무현의 선거 공약이 아니었던가. _ 2007년 7월 9일

이랜드, 우리의 인내심은 어디까지인가

최소한의 기대마저 짓밟은 노무현 정권

"인내심이 한계에 도달한 것 같다."

이상수 노동부 장관의 말이다. 한때는 인권변호사였다. 그래서다. 곧장 묻는다. 장관 이상수는 대체 무엇을 '인내'했는가. 이랜드의 노사가 "교섭 중단"이란 말을 썼을 때, 노동부는 앞장서서 "결렬"이라는 표현을 쓰기 시작했다. 새삼 말할 나위 없이 '중단'과 '결렬'은 큰 차이가 있다. 무엇보다 교섭이 다시 열린 2007년 7월 18일에 이상수 장관은 "교섭이 안 되면 공권력을 투입하겠다"고 으름장을 놓았다. 그 말이 최종 교섭에 어떤 영향력을 끼칠지는 자명하지 않은가. 이랜드 사태가 불거졌을 때 나는 다음과 같이 썼다.

"적어도 노 정권이 논리적 일관성을 지니려면, 지금 할 일은 결코 '공권력 투입'이 아니다. 스스로 강변한 '입법 정신'이 진정이었다면, 최소한 중립을 지키는 게 의무다. 아니 최소한의 예의다. 따라서 노조 지도부를 체포하겠다거나 여성 농성자들을 폭력으로 진압하고 연행하는 야만은 않겠다고 분명한 의지를 밝혀야 옳다. 그런 '의지 천명'이 점거 사태를 노사 자율로 빠르게 해결하는 데 도움이 된다."(《지도부 체포

포기하고 법 개정 나서라〉, 7월 9일자 칼럼)

하지만 노 정권은 귀담아 듣지 않았다. '공권력' 투입을 않겠다는 의지 표명을 하지 않았다. 되레 오래가면 공권력을 투입할 수밖에 없을 것처럼 흘렸다. 생각해보라. 공권력 투입이 임박한데 경영진이 굳이 협상에 진정성을 보일 이유가 있을까. 이미 저들은 스스로 정체를 폭로했듯이 비정규직 노동자들의 마지막 투쟁을 '테러'니 '인질극' 따위로 몰아세운 부라퀴들이다. 그들이 권력의 '은밀한 신호'를 모를 리 있을까. 세 살 아이도 알 수 있는 일이다.

그래서다. 당연하지 않은가. 농성부터 풀라고 전제조건을 내세우는 이랜드 경영진의 배짱은. 필연이 아닌가. 노조 지도부에 대한 고소고발과 손해배상 청구를 포기하지 않겠다는 저 도도한 자세는. 거듭 묻고 싶다. 이랜드 경영진의 오만을 누가 뒷받침해주었는가.

일방적으로 '정리 해고'를 서슴지 않는 자본의 권력 앞에 비정규직 노동자들이 교섭에 나설 수 있는 유일한 무기가 농성이다. 그 농성을 풀어야 '선처'를 할 수 있다고 언죽번죽 밝히는 자본을 믿을 수 있는가. 협상이 타결되지 않으면 공권력을 투입하겠다는 정권이 누구 편에 섰는지 명확하지 않은가. 심지어 이 장관은 "인내심이 한계에 도달한 것 같다"고 말했다. 무서운 말이다. 짐짓 자신을 '개혁세력'으로 자처하는 사람들이 권력을 손에 쥐었을 때 보편적으로 보여주는 오만과 편견이 뚝뚝 묻어난다. 오죽하면 김경욱 노조위원장이 "제발 사측하고만 이야기하지 말고 우리하고도 좀 사전에 논의했으면 좋겠다"고 장관을 비판했겠는가.

경찰은 공권력 투입에 이어 지도부를 체포하겠단다. 푸른 서슬로 사뭇 근엄하게 말한다. 노사 자율협상을 지켜보면서 공권력 투입을 자제해왔으나 협상이 결렬됨에 따라 법질서가 심각하게 훼손될 수 있다는 판단에 따라 공권력을 투입했노라고.

분노를 삭이며 쓴다. 이랜드 사태는 법의 조문과 법의 정신 사이에 놓인 괴리 때문에 빚어졌다. 그렇다면 함부로 '불법'을 들먹일 문제가 아니다. 만일 노 정권이 적어도 이랜드엔 공권력 투입이나 지도부 체포에 나서지 않겠다고 명토박았다면, 이랜드 사태는 노사 자율로 타결되었을 가능성이 높다.

오해 없기 바란다. 그런 제안을 한 까닭은 그것이 정부가 할 수 있는 최선이어서가 아니다. 다만 노 정권이 비정규직 노동자들을 위해 나설 가능성이 없다는 판단에서 제시한 최소한의 요구였다. 하지만 노 정권은 최소한의 요구도 외면했다. 법을 개정하겠다는 말도 없다. 오히려 법을 두둔하며 언론사에 도와달라는 편지나 쓰고 있다.

그랬다. 이랜드 비정규직 노동자들은 오늘 다시 눈물을 쏟고 있다. 그들과 더불어 싸운 민주노총과 민주노동당에게 《조선일보》 논설위원은 살천스레 다음과 같이 썼다. "민노총·민노당은 악법을 이용해 혼란 속에서 뭔가 이익을 노리는 전쟁상인처럼 행동하는 것 아닌가?"

바로 그것이 오늘 대한민국의 현실이다. 수구언론과 손잡고 비정규직 노동자들을 탄압하는 정권 앞에서 스스로에 묻고 싶다. 도대체 어디까지인가, 저들에게 우리 인내심의 한계는. _ 2007년 7월 2일

전경련 회장은 국민을 어린애 취급 말라

비정규직 여성들 눈물은 보이지 않나

"국민을 어린애 취급하지 말라."

모처럼 상쾌한 소리다. 정치권 전반을 겨냥한 발언이다. 조석래 전국경제인연합회(전경련) 회장의 '쓴소리'다. 공감이 듬뿍 가는 발언은 그뿐이 아니다. 조 회장은 다음과 같이 부르댔다.

"정치권은 특정 이익집단의 말만 듣지 않고, 국민과 사회 전체에 이익이 되도록 해야지 편향된 정치를 해서는 안 된다. 우리에게 정도경영 하라고 하는 만큼 정치도 정도정치를 해야 한다."

제주에서 열린 기업 최고경영자 포럼 자리였다. 전국에서 온 CEO들을 대상으로 한 강연이었다. 우리 재계가 비로소 눈을 떴다고 생각하기 십상이다. 하지만 생게망게 한 일이다. 까닭을 들어보면 전혀 엉뚱하다. 정치권이 기득권세력의 말만 듣고 국민 이익을 경시해서가 아니다. 현 정부와 정치권이 국민을 어린애 취급한다고 비판하는 근거는 정반대다. "국민의 뜻인 시장 원리를 무시"했기 때문이란다. 신자유주의와 한미자유무역협정으로 줄달음치고 있는 정치권이 그렇단다. 대체 더 어쩌란 말인가.

조 회장이 "정부가 국민의 목소리에 귀를 기울이지 않는다"며 든 보기는 더욱 민망하다. 이랜드 사태다. 그는 "이랜드 매장을 점거해서 농성하는 것은 명백한 영업 방해"라며 법질서가 지켜지지 않아 손해 보는 게 엄청나다고 흥분했다. 전경련 회장 조석래의 눈에는 비정규직 여성들의 눈물은 보이지 않는다. 오직 '법 질서'만을 살천스레 내세운다.

조 회장은 "물가와 원자재가는 오르고 환율은 내려가니 마지못해 비정규직을 쓰는 것"이라며 "기업은 이들을 정규직으로 전환시킬 능력이 없다"고 단언했다. 과연 그러한가. 수많은 대기업이 엄청난 순이익을 내면서도 '구조조정'이나 '명예퇴직'을 강제하는 현실은 무엇인가. 기업은 정규직 전환 능력이 없다는 그의 주장은 일본과 비교하더라도 낯 뜨겁다. 1990년대 10년간 장기침체를 경험한 일본 기업인들은 최근 제조업을 중심으로 해외 생산기지에서 회귀현상을 보이고 있다. 해외 법인 설립도 급격히 감소하고 있다. 까닭은 무엇인가. 국내 양질의 노동력, 원활한 부품공급이 주요 요인이다.

조 회장은 사뭇 억울하다는 듯 말했다. "재계에 대해서 안 좋게 얘기하고 자본을 매도하면 안 된다." 칭찬받을 일을 했는데도 매도하니까 기분이 나지 않는단다. 물론, 매도해선 안 된다. 다만 진실은 이야기해야 옳다. 조석래 같은 기업인이 전경련 회장으로 있는 한, 명토박아 둔다. 한국경제의 내일은 암담하다.

심지어 그는 노골적으로 대통령 선거에 개입하고 나섰다. 무엇보다 차기 대통령은 경제 제일주의에 입각한 경제 대통령이 되어야 한단다. 그 또한 "바로 국민의 뜻"이란다. 누가 보더라도 이명박 후보에 대한 지지다. 이명박과 박근혜 후보 사이에 벌어지는 검증공방과 관련해서도 그는 명백히 이 후보를 두남뒀다.

“그런 식으로 다 들추면 국민 중에 제대로 된 사람 없다. 우리 검증 공방에 대해 외국인들은 무리라고 얘기한다. 그런 깨끗한 사람이 어디 있으며 그런 사람이 행정을 제대로 하겠느냐. 이것도 우리가 졸업할 때가 됐다.”

묻고 싶다. 과연 우리 국민 중에 ‘제대로 된 사람’이 없을까? 기가 막힐 노릇이다. 비정규직과 농민은 접어두자. 사회보장이 전혀 없는 살벌한 사회에서 중산층이 애면글면 아파트를 늘리는 일과 현재 논란이 일고 있는 부동산 투기 검증은 차원이 다르다. 제대로 된 국민이 없다는 전경련 회장의 발언은 명백한 국민 모독이다.

게다가 조 회장의 친동생인 조양래 한국타이어 회장과 이명박 후보는 사돈관계다. 조 회장에게 참으로 당부하고 싶다.

“국민을 어린애 취급하지 말라.”

그래서다. 정치인에 이어 경제인에게 모욕과 조롱을 받으면서도 가만 있는 국민의 인내심이 놀라울 따름이다. 하여, 하릴없이 자문해본다. 혹시 국민이 정말 어린애는 아닐까? _ 2007년 7월 26일

남북정상회담 의제, '핵'보다 '경제'가 중요

민족경제의 균형발전에 눈 돌릴 때다

남북정상회담 합의에 수구정당과 수구언론이 비난의 목소리를 쏟아 붓고 있다. 반면에 범여권에선 환호성이다. 충분히 예상했던 일이다. 문제는 범여권과 수구세력 사이에 남북정상회담을 둘러싼 갈등이 '정략성' 공방에 머무는 데 있다. 수구언론의 줄기찬 공세 탓일까. 전문가들도 '핵문제'가 주요 쟁점이라고 예단하고 있다. 그 결과다. 지금 이 시점에서 다뤄야 할 더 중요하고 긴급한 의제가 공론장에서 아예 논의조차 되지 않고 있다.

남북정상회담을 둘러싼 공방이 옹근 7년 전에 그랬듯이 '햇볕론'과 '퍼주기론'의 연장선에 머물 조짐마저 이미 나타나고 있다. 참으로 안타까운 일이다. 핵문제를 주요 의제로 몰아가는 것이 누군가의 노림수가 아닌지 냉철히 점검해 볼 때다.

이른바 '북핵 문제'는 엄밀하게 말해서 북미 핵문제다. 이라크 민중의 끝없는 항전으로 이미 미국은 북미 핵 갈등에서 기존의 강경자세를 바꾸고 있다. 북미 핵문제를 타결하고 북미 국교 정상화를 이루는 데는 6자회담이라는 틀이 남북정상회담보다 더 걸맞고 유효하다. 실제로 그렇게 흘러가고 있지 않은가.

명토박아둔다. 7년 만에 열리는 남북정상회담이 '비핵화'에 발목이 잡히는 것은 남과 북 모두에게 바람직하지 않다. 그렇다. 중요한 것은 경제다. 남과 북 모두 경제적 어려움을 겪고 있는 게 엄연한 현실 아닌가. 남과 북 두루 경제 발전 전략에 새로운 길을 모색해야 할 절실한 상황에 부닥쳐 있다. 정상회담의 주요 의제가 북미 핵문제 못지않게 아니, 그보다 더 경제이어야 마땅한 까닭이다.

북쪽은 이미 핵실험 뒤 "경제부흥에 매진할 수 있는 환경과 조건이 마침내 조성되었다는 기운이 높아가고 있다."(《조선신보》 2006년 12월 5일자). 북쪽은 2007년 신년 공동사설에서도 올해는 "경제 강국 건설을 위한 공격전"을 힘 있게 벌여야 한다고 강조하며, 경제문제를 푸는 데 국가적 힘을 집중하겠다고 선언했다.

남쪽 경제 또한 신자유주의 체제 아래서 양극화가 심화되면서 경제 발전 동력이 떨어지고 있다. 남과 북이 개성공단 수준을 넘어 새로운 차원의 경제협력에 나서야 할 이유가 여기에 있다. 흔히 민족경제를 말하면 세계화 시대에 협소하고 국수주의적인 개념 아니냐는 윤똑똑이들이 더러 있다. 하지만 세계화가 진행될수록 국민경제, 민족경제의 규정성과 중요성은 더 높을 수밖에 없다.

7년 만에 열리는 남북정상회담에서 다뤄야 할 가장 중요한 시대사적 과제는 '민족경제의 균형발전'이라는 6.15남북공동선언의 합의를 한걸음 더 진전시키는 데 있다. 흔히 천문학적 통일 비용을 들먹이지만, 분단 비용 또한 천문학적 수준이다.

남과 북을 아우르는 '통일민족경제'의 정책 효과는 우리의 상상력을 넘어선다. 당장 영국과 프랑스보다 인구가 많은 7000만 명의 경제권이 형성된다. 유럽 경제권과 일본 경제를 잇는 지정학적 조건도 활용할 수 있다. 무엇보다 남과 북을 짓누르고 있는 군사비 압박을 시나브로 해소할 수 있다. 반면에 기술협력의 도약 효과는 크다.

그래서다. 과연 그것이 가능할까 회의할 때가 아니다. 남북정상회담에서 '통일민족경제위원회'(가칭)라는 상설기구 설치를 주요 의제로 다룰 것을 제안한다. 통일민족경제위원회라는 상설 기구에 남과 북의 경제, 자원, 통상, 과학기술, 교육, 통일 부문 부처의 차관급 이상 고위 공직자와 전문가들이 결합할 때 통일민족경제는 조금씩이나마 구현되어 갈 수 있다. 상설기구가 정히 어렵다면 정례적인 회의만이라도 합의할 일이다. 통일민족경제는 신자유주의에 포섭되어 경제발전이 한계에 부닥친 남쪽 자본주의의 새로운 길을 열어나가는 데도 가장 유력한 대안이다. 북쪽이 경제 위기를 벗어나 과거와 같은 괄목할 경제발전을 이룰 수 있는 길이기도 하다.

나는 이미 오래전부터 남북정상회담에 "박차를 가하라"고 노무현 대통령에게 촉구한 바 있다. 정상회담 합의를 환영하는 까닭이다. 하지만 그때와 달리 노 대통령은 한미자유무역협정 타결을 강행했다. 물론, 국회에서 비준이 되지 않았기에 유효하지는 않다. 그래서다. 남북정상회담을 준비하는 과정에서 늦었지만 대통령 스스로 한국경제의 새로운 길을 진지하게 성찰하는 계기가 되길 간곡히 촉구한다.

_ 2007년 8월 9일

대선 무관심, 조중동 문제가 아니다

왜 언론은 정책에 침묵하는가

대통령 선거 날이 하루하루 다가오고 있다. 하지만 달아오르지 않는다. 두루 시큰둥하다. 가장 유력한 후보의 부동산을 둘러싼 의혹이 잇따라 불거져도 무관심하다. 거리의 여론을 많이 듣는 '택시 노동자'에 물어보면 정확한 답이 나온다. 과거와 달리 아무도 대선 이야기를 하지 않는단다. 왜 그럴까. 50대 택시 노동자는 그것도 모르냐는 말투로 핀잔을 준다.

"누가 되더라도 뭐 달라질 게 있나요? 일해서 벌어먹기 바쁜 건 마찬가지인데요."

그렇다. 2007년 대선이 끝나도 노동자, 농민, 자영업자, 도시빈민의 삶에 큰 변화는 없을 게 분명해보인다. 여와 야를 떠나 당선 가능성이 있는 후보들은 한목소리로 한미자유무역협정을 찬성하고 있지 않은가. 신자유주의는 이미 한나라당은 물론, 열린우리당과 범여권 신당에 두루 퍼져 있다.

그래서다. 누군가 신자유주의를 넘어선 정책을 거론하면 경제나 현실을 모르는 사람이라며 시들방귀로 무시당하기 십상이다. 과연 그래도 좋은가. 아니다. 숱한 '오해'를 감수하고 쓴다. 오래전부터 너무 궁금한 까닭이다. 왜 신문과 방송은, 심지어 인터넷신문까지 신자유주의를 넘어선 정책을 의제화하는 데 인색할까.

무릇 민주주의에서 가장 중요한 공론장은 언론이다. 선거 국면에선 더욱 그렇다. 한국 사회가 풀어가야 할 절실한 문제를 의제로 설정하고 이를 어떻게 해결할 것인지 여론을 형성해나갈 과제가 저널리즘에 있다. 바로 그것이 대통령 선거에서(보수와 진보를 떠나)저널리즘 본연의 과제다.

하지만 어떤가. 한국 언론에서 신자유주의를 넘어선 의제는 묵살당한다. 모든 언론에 넘쳐나는 것은 이명박과 박근혜, 한나라당의 예비후보다. 범여권의 예비후보들도 비중 있게 부각은 된다. 하지만 민주노동당의 예비후보들은 나오지 않는다. 어쩌다 나타나더라도 생색내기나 구색 맞추기에 그친다.

명백한 증거도 있다. 민주노동당이 7월 한 달 동안 KBS, MBC, SBS와 중앙 일간지 5곳의 각 정당 대선 예비후보에 대한 언론보도 현황을 분석한 결과는 새삼 우리를 놀랍게 한다. 신문과 방송을 합친 보도가 한나라당 이명박 후보 389건, 박근혜 후보 311건, 범여권 후보 307건이었다. 하지만 민주노동당의 권영길, 노회찬, 심상정 세 후보를 합친 보도는 고작 32건이었다. 정당별로 비교하면 민주노동당은 한나라당의 4퍼센트(32/700), 범여권의 10퍼센트(32/307)다. 후보별로 비교하면 더 줄어든다. 한나라당 후보에 비해 2~3퍼센트에 지나지 않는다.

조사를 마무리한 7월 31일 기준으로 TNS코리아가 실시한 여론조사 결과를 보면 민주노동당은 9.4퍼센트의 지지율로 범여권의(열린우리당 6.2퍼센트, 신당 5.2퍼센트) 11.4퍼센트의 지지율과 거의 비슷하다. 그럼에도 예비후보들의 빈도는 비교할 수 없을 만큼 차이가 크다.

더구나 빈도만의 문제가 아니다. 구체적 보기를 들어보자. 민주노동당의 한 예비후보는 8월 16일에 주목할 만한 정책공약을 내놓았다. 그는 신자유주의와 시장만능주의가 이랜드 비정규직 사태의 근본원인이라는 진단 아래 '국가고용책임제'를 제안했다. 국가의 고용조정력을 강화하여 비정규직 양산을 규제하고, 노동자의 평생 직업교육시스템을 구축하여 노동력의 질적 향상을 꾀하는 한편, 고용환경 변화에 적극 대응할 수 있도록 하는 게 정책의 뼈대다. 한미FTA의 대안이기도 한 그 정책은 특정 후보의 문제를 떠나서 진지하게 의제로 설정해볼 사안이다. 대선 정국에서 유권자들은 어떤 예비후보가 어떤 주장을 했는지 마땅히 알 권리가 있다.

그러나 보라. 거의 모든 신문과 방송이 비정규직 문제를 해결할 수 있는 주요 정책대안을 아예 보도조차 하지 않았다. 왜 그럴까. 특정 당, 특정 예비후보의 문제이어서일까? 그렇다면 이명박과 박근혜는, 문국현은, 유시민은, 특정 예비후보가 아닌가. 아니면 진보정당의 정책에 현실성이 없다는 예단일까. 정책다운 정책을 내놓은 당이 대체 어느 당인지 냉철히 톺아볼 일이다.

거듭 강조해둔다. 이는 진보나 보수, 특정 당이나 특정 후보의 문제가 아니다. 한국 민주주의의 문제다. 그렇다. 누가 대통령이 되더라도 달라질 게 없다는 생각은 명백한 오류다. 대통령 선거에 정치적 무관심이 커져가고 있는 데에는 언론 보도가 큰 몫을 하고 있다. 《조선일보》《동아일보》《중앙일보》만의 문제가 결코 아니다. _ 2007년 8월 17일

'부자 후보' 이명박의 위험한 노사관

도요타에서 배워야 할 건 따로 있다

이명박 바람이 솔솔 불고 있다. 한나라당 대통령 후보에 선출된 뒤 지지율은 더 치솟았다. 신문과 방송의 이명박 쏠림은 무장 커져가고 있다. 그래서일까. 당사자의 언행도 거침없다. 당선 바로 다음날이다. 이 후보는 한나라당이 색깔까지 바꿔야 한다고 주장했다. 성급한 사람들은 한나라당의 변화까지 거론했다. 딴은 전혀 근거 없는 말은 아니다. '박근혜 체제'에 비해 '이명박 체제'의 한나라당이 수구색깔이 덜한 것은 사실이다. 심지어 젊은 세대에서 이명박을 '진보'로 여기는 사람이 많다는 보도까지 나왔다.

그래서다. 냉철할 때다. 과연 그러한가. 아무리 포장을 바꾼다고 내용이 달라지지 않는다. 보라. 이 후보는 남북정상회담 합의를 비난한 데 이어 노사관계를 '건전하게' 바꾸겠다고 다짐했다. 그는 "기업 규제를 없애는 것"과 "노사관계를 건전하게 바꾸는 것"이 자신에게 국민이 준 두 가지 해결 과제란다.

기실 새삼스런 일은 아니다. 이 후보는 이미 올해 초에 "한국의 경제 문제에 있어 가장 심각한 것은 노사 갈등"이라며 "대한민국의 대기업 노조는 세계에서 가장 강력한 노조"라고 날을 세웠다. 이 후보는 "노사문제는 경제성장에 막대한 지장을 주기 때문에 정부가 개입해 문제 해결에 힘을 써야한다"며 그것을 '흔들리지 않는 약속'이라고 밝혔다. '부자 후보' 이명박의 노사관은 '부자 신문'의 그것과 전혀 다를 바 없다. 실제로《동아일보》는 23일자 사설에서 "붉은 머리띠와 상습적인 파업으로 상징되는 강성 노조의 반기업 활동은 이제 고리를 끊어야 한다"고 으름장을 놓았다.

〈변한 건 내가 아니라 20년 전 순수했던 노동운동〉이라는 제하의 사설은 1987년 노동운동을 했던 권용목 씨의 인터뷰 기사를 근거로 "오늘의 노동운동이 초기의 순수했던 열정과 궤도에서 크게 빗나갔다"는 논리를 펴고 있다. 사설은 이어 "국내외의 국가경쟁력 조사기관들이 한결같이 한국을 저평가하고 있는 이유가 바로 대립적 노사관계"라고 단언했다. 이명박 후보의 노사관과 정확히 맞아 떨어지는 대목이다.

그래서다. 새삼 이명박 후보가 대통령에 당선되었을 때 한국 사회의 풍경화가 생생하게 떠오른다. 이 후보 스스로 말했듯이 "정부가 개입해 문제해결에 힘"을 쓰고 언론이 장구치고 북칠 게 명백하다.

물론, 이 또한 새삼스런 일은 아니다. 노무현 정권도 이랜드 비정규직 여성노동자들의 생존권 싸움을 경찰병력으로 짓밟지 않았던가. 이미 노 정권은 역대 어느 정권보다 많은 노동자를 구속했다. 다만, 빈 공약일망정 비정규직의 눈물을 닦아주겠다고 한 노 정권이 집권 뒤 편 노동탄압과 견주어 볼 일이다. 후보시절부터 "정부 개입"을 흔들림 없이 강조하는 이 후보가 혹 집권한다면, 노동자 탄압은 증폭될 게 불을 보듯 명확하다.

무엇보다 "한국의 경제 문제에 있어 가장 심각한 것"이 노사 갈등이라는 이 후보의 인식은 과연 그가 한국경제를 살릴 수 있는 적격자인지 되묻게 한다. 결론은 '전혀 아니다'이다. 《동아일보》 사설이 들먹였듯이 한국 노동운동을 몰아세울 때 윤똑똑이들이 언제나 언죽번죽 드는 보기가 일본의 "세계시장을 질주하는 도요타"이다. 하지만 이 후보도, 《동아일보》도 정녕 도요타에서 배울 게 있다. 평생고용 보장과 현장 노동자들의 창의성 수렴이 그것이다. 정작 도요타 경영의 고갱이는 모르쇠하고 노동운동에만 화살을 돌리는 모습은 한국경제의 내일을 캄캄하게 한다.

그렇다. 이명박 후보가 천박한 노사관을 바꾸지 않는 한, 수구언론의 진실과 먼 노사관을 고스란히 답습하는 한, 정치인으로서 그 자신은 물론이고 한국경제에 미래는 없다.

이 후보에 명토박아둔다. '연 7퍼센트 경제성장에 국민소득 4만 달러, 7대 경제강국' 따위의 환상으로 노동운동이나 민중의 생존권 싸움을 탄압할 속셈이라면, 차라리 집권할 꿈을 접기 바란다. 한낱 '역사적 반동'이라는 낙인을 면치 못할 게 벅벅이 틀림없기 때문이다.

솔솔 불어오는 '이명박 바람' 뒤에 숨은 먹장구름을 우리 모두 직시할 때다. _ 2007년 8월 23일

이명박, ‘꼴통보수’인가, ‘중도주의자’인가

‘친북좌파’ 발언, 반성하지 않는 까닭

“나는 그게 참 신기하다.”

한나라당 이명박 후보의 토로다. 그가 ‘참 신기’하게 느낀 것은 무엇일까. 젊은 기자들의 기사다.《미디어오늘》이 전한 발언 전문은 다음과 같다.

“저렇게 아름다운 노래를 부르면서 기사는 왜 그렇게 나오는지 모르겠다. 기자들의 표정을 보면 참 좋아 보이는데 기사가 나오는 걸 보면 이상하다. 어쩌면 그렇게 기사와 표정이 다른지……. 나는 그게 참 신기하다.”

지리산에서 열린 한나라당 연찬회 일정이 끝난 뒤 노래방이 그 무대였다. 노래가 이어지던 사이에 이 후보가 한 일간지의 여성 기자를 겨냥해 던진 말이다. 이 후보가 지명한 기자는 바로 그날 자 신문 1면에 “이번 대선 대결은 친북좌파－보수우파” 제하의 기사를 썼다. 물론, 이 후보는 뒤늦게 “농담”이라며 “기자들이 한나라당을 제대로 평가해주기 바란다”고 말한 것으로 알려졌다.

그래서다. 술자리에서 벌어진 삽화쯤으로 볼 수도 있겠다. 이 후보의 언론특보가 해명했듯이 "해당 기자가 노래를 잘 한다는 것을 농담조로 이야기 한 것일 뿐 어떤 의미도 없다"고 넘길 수도 있다. 하지만 문제의 핵심은 노래 실력이나 진담 섞인 농담에 있지 않다. 이 후보가 12월 대선을 '친북좌파 대 보수우파'라고 한 발언에 전혀 자성이 없는 데 있다.

이 후보가 알렉산더 버시바우 주한 미국대사를 만난 자리에서 '친북좌파 대 보수우파' 발언을 했을 때, 그의 참모들은 애써 의미를 축소하려 했다. '당의 화합'을 이야기하다가 불쑥 나온 일종의 말실수라는 주장이 그것이다. "진의가 잘못 전달됐다"는 자문교수의 두남두는 말도 보도됐다. 그래서일까. 그의 발언을 대다수 언론이 더는 문제 삼지 않았다. 하지만 지리산에서 기사를 쓴 기자를 겨냥한 '농담'은 '친북좌파' 발언에 사과는커녕 아무런 성찰도 없는 이명박의 진심을 극명하게 드러내주었다.

그래서다. 이명박 후보의 정체를 명확하게 짚을 필요가 있다. 그가 문제의 발언을 미국 대사와 만나 한 사실이 중요하다. 그는 "여권은 민족공조로 남북관계를 중요시하고, 우리는 남북 관계도 중요시하지만 우호적 관계인 나라와의 국제 협력도 중요시한다"고 덧붙였다. 남북정상회담에도 부정적 발언을 서슴지 않았다.

어떤가. 조지 부시에게 보내는 명백한 추파 아닌가. 재벌 총수 앞에 '아부'로 살아왔을 그의 일생이 겹쳐지는 것은 과연 지나친 상상일까. 그가 버시바우 앞에 가서 한 발언은 미국에게 어떤 '신호'일까를 조금만 짚어보면, 그 발언을 비판적으로 쓴 기자에게 저들의 '해명'대로 '분위기 좋았던 여흥'자리에서 굳이 '불만'을 표출하는 모습을 주목하면, 우리는 이명박의 정체를 쉽게 파악할 수 있다.

그 발언이 실언이 아니었고 사과할 뜻도 전혀 없는 게 분명해진 오늘 명토박아둔다. 다음 대통령 자리에 성큼 다가선 이명박은 반민족적 사대주의자다. 게다가 신자유주의로 치닫는 노무현 정권이 '좌파'라면, 대체 그의 실체는 무엇일까. 케케묵은 색깔공세를 늘어놓는 반민주적 정치인에 지나지 않는다. 기실 이명박의 '친북좌파 대 보수우파' 발언은 그가 한나라당 후보가 되었을 때, 이미 《조선일보》와 《동아일보》가 주문한 요구였다.

그래서다. 이명박 후보에게 묻고싶다. 미국 대사를 만나 한미FTA 강행세력을 '친북좌파'로 몰면서, 북미대화가 순조롭게 진행되는 판에 핵 폐기를 경제협력의 조건으로 강조하면서, 그 발언이 논란을 빚자 부끄러워할 섬에 얼버무리거나 되레 기자에게 '농담 경고'를 하면서, 어떻게 스스로 '중도주의자'를 자처할 수 있는가. 어떻게 "한나라당 이미지가 무조건 보수 꼴통일 것이라 생각하지 말라"라고 할 수 있는가. 어떻게 "내 철학은 실용"이라고 할 수 있는가.

나는 그게 참 신기하다. _ 2007년 9월 3일

이명박 발언과 6자회담 연기, 오비이락?

유동적인 국제정세에서 '말조심' 할 때

오비이락. 까마귀 날자 배 떨어진다는 속담이다. 오해 살 일을 하지 말라는 가르침이다.

순조롭던 6자회담에 먹장구름이 몰려오고 있다. 2007년 9월 19일, 오늘로 예정됐던 6자회담도 미뤄졌다. 연기된 이유는 아직 명확하지 않다. 더러는 중국이 평양에 중유 5만 톤 제공 의무를 다하지 않은 것을 든다. 하지만 더 큰 이유는 평양과 시리아 사이의 이른바 '핵 협력설' 때문으로 보는 게 타당하다.

문제의 발단은 평양이 시리아에 핵물질을 제공하고 있다는 미국 언론의 보도다. 《뉴욕타임스》와 《워싱턴포스트》가 잇따라 제기했다.

평양은 미국 언론의 보도가 6자회담을 앞두고 나온 것에 주목했을 법하다. 실제로 조선민주주의인민공화국 외무성 대변인은 "(시리아와) 비밀 핵협조설은 6자회담과 조미관계의 전진을 달가워하지 않는 불순 세력들이 또 다시 꾸며낸 서툰 음모일 뿐"이라고 비판했다.

대변인은 "(우리는) 책임 있는 핵보유국으로서 핵 이전을 철저히 불허할 것이라는 데 대해 엄숙히 천명했고 그대로 행동하고 있다"고 강조했다.

미국의 강경파인 네오콘이 정치적 목적으로 시리아와의 핵 협조설을 흘리고 있다는 분석은 다름 아닌 미국 내부에서도 솔솔 나온다. 미국의 전문연구자 조지프 시린시온은 외교 전문지와의 인터뷰에서 '핵물질 이전설'은 불순한 정치적 목적에서 제기된 근거 없는 이야기라고 비판했다.

조선민주주의인민공화국과 미국의 수교로 가고 있는 6자회담에 강한 불만을 지닌 강경파들이 협상에 차질을 빚게 하려는 목적을 갖고 있다는 주장이다. 그는 그 근거로 시리아의 핵 프로그램이 지닌 열악성을 들었다. 그 말은 설령 핵물질을 시리아에 전달했다고 하더라도 호들갑을 떨 아무런 의미가 없다는 뜻이다.

기실 상황이 여기까지 온 데는 여러 변수가 있다. 복합적이다. 이스라엘이 시리아 공습을 위한 여론전을 펴는 것이라는 분석도 있다.

그래서다. 상황을 네오콘의 시각에서 톺아볼 필요가 있다. 네오콘은 최근 미국 조지 부시 행정부 안에서 밀리고 있다. 일각에서 6자회담의 순조로운 진전이 미국의 이란 침략을 위한 정지작업이라는 분석도 나오고 있지만, 네오콘의 발언권이 약화된 것은 사실이다. 아무튼 네오콘으로서는 미국과 조선민주주의인민공화국의 수교로 가는 '대세'가 못마땅할 게 틀림없다.

바로 그런 상황에서 대한민국의 다음 대통령으로 유력한 이명박이 주미대사를 만난 자리에서 12월 대선을 '친북좌파 대 보수우파의 대결'이라고 규정했다. 자신은 미국과의 협력을 중시하겠다고 강조했다. 그뿐이 아니다. 이명박은 틈날 때마다 남북정상회담에 대해서도 "핵이 있는 상태에서 정상회담을 하는 것은 핵을 인정하는 것"이라고 비난했다. 네오콘으로서는 이명박이 반갑지 않을까.

만일 독자가 네오콘이라면 어떨까. 한국 대선까지 석 달을 기다려 본 뒤 유리한 조건에서 핵협상을 하자는 주장을 펴고 싶지 않을까. 명분은 만들기 나름이다. 이미 위조달러 문제로 6자회담을 공전시킨 '전과'가 있지 않은가. 이명박 후보의 친북좌파 발언이나 남북정상회담 반대 발언은 미국 부시정권 내부에서 강경파의 목소리에 힘을 실어줄 가능성이 높다.

물론, 아직 명확하게 인과관계가 드러나진 않았다. 하지만 '까마귀 날자 배 떨어진다'는 속담을 곰곰 새겨볼 필요가 있다. 그것이 속담일 수 있는 것은 실제로 까마귀가 배를 쪼아 먹어 떨어뜨릴 수 있어서다. 이명박 후보의 발언과 6자회담의 연기를 연결하는 것은 지금으로선 과장일 수 있다. 억측일 수도 있다. 하지만 '오비이락'을 생각할 가치는 있다.

이명박 후보는 얼마 전 전북도지사에게 연말까지 말조심하라고 으름장을 놓았다. 그래서다. 이미 권세를 만끽하고 있는 이명박 후보에게 권한다. 오해받지 않으려거든 최소한 민족문제에 관한 한 말조심할 일이다. _ 2007년 9월 19일

우울한 귀향과 이명박의 글로벌 스탠더드

추석 연휴에 '세계 표준'의 참뜻 논의를

한가위다. 연휴를 앞두고 '서울노동광장'의 노동자들과 만났다. 강연을 마치자 한 노동자가 진지하게 문제를 제기했다. 왜 국민이 노동조합을 신뢰하지 않는지 도통 이해할 수 없다는 항변이었다.

그랬다. 최근 한국노동연구원이 발표한 연구보고서에서 노조의 신뢰도는 기업이나 정부, 언론보다 더 아래로 나타났다. 부자신문들은 서슴없이 꼴찌라고 조롱했다. 역대 어느 정권보다 많은 노동자들이 구속당한 상황이기에 그 노동자의 울뚝밸은 더했다. 그뿐인가. 이랜드나 KTX가 상징하듯이 비정규직 노동자들에게 한가위는 우울할 수밖에 없다. 양극화가 심해지기에 더 그렇다.

문제는 우울한 귀향만이 아니다. 앞으로 생활이 나아질 전망조차 보이지 않는 데 있다. 성큼 다가온 대통령 선거도 현재로선 노동자들에게 희망을 주지 못한다. 노무현 정권의 노동배제 정책보다 더하면 더했지 결코 덜하지 않을 후보가 가장 당선이 유력하기 때문이다.

물론, 이명박 후보도 추석 연휴의 민심이 얼마나 중요한가를 잘 알고 있다. 그래서다. "국민 속으로"를 내걸었다. 추석 연휴에 '민생 탐방'을 하겠다고 밝혔다. 농촌과 노동 현장을 찾겠단다. 하지만 농민을 만나고 노동자를 만난다고 해서 그가 민생에 가까이 다가설 수 있을까. 아니다. 문제는 그의 사고이고 그의 정책이다.

이명박 후보는 연휴를 앞두고 서울 하얏트호텔에서 열린 주한유럽연합상공회의소EUCCK 초청 오찬간담회에 참석했다. 노사관계 질문을 받은 이 후보는 거침없이 "차기 정권은 우선적으로 기초질서를 확립하고 노사 문화를 글로벌 스탠더드로 정착시키는 일을 최우선시할 것"이라고 밝혔다.

물론, 이 후보가 노동운동을 비난해온 것은 하루 이틀의 문제가 아니다. 문제는 그가 '기초질서 확립'과 함께 '글로벌 스탠더드'(세계 표준)를 강조하는 데 있다. 과연 이 후보에게 '세계 표준'은 무엇일까. 한국의 여론시장을 독과점한 언론의 일관된 선동 탓에 이 땅에서 '세계 표준'은 신자유주의와 등식이다. 하지만 어떤가. 전혀 사실이 아니다.

단적인 보기를 들어보자. 얼마 전 한국에서도 유엔 글로벌콤팩트Global Compact 한국네트워크가 열렸다. 글로벌 콤팩트(세계 협약)는 지난 2000년 코피 아난 전 유엔 사무총장의 제안으로 발족했다. 노동, 인권, 환경, 반부패를 비롯해 기업의 사회적 책임에 관한 10대 원칙으로 이루어진 협약이다. 현재 온 세계 116개 나라에서 4500여 기업이 가입해 있다. 눈여겨 볼 것은 '글로벌 콤팩트'의 내용이다. 글로벌 콤팩트의 노동 표준Labour Standards을 보면 기업이 노동권 강화에 나서야 함을 명문화하고 있다. 고용은 물론이고 업무에서도 차별을 배제해야 한다. 뒤늦게 한국에서도 그 협약에 가입한 대기업이 늘어나고 있는 것은 다행스럽고 좋은 일이다.

비단 글로벌 콤팩트만이 아니다. 심지어 다국적 컨설팅 업체인 '맥

킨지'조차 최근에 낸 〈경쟁의 새 규칙 형성〉이란 연구보고서에서 해를 끼치지 않은 기업을 선호하는 '윤리적 소비자'들이 세계적으로 늘고 있는 추세라고 분석했다.

그래서다. 이명박 후보가 강조하는 '글로벌 스탠더드'가 과연 무엇인지 추석 연휴에 정확하게 물어야 할 때다. 과연 노 정권의 노동배제 정책을 더 강화하는 게, 더 엄혹하게 법을 적용해 '기초질서 확립'을 이루는 게, 세계 표준으로 생각한다면, 이제 이명박의 무지와 낡은 사고를 적극 알려야 할 때다. 그가 생각하는 세계 표준이 얼마나 표준에서 낙후되어 있는가를 온전히 드러내야 옳다. 부자 신문들이 입을 모아 부자 후보만 비호하고 있기에 더 그렇다. _ 2007년 9월 22일

한가위에 발견한 한국 정치의 희망

스스로 학습에 나선 50대 후반의 자영업자

한가위 민심. 대통령 선거를 석 달 앞둔 추석이기에 눈길이 쏠렸다. 물론, 내놓고 정치 이야기를 꺼내기는 누구나 피했을 터다. 동시에 피해갈 수 없기도 했다. 선거운동에 나선 후보들은 더듬이를 바짝 세웠을 법하다. 저마다 희망을 들먹이는 판에 새삼 한가위에서 희망을 발견했다는 이야기는 식상할지도 모르겠다.

하지만 아니다. 전혀 예상하지 못한 만남에서 한국 정치에 새로운 가능성이 움트고 있음을 확인했다. 그는 50대 후반이다. 어린 시절, 친했던 고향 선배다. 참으로 오랜만에 마주쳤다. 젊은 시절 준수한 얼굴에 딱 벌어졌던 어깨가 지금도 기억난다. 하지만 주먹의 길을 걷지는 않았다. 자영업으로 30여 년을 살아왔다. 술은 소주가 제일이라는 그와 마주앉았다. 대통령 선거 이야기가 나오자 목소리를 높였다.

"죄다 그 놈이 그 놈 같아."

"정치는 이제 질색이네. 말 하고 싶지도 않아. 죄다 그놈이 그놈 같아."

딱히 대꾸할 말이 없었다. 말하고 싶지 않다던 그는 자신이 그렇게 생각한 이유를 슬금슬금 털어놓기 시작했다.

"난 지난 선거 때 집사람에게도 강요해서 노무현을 찍게 했거든. 젊은 사람들이 노무현을 참 좋아했잖아. 나도 그가 정치를 잘 하리라고 믿었어. 그런데 지금 이게 무슨 꼴인가. 내가 집사람 앞에 면목이 없어."

범여권의 이합집산에도 실망을 감추지 않았다.

"정치가 뭘 이루겠다는 게 있어야지 그런 게 전혀 보이지 않으니 아예 들여다보고 싶은 생각도 없네. 요즘 보면 차라리 민주노동당은 뭘 해보려는 당 같아. 그런데 당선 가능성은 없지 않은가."

왜 그렇게 생각하는가 물었다.

"사람들이 몰라. 공부를 한 사람들은 알지 모르지만 민주노동당이라는 게 뭘 하자는 당인지도 몰라. 신문도 방송도 알려주지 않으니 알 턱이 있나. 나도 최근까지 잘 몰랐어."

뜻밖이었다. 젊은 시절의 그는 자신과 얼굴 생김도 비슷했던 김종필을 몹시 좋아했기 때문이다. 결코 만만하지 않았을 생활전선에서 지며리 일하며 자연스레 생각이 바뀐 걸까. 굳이 이명박에 대한 생각을 알아볼 필요는 없어 보였다. 문국현을 물어본 까닭이다.

"글쎄, 좋은 사람 같은데. 기업 경영 능력은 탁월하지만 정치 능력도 그런지 잘 모르겠어."

그래서다. 대통령 선거가 개운하지 않단다. 그렇다면 당장 12월 대선에서 어떻게 할 셈인지, 앞으로 어디서 희망을 찾을 생각인지 물었다.

"모르겠어. 이번 대선은 누구를 찍을까 고민하기도 싫어. 희망? 그런 게 있나? 단지 내가 좀 공부를 해야겠다는 생각이 들어. 노무현에게 당하면서 정치나 우리 시대를 깊이 알아야겠다는 생각이 들더군. 그래서 책을 많이 보고 있네."

"저 놈들에게 당한 게 뭘 몰라서인 것 같아."

실제로 많은 책을 보았고 지금도 읽고 있었다. 한국 사회와 역사를 다룬 책 이야기가 깊어가자 그가 망설이듯 겸연쩍게 털어놓았다.

"실은 내가 요즘 방송통신대에 다니고 있네. 공부를 제대로 하고 싶어서지."

그랬다. 들머리에서 굳이 '주먹 이력'을 들춘 까닭이 있다. 전혀 책과 무관했던, 학교 때 공부를 하지 않았던, 한 사내가 머리털이 듬성듬성한 50대 후반에 낮에는 자영업을 하면서 밤에는 책을 읽으며 정치를 공부하고 있었다.

"그냥 이대로 죽는다면 너무 억울하다는 생각이 들었지. 저 놈들에게 당한 게 뭘 몰라서인 것 같아."

경기도의 한 아파트 단지에서 식당을 운영하는 50대 후반 자영업자. 그가 애면글면 대학까지 가르친 두 딸은 비정규직이지만 당당하고 싱그럽게 일하고 있다. 정치에 환멸을 느껴 틈틈이 역사와 정치 책을 읽고 있지만 12월 대선에선 누군가에게 투표할 게 분명하다. 여기서 중요한 것은 그의 최종선택이 누구인지가 아니라, 그가 마침내 자신의 정치적 주권을 찾아 나섰다는 데 있다.

스스로 학습에 나선 유권자, 바로 그가 한국 정치의 희망이 아닐까.

_ 2007년 9월 26일

차라리 이명박과 홧김에 서방질?

노골적 신자유주의가 몰려오고 있다

한나라당 대선후보 이명박의 실체가 명확하게 드러나고 있다. 이 후보는 현행 교육정책의 기본 틀인 '본고사·고교등급제·기여입학제'를 금지하는 '3불 정책'을 정면으로 뒤흔들고 나섰다.

물론, 명분은 훌륭하다. 사교육비를 절감하고 교육을 통해 가난의 대물림을 끊겠단다. 좋은 일이다. 교육으로 가난의 대물림을 끊자는 데 감히 누가 반대하겠는가. 하지만 아니다. 이 후보가 제시한 정책 목표와 정책 수단은 일치하지 않는다. 아니, 정반대다. 가령 '자율형 사립학교'를 100개 만들면 어떻게 될까. 그것이 교육의 다양성을 보장할까. 전혀 아니다. 고등학교마저 서열화할 수밖에 없다. 자율형 사립고의 입학 경쟁이 치열할 게 불을 보듯 명백하다. 문제는 공부 잘한다고 그 학교에 갈 수 있는 게 아니라는 데 있다. 공립학교와 비교할 수 없을 만큼 수업료가 비싸기 때문이다. 가난의 대물림을 끊는 게 아니라 일찌감치 부를 세습하는 결과를 빚을 수밖에 없다.

그럼에도 한나라당과 언제나 그 정당을 대변해온 《조선일보》《동아일보》는 되술래잡고 있다. 자립형 사립고가 될 때 지원하지 않을 정부

예산으로 공립고 교육 여건을 확충하고 장학금을 늘리겠단다. 바로 그것이 "부의 자연스러운 분배"라는 말도 언죽번죽 서슴지 않는다. 심지어《조선일보》는 '기러기 아빠의 애환'이라는 감상까지 동원해서 이 후보의 교육정책을 적극 지지하고 나섰다.

하지만 똑똑히 현실을 직시할 때다. 해마다 수백여 명의 학생들이 스스로 목숨을 끊고 있다. 대학입시 탓이다. 만일 고등학교까지 서열화한다면 이 땅에서 태어난 어린 생명은 유치원부터 과외공부에 시달릴 수밖에 없다. 과연 그래도 좋은가. 지금도 '대학 서열화 체제' 탓에 10대들의 대다수는 창백한 세월을 보내고 있다.

그렇다. 현재의 공교육 붕괴 현상을 더 방관할 수는 없다. 참여정부가 공교육 정상화에 아무런 대책을 내놓지 못했기에 격분할 수도 있다. 하지만 아무리 울뚝밸이 치밀더라도 홧김에 서방질 할 수는 없는 노릇이다.

교육만이 아니다. 이명박 후보가 내세운 '대한민국 747(10년 내 7퍼센트 경제성장, 1인당 국민소득 4만 달러, 세계 7대 강국)'도 그렇다. 10년 안에 대한민국이 세계 7대강국이 된다면 누가 반대하겠는가. 하지만 이 후보의 실현가능성 없는 장밋빛 환상은 설령 그것이 구현된다고 하더라도 신자유주의로 고통 받고 있는 대다수 국민의 삶과 무관하다. 지금도 천문학적 이익을 남기고 있는 수출 대기업들을 보라. 사회 양극화 해소에 나설 섦에 오히려 그것을 심화시킬 구조조정에 눈이 벌겋지 않은가. 여기서 결코 적지 않은 비정규직 노동자나 영세자영업자, 실업자들이 이명박을 지지하는 이유를 세심하게 들여다볼 필요가 있다.

"차라리 이명박"이다. 김대중—노무현 정권으로 이어온 10년 동안 전혀 살림이 나아지지 않았거나 되레 가난해진 사람들로서는 "차라리 이명박"을 선택할 수 있다. 그게 현실이다. 10년 동안 집권해온 정권 아래서 청년 실업의 위기에 내몰리고 있는 대학생들도 마찬가지다.

그래서다. 이명박의 정책과 날카롭게 각을 세운 정치세력이 전면에 나서야 한다. 노골적 신자유주의자임을 아예 과시하듯 드러내는 후보 앞에서 '진보적 신자유주의' 따위의 어설픈 사고나 "권력은 시장으로 넘어갔다"는 의지 박약을 보일 때가 아니다.

"차라리 이명박"을 선택하는 사람에게 "홧김에 서방질"할 수 없음을 당당하게 호소할 때다. 신자유주의를 반대하는 모든 정치세력이 힘을 모아 단호한 의지를 천명할 때다. 신자유주의를 넘어서는 명확한 비전과 구체적 정책을 제시할 때다.

그렇다. 아직 포기할 때가 아니다. 부익부빈익빈을 더 가속화할 노골적 신자유주의가 몰려오고 있지 않은가. _ 2007년 10월 11일

'석궁 김명호'가 사법부에 쏘는 '석궁'

증거 불확실한 '전치 3주'가 징역 4년인가

"올해 나는 감옥을 나간다. 죽어서 나가든, 사법 개혁을 해서 나가든 둘 중 하나로 난 감옥을 나간다."

이른바 '석궁테러' 사건으로 감옥에 있는 김명호 전 성균관대 교수가 단식을 하며 다짐한 말이란다. 그 말을 전한 그의 누이는 토로했다.

"난 우리 오빠가 무섭다. 언행일치를 하는 사람이다."

수학천재 김명호. 삼성 재벌이 소유주인 대학에서 억울하게 교수직을 빼앗겼다. 그런데 믿었던 사법부는 그에게 호의적이지 않았다. 고심 끝에 그는 도저히 납득할 수 없었던 판사 집 앞을 찾아가 석궁으로 판사를 위협했다. 판사는 '전치 3주'의 상처를 입었단다.

그에게 사법부는 징역 4년을 선고했다. 하릴없이 실소가 나온다.

저 '용기' 넘치는 재판부를 어떻게 이해해야 옳은가. 징역 10년을 구형한 검사에 견주어 그래도 판사가 조금은 양심적이라 평가해야 할까.

오해 많은 사람들을 위해 명토박아둔다. 법치 사회 자체를 부정할 뜻은 없다. 재판 과정에 문제가 있으면 판사에게 석궁을 쏘아도 좋다는 뜻은 결코 아니다. 정반대다. 제대로 법치를 하자는 뜻이다.

사건이 불거진 당시 일부 언론은 자칫하면 판사가 생명을 잃을 수도 있었다고 호들갑 떨었다. 그래서다. 전직 대학교수 김명호는 순식간에 '마녀'가 되었다. 하지만 실체적 진실은 사뭇 다르다. 언론이 요란스레 보도한 '석궁테러'의 실체는 아직 명확하지 않다. 김명호와 그의 가족들은 '조작'이라고 주장한다.

피해를 입은 판사의 웃옷 가운데 내복과 조끼에는 피묻은 흔적이 있다. 그런데 참으로 생게망게한 일이다. 와이셔츠에는 혈흔이 없다. 상식으로 생각해보라. 어떤 화살이 내복과 조끼에 혈흔을 남기면서 두 옷 사이에 입은 와이셔츠에는 핏자국을 남기지 않을 수 있는가.

묻지 않을 수 없다. 김 교수가 신궁이라도 되는 걸까. 아니면 사법부는 김 교수가 정말 마녀라도 된다고 생각하는 걸까. 재판부를 보라. "와이셔츠에 혈흔이 없다는 점은 확인됐지만 셔츠의 오른편 뒤쪽에 구멍이 있다, 증거조작으로 볼 수 없다"고 반박했다. 그렇다. 구멍은 있다. 하지만 똑똑한 재판부에게 과학적으로 묻고 싶다. 어떻게 혈흔은 없는가.

더구나 판사가 입은 상처는 '전치 3주'다. 그것이 과장된 것임은 누구나 짐작할 수 있는 '진단'이다. 그럼에도 징역 4년이란 말인가. 고고한 재판부는 "이 사건으로 법치주의의 수호자인 사법부에 대한 위해 가능성이 현격히 증대됐다"고 부르댔다. 지나가던 소가 웃을 일이다. 누가 법치주의를, 그것도 '수호'해왔단 말인가. 사법부에 정면으로 묻는다. 독재정권 시대의 시녀 역까지 들출 생각은 없다. 가까운 보기로 묻자. 한화그룹 김승연 회장은 무슨 일을 저질렀는가.

전치 3주, 그것도 증거가 불투명한 사안에 대해 징역 4년을 선고한 사법부의 법치주의에 거듭 묻고 싶다. 아들이 맞았다는 이유로 직접 조직 폭력배를 동원해 야만적인 '응징'에 나선 아비를 풀어주는 게 법치주의 수호인가. 더구나 김 교수가 판사에게 석궁으로 위협을 하기 전까지 사법부의 재판과정에 너무 많은 문제점이 드러나고 있다. 그럼에도 '전치 3주'에 징역 4년이란 말인가.

정직할 때다. 우리의 사법부가 그처럼 보호받아야 할 만큼 힘이 없는가. 아니다. 사이 옷엔 피를 묻히지 않은 채 겉옷과 속옷에는 피를 묻히는 저 신비로운 석궁으로부터 보호받지 않아도 충분할 만큼, 대한민국 사법부는 권세가 든든하다.

증거가 불확실한 전치 3주에 징역 4년을 때리는 오늘의 판결은 그 생생한 증거 아닌가. 사법부가 자중하지 않을 때, 민중이 '석궁'을 쏠 수밖에 없음을 명심할 때다. _ 2007년 10월 15일

붕어빵 노점상의 자살과 '한나라 정권'의 살풍경

도시빈민, 노동자, 농민의 연이은 죽음, 이래도 좋은가

뜬눈으로 샜을 새벽 4시 30분

일용 일이라도 나갔다 오겠다고 나간 아침

어디론가 떠돌다

끓어오르는 분노와 설움 참지 못하고

길거리 나무에 목을 매단 당신

당신의 죽음 앞에서

어떤 아름다운 시로 이 세상을 노래해줄까.

우리 시대의 현장 시인 송경동의 슬픈 노래다. 40대 후반 '붕어빵 노점상'의 자살 앞에 선 시인의 울분이 묻어난다. 시인이 아닌 먹물로선 더 난감하다. 대체 어떤 글로 이 세상을 이야기 할까.

고 이근재. 아내와 더불어 10년 넘게 지하철 역 주변에서 먹거리 노점을 했다. 몸에 문신이 가득한 폭력배가 날뛰며 노점상을 단속하던 바로 다음날, 조용히 목숨을 끊었다. 자신은 물론, 함께 노점을 하던 아내가 단속반에게 온 몸을 구타당했단다.

늙어가는 아내에게 미안하다는 말만 되풀이할 수밖에 없던 마흔여 덟 살 고인의 심경은 어땠을까. 그나마 일용직 일자리도 구하지 못했을 때, 공원 나무에 목을 맬 때의 피멍 든 가슴을 상상해보라. 고인의 죽음 앞에서 불현듯 젊은 엄마의 최후가 겹쳐졌다. "살고 싶다"며 "살려 달 라"고 애원하는 어린 아이를 기어이 고층 아파트 창밖으로 떠밀고 투 신자살했다.

찬찬히 톺아볼 일이다. 도시빈민만이 아니다. 대한민국에서 살아가 는 민중의 살풍경은. 예순아홉 살까지 평생 남의 땅에서 농사지은 농부 가 생존권 집회장에서 공권력에 맞아 죽지 않았던가. 늙은 농부에게도 경찰의 진압봉과 방패는 사정없이 내려 꽂혔다. '할아버지 농부'가 참 혹하게 맞아 죽은 열 달 뒤, 마흔 다섯 살의 비정규직 노동자가 집회장 에서 싸늘한 주검이 되었다.

그렇다. 대한민국에서 도시빈민, 농민, 노동자들이 줄이어 목숨을 잃고 있다. 과연 그래도 좋은가. 아니다. 붕어빵 노점상의 죽음 앞에 옷 깃을 여미며 쓰는 까닭이다.

'노점상 단속령'을 내린 고양시 시장은 사과는커녕 아무 책임도 없 다고 되레 눈 부라린다. 언죽번죽 세상을 비관한 자살이란다. 고양시 자유게시판에는 '시장 찬가'가 울려 퍼진다. 노점상은 '세금도 내지 않 는 범죄자'라는 네티즌의 글을 보면서, 꿋꿋하게 더 단속하라는 댓글들 을 보면서 하릴없이 절망감이 스멀스멀 밀려온다. 대체 누가 우리를 저 토록 차가운 사람들로 만들었을까.

문제는 여기서 그치지 않는다. 노점상 단속은 단순히 경기도 고양시 만의 문제가 아니다. 서울시청도 이미 노점특별 관리대책을 발표했다. 10월 16일 서울시 의회에선 가판대를 단계적으로 금지하는 조례 개정안이 통과됐다. 새삼스런 말이지만 서울시와 경기도의 지자체 단체장들은 모두 한나라당 소속이다. 신자유주의로 치달아온 노무현 정권에 더해 지자체를 장악한 한나라당의 권력은 '붕어빵―노점상의 자살'이라는 비극을 불러오고 있다.

기실 도시빈민의 생존권보다 거리 미화를 더 중시하기는 박정희 독재시기 이래 군사정권의 오랜 전통이 아니던가. 그렇다. 에두르지 않고 곧장 묻는다. 경기도 고양의 폭력적인 노점상 단속과 40대 빈민의 자살은, 법치의 이름아래 날뛰는 조직폭력배의 활극은, 40대 후반 가장의 피맺힌 자살 앞에서 고양시장과 시청이 대처하는 모습은, 중앙권력까지 한나라당이 장악할 때 대한민국의 내일을 여실히 보여주는 축소판이 아닐까.

이미 이명박 후보는 노사관계에서도 법치주의를 강화하겠노라고 으름장 놓고 있다. 그가 비정규직 노동자에 무심한 것도 잘 알려진 사실이다. 그가 집권했을 때 서울과 경기 곳곳의 지자체 권력과 더불어 어떤 나라를 만들어갈까. 그 살풍경이 생생하게 떠오르는 것은 과연 나 혼자만일까. _ 2007년 10월 17일

잃어버린 것은 10년이 아니라 20년이다

'노무현 놀이'가 퍼져간단다. 《중앙일보》 인터넷판이 전하는 소식이다. '잃어버린 10년'에 보상을 원하는 블로거가 줄을 잇고 있단다. 노무현 대통령이 보수세력의 '잃어버린 10년' 주장에 대해 "잃어버린 것 있으면 신고하라"며 "찾아드리겠다"고 말한 게 발단이다.

기사는 주요 포털사이트와 커뮤니티 게시판에 현재 올려진 '노무현 놀이'의 목록 가운데 다음과 같은 보기를 들었다.

"대학 졸업했는데 취직이 안 되네? 일자리 찾아줘요."

"정부 믿고 집 팔았는데 되레 올랐네. 내 집 찾아달라."

"서민 어깨 펴주겠다더니 더 쪼그라들었다. 내 어깨 찾아내라."

"경제 띄우라고 던져 준 내 표 찾아내라. 안 찾아주면 책임을 묻겠다."

기실 '잃어버린 10년'을 둘러싼 논쟁은 비단 《중앙일보》만 불 지르고 있는 것은 아니다. 《조선일보》는 23일자 신문에 '보수세력의 싱크탱크'인 한반도선진화재단 박세일 이사장의 글을 실었다. 박세일은 기고문에서 대선 후보들에게 "당신들은 지난 10년을 어떻게 평가하는가"라는 질문을 "국민 모두가 반드시 물어야" 한다고 강조했다.

물론, 그의 답은 이미 나와 있다. "많은 국민은 지난 10년을 대한민국이 앞으로 나가지 못하고 표류하며 역주행한 10년으로 보고 있다"면서 그 이유로 가장 먼저 '좌파적 역사관과 헌법경시'를 꼽았다.

'보수세력'의 가장 세련된 정책을 생산한다는 연구재단의 이사장이 김대중—노무현 정권을 두고 '좌파' 운운하는 모습을 어떻게 보아야 할까. 가관을 넘어 차라리 서글프다. 그는 이어 '민생이 나아지지 않고 오히려 악화됐다'고 주장한다.

본질을 벗어난 잃어버린 10년을 둘러싼 논쟁

비슷한 논리는 앞서 《동아일보》 사설에서도 볼 수 있다. 〈 '잃어버린 10년, 신고하면 찾아 주겠다'는 대통령〉 제하의 사설은 중산층 비율이 줄어들었고 빈곤층 비율이 늘어났다면서 다음과 같이 쓰고 있다.

"DJ 정권 5년간 외환위기로 허리띠를 졸라매야 했던 국민이 노 정권 들어서는 아예 희망을 잃다시피 한 것이다."

바로 그 지점이다. 국민은 《동아일보》와 달리 당연히 물을 수밖에 없다. 외환위기는 누가 불러왔는가. 이 신문은 "노 대통령은 말장난으로 실책을 덮으려 해선 안 된다"고 주장했지만, 그 말은 고스란히 《동아일보》가 돌려받을 몫이기도 하다.

김대중—노무현 10년을 옳게 비판하려면 노태우—김영삼 정권의 10년까지 냉철하게 톺아볼 수밖에 없다. 노태우—김영삼 10년 정권의 '결론'이 바로 국가부도의 외환위기였다. 그럼에도 《조선일보》《동아일보》《중앙일보》는 한나라당과 더불어 그 사실을 교묘히 숨기고 있다. 한나라당은 정치집단이니 그렇다고 치자. 언론인이나 교수가 그런 주장을 한다면 그것은 스스로 존재이유를 부정하는 일이다.

10년 집권을 통해 외환위기로 민생경제를 파탄낸 당사자가, 더욱이 '야당' 시절 10년 동안 언제나 민생경제에 어긋난 언행만 일삼아오던 그들이, 지금 민생을 들먹이는 것은 얼마나 가증스러운가.

물론, 부익부빈익빈의 심화는 명백한 사실이다. 김대중─노무현 정권이 기대와 달리 신자유주의에 굴복했기에 빚어진 현상이다. 하지만 그렇다고 해서 그 해법을 더 노골적인 신자유주의자나 경제를 이미 파탄시킨 세력에게 맡길 수는 없는 일이다.

그래서다. 잃어버린 10년을 둘러싼 청와대와 한나라당의 논쟁이 대선국면에서 쟁점이 되는 것은 바람직하지 않다. '붕어빵 노점상'의 자살이 상징하듯이 비정규직 노동자, 자영업자, 도시빈민의 삶은 더없이 힘들기 때문이다. 진정 민주세력이라면 잃어버린 10년을 방어하는 데 급급할 게 아니라 잃어버린 20년을 올곧게 제기해야 옳다.

돌이켜보라. 1987년 6월, 항쟁에 나선 민중이 최루탄과 곤봉에 맞서 싸울 때 꿈꾸던 나라가 저 노동자와 농민이 대낮에 맞아죽는 세상이었던가. 도시빈민 일가족이 생계위협에 내몰려 자살하는 나라, 남의 나라 침략전쟁에 이 나라 젊은이를 보내는 나라, 미국과 자유무역협정을 체결하는 나라였던가.

1987년 6월대항쟁으로 쟁취한 직선제 헌법은 명시하고 있다. 대한민국의 모든 권력은 국민으로부터 나온다고. 과연 지금이 그러한가. 그렇다면 찾아야 할 때다. 지난 20년, 우리가 잃어버린 것들 가운데 고갱이가 무엇인가를. 모든 권력이 국민으로부터 나온다는 주권, 바로 그것이 아닐까. 벅벅이 주권을 어떻게 찾을까를 진지하게 고심할 때가 아닐까. _ 2007년 10월 23일

권영길 — 문국현, ‘반신자유주의 전선’을

권영길 후보와 문국현 후보. 두 후보와 하루 시차를 두고 차례로 전화 인터뷰를 했다. 〈원음방송〉 라디오를 통해서다.

권 후보는 문 후보를 일러 ‘범여권 후보’라고 규정했다. 이어 ‘범여권후보 필패론’을 주장했다. 권 후보의 발언이 알려진 뒤다. 문 후보는 창조한국당 창당준비 행사장에서 자신은 “범여권 후보 단일화에 관심 없다”고 답했다. 문 후보는 25일 아침 전화인터뷰에서 왜 자신을 범여권 후보라고 단언하는지 모르겠다며 ‘반부패전선’을 강조했다.

문국현과 권영길. 두 후보가 ‘장군, 멍군’한 셈이다. 두 사람의 생각은 차이 못지 않게 공통점이 있다. 찬찬히 톺아보자. 문 후보는 범여권 단일화 문제에 다음과 같이 답했다.

“범여권이라고 하는데, 그 여권이라고 하는 것은 굉장히 제한된 개념이다. 훨씬 더 넓은데 왜 범여라고 하는 건가. 반부패의 뜻을 같이 하는 사람들, 우리나라의 재창조를 꿈꾸는 사람들은 범여에 속하지 않더라도 할 수 있다. 자꾸 범여라고 규정 하는 것은 범여에 있는 사람들이 자기중심적으로 생각하지 국민 중심으로 생각하지 않기 때문에 그런

거다.”

문 후보는 그렇다면 “반 한나라당 단일 후보라고 이해해도 좋은가”라는 물음에 “한나라당에도 아주 좋은 사람들이 개중에 있다”면서 “반부패 전선이라고 보고 대한민국을 품격 있는 새로운 나라로 재창조하기 위한 미래 세력이라고 보는 게 좋을 것 같다”고 답했다.

문 후보는 앞서 부산 지역 기자간담회에서 정동영 후보를 일러 “(참여정부) 실정에 책임이 많은 사람”이라며 “국민에게 실정을 참회하지 않고 무엇을 하겠다는 말이냐”고 비판한 뒤 “경제를 모르는 사람은 뒷전에 물러나야 한다”고 주장했다. 이른바 ‘범여권’과는 가치가 명백히 다르다는 것을 강조한 셈이다. 실제로 그 분석은 권영길 후보의 인식과도 같다. 권 후보는 전화 인터뷰에서 다음과 같이 말했다.

“지금 여권의 후보로는 그 어떤 후보도 한나라당 이명박 후보를 이길 수 없다. 여권의 후보는 필패의 후보다. 왜냐하면 실제 신자유주의 정책으로 우리 서민 90퍼센트의 삶이 파탄이 나 있다. 한미FTA는 더욱더 그러할 것이고 비정규직이 그러하다. 그런데 바로 범여권은 실제 한나라당과 함께 비정규직 노동자들을 양산시켰고 비정규직 노동자들의 차별을 심화시키고 있다. 그리고 한미FTA를 같이 불러 왔고, 비준을 하려고 한다. 이렇게 볼 때 범여권은 반드시 필패한다. 실제 한나라당 후보에 맞서서 이길 수 있는 후보는 민주노동당 권영길이다. 민주노동당만이 한나라당과 대결할 수 있다고 보기 때문에 앞으로 남은 기간 동안에 충분히 뒤집을 수 있다고 본다.”

그렇다. 두 후보는 현재의 범여권 후보로는 이명박 후보를 이길 수 없다고 판단하는 데 공감하고 있다. 범여권 후보의 단일화에 부정적인 것도 같다.

물론, 엄연한 차이는 있다. 권 후보는 문 후보를 범여권 후보로 본다. 문 후보는 반부패전선을 강조한다. 하나 더 눈여겨볼 것은 정동영 후보조차 "한나라당식의 카지노자본주의"를 비판하고 있는 사실이다. 다분히 그의 발언은 문 후보 쪽으로 흐르는 개혁여론을 붙잡기 위한 의도일 수도 있다. 하지만 적어도 '카지노식 자본주의'를 비판하고 있다는 점에서 의미가 있다.

바로 그 점에서 앞으로 남은 대선정국은 대단히 의미 있는 국면이 될 수 있다. 문 후보는 대선출마를 선언하면서 신자유주의를 강력하게 비판해 바람을 불러 일으켰다. 권 후보와 민주노동당도 오래전부터 신자유주의를 비판해왔다.

그래서다. 이명박 후보의 '부패'만을 비판할 게 아니다. 이참에 극소수만 잘 사는 저 신자유주의 굴레에서 대한민국을 구하겠다는 강력한 의지를 결집하는 게 중요하지 않을까. 신자유주의를 넘어서겠다는 '가치 연대'가 참으로 절실한 오늘이다.

신자유주의가 아닌 경제사회가 얼마든지 가능하다는 확신이 선다면, 대통령 선거를 아예 체념한 민주시민들의 생각도 급속도로 달라질 게 틀림없다. _ 2007년 10월 25일

'이명박 지지율' 앞에 무엇을 할 것인가

삶의 고통이 어디서 왔는지 진실 나눌 때

"노무현 정부가 '좌파'라고 하던데, 그렇다면 나 같은 '밑바닥 인생'은 형편이 나아져야 할 것 아니오. 그런데 하나도 달라진 게 없어요. 이명박이란 사람, 잘은 모르지만 '일거리'는 줄 수 있을 것 같아 이번에 찍으려고……."

부산시 금정구에서 비질을 하는 60대 환경미화원의 말이다. 같은 지역의 50대 택시기사는 "먹고살기가 이렇게 힘드니 바꿔야 한다는 생각뿐"이라면서 "도덕성은 차후 문제고 일단 경제를 살릴 사람에게 투표할 생각"이라고 밝혔다. 자갈치 시장에서 좌판을 놓고 생선을 파는 70대도 "이런저런 고민 않고 그냥 잘살게 해줄 사람을 찍고 싶다"고 말했다 (《강원일보》10월 31일자).

환경미화원, 택시기사, 자갈치시장 영세상인의 말은 왜 이명박 후보의 지지율이 전혀 흔들리지 않는가를 명쾌하게 증언하고 있다. 소리만 요란했지, 실제로 가난한 사람들에게 노무현 정권이 해준 게 아무것도 없기 때문이다. 오해 없기 바란다. 정권 말기의 노 정권을 새삼 비판할 생각은 전혀 없다. 문제는 이명박의 당선 가능성이 높은 오늘에 있다.

왜 그러한가를 정확하게 짚어야 대책을 세울 수 있지 않은가.

16년째 거리를 청소하고 있는 60대 노동자가 한 말은 여러모로 성찰해볼 가치가 있다. "노무현 정부가 '좌파'라고 하던데, 그렇다면 나 같은 '밑바닥 인생'은 형편이 나아져야 할 것 아니오." 날카로운 비판이다. 이유 있는 항변이다. 기실 이 땅의 진보세력이 민중으로부터 싸잡아 불신 받고 있는 가장 큰 이유다.

진보세력으로서는 참으로 황당한 일이 아닐 수 없다. 노 정권에 과연 어떤 진보세력이 합류했는가. 진보세력에 늘 일정한 거리를 둬왔던 사람들이 들어갔을 뿐이다. 노 정권의 정책은 결코 '좌파'도 '진보'도 아님을 언제나 강조해온 까닭이다.

하지만 더 조직적인 목소리가 퍼져갔다. 최근에도 《조선일보》 정치부 데스크는 "대한민국에서 좌우 힘의 균형은 오래전에 역전됐다"고 주장했다(10월 24일자). 노 정권을 일러 '좌파정권'으로 몰아쳐온 것은 비단 《조선일보》만이 아니다. 수구언론이 하냥 부르대온 비난이다.

그래서다. 많은 사람이 노 정권을 '진보'로 오해한다. 기실 여기에는 노 대통령의 책임도 크다. 한미자유무역협정을 강행한 그는 얼마 전에도 언죽번죽 '진보'를 자처했다. 정치학 책을 새로 쓰겠다는 그에게 고향이 같은 부산의 환경미화원 말을 경청하라고 권하고 싶다. 노 정권이 '진보'라는 착시현상에 최대 피해자는 민주노동당이다. 진보세력 전반에 대한 불신이 곰비임비 퍼져갔기 때문이다. 심지어 문국현 후보조차 신자유주의를 반대하면서 '진보'라는 말을 쓰기 꺼릴 정도다.

하여 명토박아둔다. 이명박이 누리고 있는 저 부동의 50퍼센트 지지율은 노 정권의 실정 때문이다. 해법도 거기서 출발해야 옳다. 문국현 바람이 솔솔 불었던 이유도 그가 정확하게 문제점을 짚었기 때문이다.

여기서 굳이 누가 진보인가 아닌가 따따부따할 생각은 없다. 문제의 핵심은 부익부빈익빈을 가져온 신자유주의 체제를 넘어서려는 세력의 연대에 있다. 서로 차이를 강조할 때가 아니다. 꼭 차이를 강조할 때라도 공통점을 더 부각할 때다. 힘을 모아 이명박 후보가 부익부빈익빈을 고칠 수 없다는 사실을, 오히려 더 심화시킬 후보임을 알려나가는 데 집중해야 할 때다.

"잘 살게 해 줄 사람"을 갈망하는 자갈치 시장의 70대에게, "도덕성은 차후문제"라는 50대에게, 이명박 후보가 서민 경제를 살릴 수 없다는 진실을 알려야 한다.

그렇다. 부익부빈익빈의 경제를 바꿀 정치세력을 국민은 갈망하고 있다. 문제는 어떻게 누구로 바꿀 것인가에 있다. 앞서 소개한 《조선일보》 정치부 데스크는 "대한민국도 우파, 좌파 정권이 번갈아 집권하면서 양쪽 날개로 나는 선진 궤도로 접어들 때가 됐다"고 주장했다. 그의 말은 한나라당이 집권해야 한다는 논리였다. 하지만 그 말을 찬찬히 짚어보자. 정반대로 옳다. "우파, 좌파 정권이 번갈아 집권"하려면, 지금 집권해야 할 세력은 신자유주의를 반대하는 세력이다.

대선이 49일 남은 오늘, '이명박 정권'을 참을 수 없는 사람들이 할 일이 있다. 어깨에 힘부터 빼야 한다. 새벽길을 쓸고 있는 환경미화원과, 칼바람 부는 자갈치 시장의 아주머니와, 손님을 기다리며 줄 서 있는 택시기사와, 누가 경제를 살릴 수 있는지 겸손하게 말을 걸 때다. 신자유주의를 넘어선 경제가 가능하다는 믿음을, 고통 받고 있는 노동자, 농민, 빈민, 자영업자, 중산층과 나눌 때다. 잃어버린 주권을 찾을 때임을 소곤소곤 이야기할 때다. _ 2007년 10월 31일

이회창-이명박이 교체할 정권은 없다

신자유주의 권력 교체할 세력화가 문제의 핵심

처절하고 비장한 심정이란다. 이회창 후보의 말이다. 딴은 그럴 만도 하다. 지난 2002년 대선에서 온 몸으로 자신을 밀어준 언론들로부터 '쿠데타'란 험한 소리까지 듣고 있지 않은가. 얼마나 '처절'하고 '비장'하겠는가. 그럼에도 후보로 나선 까닭이 있다. 정권 교체다. 그런데 생게망게한 일이다. "좌파정권 교체"를 부르댄다. 그것도 10년 좌파정권을 종식하잔다.

결론부터 명토박아둔다. 이회창, 그가 교체할 정권은 지상에 없다. 그가 교체하겠다고 나선 것은 유령이다. 대한민국에는 오늘 이 순간까지 어떤 좌파정권도 들어선 일이 없다. 아니, 좌파와 비슷한 정권마저 들어서지 못했다.

기실 이회창만 뜬금없지 않다. 없는 정권을 교체하겠다는 후보가 더 있다. 주미대사 앞에서 언죽번죽 '친북좌파 대 보수우파 대결'을 주장한 이명박을 보라. 그 또한 없는 유령정권을 들먹였다. 친북좌파 정권은 지금까지 대한민국에 없다.

단순히 개념의 혼란에 그치지 않는다. 정치언어가 정치현상을 규정하기에 단순한 말의 문제가 아니다. 이명박의 지지율이 고공 행진했던 이유다. 이회창이 갑작스레 지지율 2위로 껑충 오른 까닭이기도 하다.

기실 정권교체는 시대정신이다. 이대로는 못살겠으니 갈아보자는 심경은 삶이 고통스런 사람들 사이에 곰비임비 퍼져 있다. 당연하지 않은가. 부익부빈익빈이 깊어가고 있다. 수출 대기업의 경제는 가파르게 치솟은 반면에 민중경제는 나락의 길을 걸어왔다. 얼마 전에 비정규직 노동자가 또 온 몸을 불살랐듯이 도시빈민과 농민에게 어두운 죽음의 행렬이 이어지고 있다.

역설이지만 바로 그 점에서 이회창의 출마 발언은 '압권'이다. "정권 교체만 되면 되는 것이 아니라 잘못된 방향을 바로잡는 정권 교체가 돼야 한다"고 이회창은 강조했다.

정확하다. 옳다. 정권교체만 되면 되는 게 아니다. 잘못된 방향을 바로잡는 정권교체이어야 한다. 교체할 정권은 있지도 않은 유령 정권이 아니다. 좌파정권이 아니다. 신자유주의 정권을 교체할 때다.

바로 그때 우리는 한나라당의 정권 장악이 결코 정권 교체일 수 없다는 진실을 확인할 수 있다. 옹근 10년 전, 국가부도 사태를 빚어 신자유주의를 불러온 정권이 바로 한나라당 아닌가. 그뿐인가. 지금 이 순간도 한나라당 이명박 후보가 내건 정책은 신자유주의의 전면 확대다.

이회창 후보는 이명박을 뺨친다. 보라. "시도 때도 없이 고속도로를 점거하고 도심 도로를 점거하는 교통마비를 가져오는 일을 저 이회창은 용납하지 않을 것"이라는 출마의 변을. "젊은 전경들에게 쇠파이프를 휘두르는 자들은 공공의 적으로 엄단할 것"이라는 '저 이회창'을.

무릇 어떤 일을 풀려면 그 일이 일어난 원인부터 파악해야 옳다. 그런데 저 이회창에겐 아니다. 그래서다. 이회창과 이명박에겐 신자유주의 정권을 교체할 생각이 꿈일망정 들지 않는다. 현실에 없는 좌파정권을 교체하겠다고 종주먹을 불끈 쥘 따름이다. 물론 정치는 현실이다. 신자유주의를 넘어서는 정권이 가능한가에 회의하는 눈길을 모르지 않는다. 하지만 급할수록 옳은 길을 걸어가야 한다. 신자유주의를 줄기차게 비판해온 민주노동당은 대규모 민중대회를 예고하고 있다. 신자유주의 반대를 내걸고 창당한 창조한국당도 생동감 있게 활동하고 있다.

두 당의 후보들이 강조한 '반신자유주의' 내용에 차이가 있는 걸 모르지 않는다. 문제의 고갱이는 신자유주의를 넘어서는 새로운 경제체제를 두 후보가 얼마나 많은 유권자들에게 공감시켜가느냐에 있다. 조급하게 선거연합이나 후보단일화 따위를 들먹일 때는 아니다.

신자유주의를 넘어서자는 대통령 후보들이 유권자들에게 더 많이 파고들수록, 이명박─이회창의 허구성은 드러날 수밖에 없다. 카지노 자본주의를 넘어서겠다는 정동영 후보 또한 부익부빈익빈의 본질이 신자유주의에 있음을 직시할 때다.

신자유주의를 넘어서는 가치연대는 자신의 경제주권을 찾으려는 유권자들의 세력화를 뜻한다. 선거연합은 그 다음 단계, 신자유주의 권력의 교체 가능성이 또렷할 때 논의할 수 있는 문제다. 신자유주의 정권을 교체할 세력의 형성, 바로 그것이 대선정국에서 가장 큰 시대적 과제다. _ 2007년 11월 8일

이명박 대통령 당선은 왜 '필연'인가

대한민국 실체 대표할 가장 적합한 후보

한나라당 이명박 후보. 다음 달 대선에 그의 당선은 '필연'이다. 비아냥 아니다. 냉철한 결론이다. 이명박이야말로 대한민국 실체에 가장 가까운 후보다. 마땅히 대한민국을 대표할 '얼굴'이다.

숱한 비리 의혹이 불거져도 그의 지지율은 건재하다. 다른 후보라면 일찌감치 주저앉았을 지지율도 흔들리지 않는다. 무지렁이들 사이에 떠도는 말이 있다.

"이명박 표는 꾸중물 표."

오해 없기 바란다. 유권자가 꾸중물이란 뜻이 결코 아니다. 꾸중물은 경상도 사투리다. 하지만 표준말 구정물보다 더 퍼져 있다.

이명박 표를 왜 '꾸중물 표'라 하는 걸까. 대쪽 이회창과 견준 말이다. 이회창은 '대쪽'이란 이미지가 사라지면서 표가 빠져나갔지만, 이명박은 다르다는 통찰이다. 이명박이 살아온 곳은 '대나무 숲'이 아니라 '꾸중물'이었음을 이미 국민이 알고 있기에 지지율이 흔들리지 않는다는 분석이다.

기실 아무도 이명박을 '깨끗한 후보'로는 여기지 않았다. 의혹이 곰비임비 불거져도 개발시대 건설회사 사장으로선 그럴 수 있지 않느냐고 두남둬왔다.

딴은 옳지 않은가. 보라. 저 도도하게 흘러가는 꾸중물을. 개수틀로 흐르는 게 아니다. 대한민국에서 방귀깨나 뀌는 사람들이 머물고 있는 모든 곳에서 흘러나와 콸콸 넘쳐난다. 대한민국의 정계, 경제계, 언론계, 학계, 예술계 곳곳을 강물처럼 유유히 흐른다. 운하처럼 관통한다.

삼성재벌의 검은 돈이 정가는 물론, 검찰과 판사, 재경부와 국세청, 언론사에 이르기까지 뿌려졌다는 '고발'은 대한민국이 얼마나 '꾸중물 공화국'인가를 실감케 한다. 그럼에도 보라. 언론은 축소로 일관하고 있다. 양심선언에 나선 변호사의 양심을 의심한다.

물론, 아직 진실은 온전히 드러나지 않았다. 하지만 알고 있다. 무지렁이들은. 왜 저 영민한 검찰이 우물쭈물 하고만 있는지, 왜 저 기름진 재경부와 국세청의 고위 공무원들이 엄청난 명예 훼손에 침묵만 지키고 있는지. 왜 저 살찐 언론이 조용조용 보도하고 있는지.

그뿐인가. 부패를 추방했노라고 눈 부라리던 노무현 정권에서 사상 처음으로 국세청장이 구속됐다. 청와대 정책실장은 또 어떤가. 재경부와 검찰이 뇌물을 받았다는 주장이 온 천하에 공개됐는데도 정권의 최고 책임자인 대통령은 방관만 하고 있다.

유력한 대통령 후보 이명박의 침묵은 당연하지 않은가. 특검 도입을 주장하는 권영길 후보는 불법집회의 주모자로 내몰린다. 삼성 비자금을 받았던 자들이 불법집회를 용납할 수 없노라고 부르대는 풍경은 얼마나 볼썽사나운가.

그렇다. 꾸중물 공화국, 대한민국의 실체다. 어느덧 우리 모두 그 꾸중물에 익숙해 있다. 그 결과다. 이명박의 대통령 당선은 필연이다.

자신의 엄청난 부동산을 관리하려고 세운 기업에 딸과 아들을 '유령 직원'으로 등재해놓고 월급을 지불한 사실이 드러나도 크게 분노하지 않는다. 눈감아줄 태세다. 기실 얼마나 '자상한 아빠'란 말인가. 다만 일하지 않는 자식에게 유령 직원으로 월급을 지급해온 그가 대선공약으로 노동자들에게 언죽번죽 '법 질서'를 강조해온 사실 앞에선 하릴없이 쓴웃음이 나온다. 그럼에도 툭툭 터져 나오는 의혹 앞에서 진정으로 참회하는 낯은 보이지 않는다. 딴은, 왜 반성하겠는가. 꾸중물 공화국인데. 자신은 삼성보다 깨끗하다고 자부할 터인데. 삼성 이건희 회장도 건재한데. 대체 왜?반성한단 말인가.

그래서다. 그저 묻고 싶다. 대한민국 모든 국민에게 나직하게 물어보고 싶다. 과연 우리 그래도 좋은가. 평범한 국민은 상상도 못할 일을 저지른 후보가 대한민국 대통령이어도 괜찮은가. 대통령할 사람이 그렇게도 없는 국민인가. 저 삼성 비자금 의혹이 구렁이 담 넘듯 흐지부지되어도 눈 감을 터인가. 꾸중물 왕국의 꾸중물 신민이어도 좋은가. 민주공화국, 저 헌법 1조 1항 앞에서 통곡하는 나는 너무 과민한가.

_ 2007년 11월 12일

자녀 위장취업이 열심히 일해 빚어진 일?

마침내 대통령 선거가 막이 올랐다. 한나라당 이명박 후보의 지지율이 여전히 높다. 그래서일까. 그의 지지율을 두고 국민의 어리석음을 들먹이는 사람들이 있다. 단적으로 말해서 오만이다.

명토박아둔다. 범여권 후보들을 바라보는 싸늘한 시선은, 문제점이 곰비임비 불거짐에도 이명박의 지지율이 고공인 까닭은, 이회창의 지지율이 2위인 까닭은, 현 노무현 정권을 심판하겠다는 민의에 있다.

최근까지도 노 대통령의 언행에선 '성공한 대통령'을 자부하는 게 엿보인다. 하지만 유권자는 바보가 아니다. 정동영 후보가 지지부진한 까닭은 노 정권을 계승하려 노력하지 않아서가 아니다. 정반대다. 계승하고 있어서다.

노 정권 5년 동안 비정규직은 급증했다. 농민은 물론, 영세자영업자와 도시빈민의 생활도 고통스러워졌다. 남북정상회담도 집권 말기에 서둘러 큰 효과를 거두지 못하고 있다.

그래서다. 정권에 대한 서릿발 심판 앞에서 범여권은 겸허할 일이다. 이명박이나 이회창에게 쏠리는 표심은 결코 어리석어서가 아니다.

말만 요란했던 정권에 대한 심판이자 변화를 이루고 싶은 민심의 표현이다. 바로 그 틈을 가장 잘 이용한 야당이 한나라당이고 이명박 후보다. 이 후보는 일찌감치 '경제 대통령'을 내걸었다. 그에게 도덕성을 기대한 국민은 아무도 없다. 흠이 있더라도 뭔가 변화를 이루리란 기대가 크다. 지지율이 도통 흔들리지 않은 까닭이다.

하지만 자만해서일까. 이명박은 마땅히 해명할 일까지 언구럭부리며 넘기고 있다. 그는 후보 등록을 마친 뒤 "정말 나라를 위해 일하고 싶다. 제가 가진 모든 경험과 경륜, 지혜를 다해 온몸을 던져 열심히 일하겠다"고 호소했다.

'열심히 일하겠다'는 다짐은 선거 국면에서 그가 즐겨 쓰는 말이다. 문제는 엉뚱하게 그 말을 남발하는 데 있다. 가령 이 후보는 두 자녀의 위장취업 문제와 관련해 "그동안 열심히 일만 하면서 살아왔다"면서 "그러다 보니 제 주변을 꼼꼼히 챙기지 못한 허물도 있었다"고 해명했다. 대다수 언론은 그의 발언을 두고 "사과의 뜻을 거듭 표명했다"고 풀이했다. 하지만 과연 그게 사과인가. 그렇게 들리지 않는다. 오히려 묻고 싶다. 자녀 위장취업이 열심히 일만 하면서 살아온 결과란 말인가. 주변을 꼼꼼히 챙기지 못해서 빚어진 일인가. 아니다. 그런 발언은 사과가 아니다. 참으로 열심히 일하는 사람들에 대한 모욕이기도 하다.

이 후보는 아직 사건의 핵심에 답하지 않았다. 정색을 하고 거듭 묻는 까닭이다. 자녀의 위장취업을 누가 결정했는가. 열심은커녕 아예 일조차 하지 않은 자녀에게 월급을 줄 만큼 지나치게 주변을 꼼꼼히 챙긴 게 아닌가. 그 질문을 대수롭지 않게 여긴다면 그야말로 심각한 문제다. 그가 비정규직 노동자들의 절규에 살천스레 '법질서'를 강조해왔기에 더 그렇다.

　BBK 주가조작 사건도 마찬가지다. 그는 "대선이 비전과 정책경쟁으로 나아가지 못하고 BBK 의혹에 갇혀 있는 것이 참으로 안타깝다"고 말했다. 하지만 상황이 여기까지 온 데는 가장 큰 책임이 이 후보에게 있다. 그럼에도 BBK 사건을 비롯해 의혹이나 논란에 앞으로는 직접 입을 열지 않겠단다. '네거티브 공세'라는 게 이유다.

　과연 그러한가. 위장취업이나 주가조작 사건 의혹은 '네거티브 공세'가 아니다. 김경준 씨 가족의 표현을 빌리면 "(함께 일하던) 한 사람은 국제 금융사기꾼이라 불리면서 구치소에서 겨울을 보내고, 다른 한 사람은 차기 대통령을 꿈꾸는 모순된 2007년 겨울"은 마땅히 풀려야 한다. 입을 닫을 게 아니라 제대로 열어야 할 때다. 하루빨리 정책선거를 이루기 위해서라도 그렇다.

　이 후보가 끝까지 위장취업을 얼버무린다면, 주가조작 사건을 수사하는 검찰에 '공정 수사'라는 압력만 줄기차게 행사한다면, 그를 지지하는 사람들은 떠나갈 수밖에 없다. 이미 흔들리는 조짐도 나타나고 있다. 그가 노 정권을 심판할 자격이 있을까, 회의적 눈길이 늘어나고 있기 때문이다.

　그렇다. 이명박 지지자들은 결코 바보가 아니다. 노 정권을 심판할 적임자를 바꿀 수 있다. _ 2007년 11월 26일

딸 목졸라 죽인 아비와 '위장취업 아비'

왜 '신자유주의'가 대선의 핵심 쟁점인가

며칠 전 서울 마포에서 생활고를 비관한 40대 가장이 아홉 살짜리 딸을 목 졸라 숨지게 하고, 자신도 목숨을 끊으려다 잠에서 깬 아내의 신고로 경찰에 구속된 끔찍한 일이 있었다. 한창 일할 나이에 명예퇴직한 뒤 사업에 손댔다가 빚만 안게 되고, 재취업에도 실패한 가장의 실직이 부른 참극이다.

여기까지 쓴 글에 따옴표를 붙이지 않았다. 표절이다. 《동아일보》 11월 29일자 사설의 들머리다. 사설을 부러 표절한 까닭은 있다. 《동아일보》도 모르쇠 할 수 없을 만큼 대다수 민중의 삶이 불안해서다. 통계청 자료가 입증한다. 대한민국에서 여섯 집 가운데 한 집은 가장이 무직이다. 새근새근 잠든 딸의 어여쁜 목을 조른 가장도 본디 대기업에 다녔다. 이른바 '희망퇴직'이 부른 절망의 참사다.

《동아일보》만이 아니다. 같은 날 《중앙일보》도 실직 가장을 사설 소재로 삼았다. 삼성 비자금 사건에서 줄기차게 삼성을 두남두던 두 신문이 갑자기 실직 문제를 강조하기란 뜬금없어 보이기도 한다.

하지만 아니다. 실직 가장의 비극을 조명한 의도는 《중앙일보》 사설에 또렷하게 나타난다. 〈집에서 노는 가장 1년 새 18만 명 늘어〉 제하의 사설은 "다음 정부는 공허한 이념 다툼에서 벗어나 일자리를 늘리는 실용을 추구하기 바란다"며 부르댄다.

"일자리를 늘리는 기업가가 애국자요, 그런 여건을 만들어주는 정치인이 훌륭한 지도자다."

어떤가. 차라리 '경탄'스럽다. 실직 가장을 이용해 돌 하나로 두 마리 새를 잡는 꼴이다. 한나라당 이명박 후보를 밀어주는 은근한 선동에 더해 삼성그룹 이건희 회장을 '애국자'로 교묘히 여론화하고 있다.

하지만 어떤가. 실직 가장을 위해 지금 절실한 것은 기업의 규제를 푸는 데 있지 않다. 객관적 통계가 입증한다. 국제통화기금의 구제 금융을 받은 1997년 이후 지난 10년 동안 100대 기업의 일자리는 65만 개나 줄었다. '평생직장' 개념도 일터에서 사라진 지 오래다.

대다수 민중이 고통 받던 10년 동안 삼성전자를 비롯한 수출 대기업의 순익은 눈덩이처럼 불어났다. 따라서 지금 경제를 살리기 위해 우리가 할 일은 단순한 '실용'이 아니다. 물론, '공허한 이념'일 수도 없다. 정답은 실용적 이념, 또는 이념적 실용이다.

그렇다. 앙증맞은 딸을 목 졸라 죽인 아비의 손을 누가 움직였는지 정체를 밝혀야 한다. 세 아이를 고층아파트에서 떨어뜨려 죽인 어미의 마음을 누가 어둡게 했는지도 명토박아둬야 한다. 누구인가. 바로 신자유주의다. 더러는 '신자유주의'를 말하면 어렵다고 한다. 신자유주의 반대를 대선 쟁점으로 삼을 수 없다는 윤똑똑이들도 있다. 하지만 아니다. 자유주의는 쉽고 신자유주의는 어려운가? 아니다. 신자유주의 정체를 적극 알려나가야 옳다. 베네수엘라 대통령 우고 차베스는 처음 선거에서 이겼을 때 열광하는 국민 앞에 자랑스럽게 외쳤다. "신자유주의여, 지옥으로 가라"고.

대다수 국민이 자신의 고통스러운 삶이 신자유주의에서 비롯됨을 정확히 인식할 때, 한국 정치도 새로운 지평이 열릴 수 있다. 생활고를 비관하여 하루 평균 35.5명이 자살하는 나라가 바로 대한민국이다. 독자가 이 글을 읽은 이 순간도 누군가는 춥고 배고픔을 못 견뎌 생명을 끊고 있다. 문제는 신자유주의가 대다수 국민에게 낯선 데 있지 않다. 대다수 언론이 신자유주의 문제를 모르쇠 한 데 있다. 한국 정치에서 줄곧 신자유주의를 비판해온 진보정당의 정책을 진보언론조차 온새미로 소개하지 않는다.

진보언론마저 신자유주의 문제를 외면한다면, 진보언론마저 신자유주의 반대를 '이념 지향'이라고 눈 돌린다면, 진보언론마저 진보정당의 정책을 온전히 알리지도 않고 '비현실적'이라 딱지 붙인다면, 이 땅에서 진보정치는 영원히 꽃필 수 없다. 신자유주의는 영원히 활개칠 수밖에 없다. 생활고로 하루에 35명이 스스로 목숨을 끊는 저 비극의 행렬은 영원히 이어질 수밖에 없다. 살려달라며 울부짖는 자녀를 아파트 옥상에서 떨어뜨리는 어미의 '지옥도'는 영원할 수밖에 없다.

그렇다. 영원할 수밖에 없다. 딸을 목조른 아비의 참극마저 이용해, 자신의 기업에 자녀를 위장취업시켜 다달이 월급을 준 아비를 대통령으로 세우려는 저 부라퀴들의 살천스런 선동도. _ 2007년 11월 29일

왕국에 갇힌 이건희의 '쓸쓸한 사치'

'은둔의 왕국'에서 벗어나 진실을 보라

이건희 삼성 그룹 회장이 집에서 칩거 중이란다. 2007년 12월 1일로 취임 20돌을 맞은 이 회장에겐 최대 위기다. 그를 구속하라는 목소리가 높아간다. 이 회장으로선 쓸쓸할 성 싶다.

기실 '이건희 체제'의 삼성은 괄목할 성장을 했다. "마누라와 자식만 빼고 다 바꾸자"라며 강조한 '신경영'은 열매를 맺는 듯 했다. 삼성 그룹의 세전이익은 2006년 14조 2000억 원이다. 취임하던 1987년 이익보다 무려 52.6배나 늘었다.

아버지로부터 삼성을 물려받아 한국에서 압도적인 일등기업으로 키웠다. 고 이병철 회장의 영전에 자부심을 가질 만도 하다. 삼성의 '일등주의'는 이병철 회장 시절부터 내려온 유훈 아니던가.

그런데 왜 그럴까. 왜 지금 그는 위기를 맞고 있을까.

삼성의 위기는 국제적 관심을 끌고 있다. 가령 미국의 시사주간지 《뉴스위크》는 최신호(12월 10일자)에 '제국의 어두운 날들Dark Days For The Empire' 제하의 기사를 실었다. 《뉴스위크》는 삼성이 1990년대 말 외환위기 뒤 외자를 유치해왔지만 옛날의 관습을 온전히 벗어나지 못했다고 분석했다.

그랬다. 굳이 《뉴스위크》 분석이 아니더라도 누구나 알 수 있는 일이다. 그럼에도 《뉴스위크》를 소개한 까닭은 있다. 《뉴스위크》가 옹근 4년 전에 이건희 회장을 부각해 다뤘기 때문이다. 《뉴스위크》는 2003년 11월 19일자에서 이건희를 '은둔의 왕The Hermit King'으로 기사화했다. '마지막 거물 실업가'라는 제목으로 시작되는 본문은 "삼성그룹의 불가사의한enigmatic 회장이 자신의 그룹 이상의 것을 이끌고 있는지도 모른다"고 시작했다. 기사는 또 "한국이 당면한 문제는 이 회장이 투명성과 효율성의 시대로 이 나라를 이끌고 있는 것인지, 아니면 낡은 문화에 젖은 거물 실업가상을 홀로 지지하고 있는 것인지"를 묻는 내용이 담겨 있다.

이어 《뉴스위크》는 다음과 같이 지적했다.

"이 회장은 공룡이다. 유교 윤리를 체득한 다른 한국 지도자들과 마찬가지로, 이 회장은 종업원들로부터 절대적인 충성을 요구한다. 다른 재벌총수들과 마찬가지로 그의 재직기간은 정치인에게 뇌물을 주고 취약한 계열사를 지원한 혐의로 얼룩져 있다. 이 회장은 수익성 있는 다국적 기업으로 삼성을 슬림화하는 데 성공했음에도 불구하고, 효율적이고 공평무사한 경영을 옹호하는 흐름이 지배적인 시기에 자신의 아들인 이재용 씨를 삼성그룹의 사령탑에 앉히는 데 몰두하고 있다."

찬찬히 톺아보면 이미 미국 언론조차 삼성의 문제점을 또렷하게 파악하고 있었음을 새삼 확인할 수 있다. 하지만 이 회장은 미국 언론의 경고도 귀담아 듣지 않았다. 《뉴스위크》의 보도는 그가 사실상 '장악'하고 있는 《중앙일보》 지면에서 엉뚱하게 보도됐기 때문이다.

당시 《중앙일보》는 《뉴스위크》의 '운둔의 왕' 기사를 '수도자적 경영인’으로 옮겨 마치 이건희를 찬양만 한 것으로 보도했다. 마땅히 경계하고 긴장해야 할 순간에 되레 찬가만 들은 셈이다. 과연 그것이 이건희 자신을 위한 것이었는가도 곰곰 짚어보길 권한다.

그런데 보라. 《중앙일보》는 《뉴스위크》 최신호 기사마저 ‘한국 주식회사 타격’을 부각해 실었다. 비단 《중앙일보》만이 아니다. 다음 기사는 어떤가.

“세계 무대에서 인정받는 일류기업으로 당당히 자리잡은 삼성을 보면서 대견스럽고 뭉클하기까지 한 감정을 맛본 한국인들이 적지 않을 것이다. 그러나 그런 삼성에 대한 대우가 가장 야박한 데가 정작 한국이란 사실은 아이러니다. 우리 사회는 ‘일등’을 칭찬하는 데 인색하다. …… 반대를 위한 반대를 업業으로 하는 ‘직업 안티anti꾼’들이 우리처럼 목소리를 높이는 나라도 드물 것이다.”

《조선일보》 경제부장의 글이다. 고려대가 이 회장에게 명예 철학박사 학위를 수여할 때, 반대하고 나선 대학생들을 조준해 쓴 칼럼(2005년 5월 5일자 27면)이다. 《조선일보》 경제부장은 이어 “우리 사회에서 ‘삼성 배우기’가 가장 절실한 부문은 대학”이라며 “우리 대학들이 정말 세계 속의 대학으로 나아가려면 삼성식 경영을 전문적으로 연구하는 ‘삼성학과’를 만들어도 부족하다”고 부르댔다.

그뒤 2년이 지났다. 지금 《조선일보》 경제부장의 비분강개는 어떻게 읽힐까. 당시 항의하던 대학생 가운데 7명은 다른 학내 사건을 명분으로 현재 고려대에서 ‘출교’ 당해 있다.

그래서다. 지금 이 회장은 쓸쓸한 사치에 젖어 있을 때가 아니다. 언론계나 학계의 윤똑똑이들, 또는 주변의 모리배들 속삭임에 귀 기울일 때 위기는 무장 커질 수밖에 없다. 이 회장 스스로 과거의 자신과 단절하는 용기가 필요한 시간이다.

먼저 '은둔의 왕국'에서 스스로 걸어나올 때다. 출세욕이나 제 잇속만 챙기려는 부라퀴들의 포위를 벗어날 수 있다면, 아버지로부터 물려받은 낡은 관습에서 깨끗이 벗어날 수 있다면, 오늘의 위기는 인간 이건희가 세상의 아름다움에, 진실에 눈뜰 아주 소중한 기회다. 결단하라. _ 2007년 12월 3일

'이명박 무혐의'에 안도하는 사람들

성큼 다가온 삼성 특검이 불안했는데……

갑자기 깨끗해졌다. 한나라당 이명박 후보가 그렇다. 검찰이 그를 둘러싼 모든 의혹에 혐의가 없다고 잘라 말했다. 증거가 없단다.

그래서다. 수많은 사람들이 안도하고 있다. 단순히 지지자들만이 아니다. 그동안 이명박 후보에 자신의 명운을 건 사람들이 적지 않기 때문이다. 누구인가. 다름 아닌 '뇌물 검사'들이다. 삼성 법무팀장을 지낸 김용철 변호사의 폭로는 삼성으로부터 뇌물을 챙긴 검사들에게 옷을 벗어야 할 위기를 몰고 왔다. 신임 검찰총장도 수뢰 혐의를 받고 있어 더 그렇다.

이 후보에게 자신의 명운을 건 간절한 사람들은 더 있다. 김 변호사는 검사들에게 준 뇌물보다 더 크게 준 곳이 정부의 경제부처 관료들과 국세청이라고 주장했다. 삼성의 검은 돈을 챙긴 재경부와 국세청의 고위관료들에게 최근 한 달은 목을 옥죄오는 시간이었다.

어디 그 뿐인가. 삼성으로부터 독립을 활자로 선언한 《중앙일보》는 '위장 독립'이라는 폭로 앞에서 신문의 이미지가 먹칠당할 위기에 놓여 있었다. 만일 그것이 진실로 밝혀진다면, 《중앙일보》는 진실을 보도

해야 할 언론으로서 존재 의미가 없는 신문일 수밖에 없다. 삼성으로부터 해마다 수백억 원의 광고를 받고 있는 언론사들로서도 삼성 특검 상황은 악몽일 수밖에 없다. 삼성의 뇌물을 받은 고위 언론인은 또 얼마나 속이 복잡하겠는가.

하지만 누구보다 간절했을 사람은 이건희 회장일 법하다. 자신을 구속하라는 민주노동당의 주장에 얼마나 불쾌했던가. 자칫 검찰에 소환돼 구속될 가능성도 배제할 수만은 없어 더 그렇다. 진보금융네트워크가 연 토론회에서 삼성그룹을 이건희와 분리시켜 공공화 하는 방안이 깊이 있게 논의된 것은 얼마나 괘씸한 일인가. 다행히 모든 신문과 방송이 그들의 불온한 주장을 보도하지 않았기에 여론화하고 있지는 않지만 생각만 해도 울뚝밸이 치솟을 일이다.

물론, 이 회장 나름대로 굳게 믿는 바는 있었다. 삼성특검법이 국회를 통과했을 때, 국무회의에서 의결됐을 때, 이 회장은 사뭇 대한변협에 기대를 걸었을 터다. 과거와 달리 대한변협의 현 집행부가 보수적 인사들로 구성된 게 얼마나 다행인가.

더구나 대한변협의 한 임원은 김용철 변호사의 양심선언을 공익적으로 볼 수 없다고 당당하게 주장하지 않았던가. 바로 그 대한변협이 특검 후보 세 사람을 추천한다면, 모든 문제를 슬그머니 덮을 수도 있다. 세 사람 가운데 한 명을 임명할 노무현 대통령도 어쨌든 혐의 의혹을 받고 있어 더 그렇다.

변수가 있다면, 12월 19일에 치를 대통령 선거다. 만일 그 선거에서 삼성 비자금과 탈법 세습에 엄정한 법 집행을 공약한 후보가 당선된다면, 자신의 명운은 생각만 해도 아찔한 일이다. 신자유주의를 반대하는 무리들이 세력화를 이룬다면 얼마나 골치 아픈 일인가. 다만, '엄정한 법 집행'을 내세워도 이명박 후보가 당선된다면 문제는 쉽게 풀릴 터다. 그가 입으로 주장하는 '법 질서'란 기실 자기 편한 대로 적용할 '고무줄 법' 아니던가.

그래서다. 이명박의 당선은 김용철의 폭로로 옷을 벗거나 감옥에 가야 할 위기에 몰린 저 숱한 부라퀴들에게 간절한 염원이다. 구원의 길이다. 잘만 넘기면 되레 떵떵거리며 벅벅이 호의호식할 수 있다.

결코 헛된 기대가 아니다. 이명박 후보가 당선되면 다른 후보에 비해 기업개혁을 밀어붙일 가능성이 적다는 분석은 미국 시사주간지《뉴스위크》에서도 찾아볼 수 있다. 이 후보가 당선될 때 삼성의 '해법'은 달라질 수밖에 없다는 진실은 미국 언론인의 눈에도 또렷하다.

그렇다. '이명박 정권'이 유력한 오늘은 얼마나 다행인가. 더구나 이명박은 깨끗해지지 않았던가. 검찰이 보증하고 언론이 확대하고 있다. 이제 그만 마음을 놓을 만도 하다.

다만, 한 가닥 우려가 남아 있다. 혹시 저 몽매한 국민이 남은 선거기간에 변심한다면? 아니다. 그럴 가능성은 없다. 이명박이 경제를 살리겠다고 호소하고 있지 않은가. 그 달콤한 속삭임이 잘도 먹혀들고 있지 않은가. 새삼 줄곧 광고를 줘 온 신문과 방송이 너무나 대견할 따름이다. 대한민국, 정말 좋은 나라다. _ 2007년 12월 6일

'이명박 지지' 한국노총을 애도한다

노동운동 전반을 재구성할 전환점 삼아야

"솔직히 말해 한국노총의 지지를 얻기가 어려운 것 아닌가 하고 생각했다."

이명박 후보의 말이다. 한국노총이 대선에서 이 후보를 지지하기로 결정해서다. 그랬다. 이 후보로선 예상 못했던 지지다. 축복을 보낼 게 당연하다. 이미 한국노총에 노사 상생을 들먹이며 함께 경제를 살리자고 부추겼다.

대통합민주신당은 "노동운동의 자기 정체성 부정"으로 평가했다. 더 신랄한 비판은 이회창 후보 쪽에서 나왔다. 한국노총이 "과거 노조를 탄압한 경력이 있는 이명박을 지지한다는 것은 자가당착이요 어불성설"이란다.

물론, 이명박의 과거를 새삼 들먹일 생각은 없다. 과거를 덮자는 윤똑똑이들에 동의해서가 결코 아니다. 과거보다 미래가 중요하다는 사람들과 더 소통하고 싶어서다. 이명박이 노동 현실을 바라보는 눈은 산별노조 움직임에서 또렷하게 나타났다.

"우리나라의 산별교섭은 그동안 부정적인 측면이 더 많았다. 노조는 사용자에게 부담스러운 각종 의제를 들고 나왔고 이중교섭이나 이중파업을 해왔다."

이어 대기업 노조를 정조준했다. 중소기업 노동자와 대기업 노동자 사이를 교묘하게 분열시키는 발언도 서슴지 않았다.

"대기업 노조의 집단적 이기주의가 수천 개가 넘는 중소협력업체 노동자들의 임금과 근로조건을 더욱 열악하게 하고 있다. 구시대적 노사관계를 청산해야 한다. 중소기업 노동자들의 생존권적 노동운동은 최대한 보장하고 지원하되, 대기업 노조의 불법적인 정치파업에 대해서는 즉각적이고 엄정한 법집행을 통해서 바로 잡겠다."

얼핏 중소기업을 걱정하는 듯하지만 논점은 분명하다. 대기업 노조의 불법 정치파업에 법집행을 엄정히 하겠다는 뜻이다. 한국노총으로선 민주노총과 경쟁관계를 의식할 수도 있다. 하지만 찬찬히 톺아볼 일이다. 대기업 노조의 '집단적 이기주의'를 비난한 이명박이 곧장 과녁으로 삼은 '불법 정치파업'이란 게 대체 무엇일까.

대기업 노조, 곧 민주노총이 자신들의 '이기주의'를 벗어나 비정규직 문제 해소를 비롯해 공공적 요구에 나설 때를 이른다. 앞뒤 모순이 선명한 이명박의 노동 '정책'은 철저한 법집행을 내세워 민주노총을 탄압하겠다는 의도임에 틀림없다. 과연 그런 상황이 한국노총에 이로울까. 아니면 중소기업에 이로울까.

한국노총이 아직도 '노총'이라는 이름을 쓴다면 냉철한 성찰을 권한다. 한국노총이 이명박 지지를 공식화할 준비를 할 때다. 민주노동당 권영길 후보는 스웨덴, 핀란드, 노르웨이 대사를 초청해 간담회를 열었다. 그 자리에서 스웨덴 대사는 "노조 조직률이 높아지면 경제부담이 커진다는 오해가 있는데, 오히려 산업계에 큰 자산"이라고 강조했다.

산별 노사 사이에 협약이 지켜지고 그것이 경제문제를 예측할 수 있게 해 스웨덴 산업 발전에 기여했다는 주장이다. 산별 교섭을 바라보는 이명박의 시각과 너무나 대조적이다.

굳이 스웨덴 대사의 말을 인용한 까닭은 더 있다. 한국노총의 존재 이유를 묻고 싶어서다. 현재 한국의 노조 조직률은 기껏해야 12퍼센트 수준이다. 그 가운데 얼추 절반은 한국노총이다. 바로 그 한국노총이 이명박 지지를 공식화했다. 어찌 한국노총을 애도하지 않을 수 있는가.

그래서다. 오래전부터 한국노총과 민주노총의 단결을 촉구해왔지만, 그것이 과오였음을 절감한다. 과연 뿌리는 중요하다. 한국노총 내부의 온전한 노동조합들에 묻는 까닭이다. 아직도 한국노총에 남아 모색할 일이 있는가.

민주노총 또한 한국노총 내부의 건강한 노동조합과 연대를 적극 구상할 때다. 물론, 여기에는 민주노총 자신의 거듭나기가 전제돼야 옳다. 한국노총의 이명박 지지가 노동운동 전반을 아래로부터 재구성하는 전환점이 될 수 있다면 차라리 잘 된 일이다. 한국노총을 애도하되 결코 애도만 할 일은 아닌 까닭이다. _ 2007년 12월 10일

대구 택시기사, 서울 미용사

17대 대선이 진정한 민주세력에게 준 교훈

내가 일하는 연구원 가까이에 미용실이 두 곳 있다. 처음 다닌 곳은 밖에서 보아도 깨끗한 미용실이다. 어느 날 그곳 문이 닫혀서 다른 곳을 들렀다. 값은 두 곳 다 5000원이다. 그런데 먼저 다니던 곳이 한결 쾌적했다. 그럼에도 덜 친절하고 솜씨도 다소 떨어지는 미용실을 달마다 가고 있다. 처음 찾았을 때 일하고 있는 엄마 치마를 흔들며 훌쩍이던 어린 딸 때문이다. 딸 아이에게 눈 부라리던 미용사는 '먹고 살기' 힘든 세상을 개탄했다.

그래서다. 늘 다녔던 미용실로 가고 싶은데 지금까지 그러지 못했다. 먹고 살기 힘들다는 미용사의 한숨을, 어린 딸의 슬픔을 조금이라도 덜어주고 싶어서다.

투표일을 앞두고 들렀을 때 미용사가 조심스레 물었다. 누굴 찍을 것인가를. 난 반문했다. 서슴없이 이명박이란 답이 돌아왔다. 까닭도 분명했다. 노무현 정권 아래서 너무 살기 힘들단다. 그러면서도 말끝마다 양극화가 문제라는 노무현이 꼴 보기 싫단다. 부자인 이명박이 집권하면 잘 살게 해줄 거 같단다.

이명박이 BBK는 자신이 설립했다고 주장한 동영상을 보았느냐고 묻자 얼굴이 굳어지면서 내게 항의하듯 따졌다.

"거짓말 하지 않는 사람은 없잖아요? 안 그래요? 손님은 거짓말 안 하세요?"

본디 잘 모르는 이에게 말 건네지 않는 성격이지만 차분하게 되물었다. 이명박 공약을 짚어보면 가난한 사람을 잘 살게 해주지 못할 것 같다고. 미용사는 그럼 누가 있느냐고 물었다. 부익부빈익빈을 해결하겠다고 나선 후보로는 가령 민주노동당이 있다고 답했다. 미용사의 답은 간단했다.

"권영길은 당선 가능성이 없잖아요."

대구에 강연을 갔을 때다. 민심을 살필 겸 오랜만에 택시를 탔다. 60대 택시기사는 단연 이명박이었다. 이유는 같았다. 아들 하나, 딸 하나 뒀는데 먹고 살기 힘들단다. 공부 잘해 늘 자랑이던 아들은 서울대를 졸업했다. 아들 학비를 위해 딸은 고등학교만 보냈다. 그런데 그 아들이 취업을 하지 않고 있단다. 서울대 나오지 않은 아들 친구들은 취업해 있는데 정작 아들은 유학을 준비하고 있다며 한숨을 쉬었다. 그래서 조심스레 물었다. 이명박이 가난한 사람의 살림살이를 나아지게 할까를.

늙은 택시기사는 덤덤하게 말했다. 그래도 노무현 보다는 낫지 않겠냐고. 가난한 사람을 참으로 잘 살게 해줄 정당은 진보정당 아니냐고 떠보았다. 택시기사는 쓸쓸한 미소를 지었다. 대답은 같았다.

"민주노동당은 당선 가능성이 없잖아요."

이명박을 줄곧 비판하는 칼럼을 쓰면서도 그의 당선을, 압승을, 예감한 까닭이다. 부익부빈익빈으로 대다수 민중을 고통에 잠기게 한, 신자유주의에 앞장서면서 말로만 진보를 외쳤던 정권에 대한 냉엄한 심판임에 틀림없다.

그렇다면 그 심판의 열매가 왜 신자유주의를 반대해온 진보정당에 가지 않았을까. 민주노동당 권영길 후보는 3퍼센트, 창조한국당은 5.8퍼센트에 그쳤다. 실망스러운 표다. 하지만 절망할 일은 결코 아니다. 노무현 정권을 심판하겠다는 의지가 더 강했을 따름이다. 자칫 표가 분산되면 현 정권이 연장될까 우려했을 따름이다.

바로 그 점에서 이명박의 압승은 신자유주의 정권에 대한 심판이기도 하다. 문제는 진보세력이 그 심판을 할 수 있다는 확신을 줄 수 없었다는 데 있다. 고백하거니와 신자유주의를 넘어서는 정책을 공부하고 글을 써온 먹물의 한 사람으로서 대선 결과 앞에 참담한 까닭이다.

그렇다. 국민의 저 엄정한 심판 앞에서 진보세력 또한 비껴나 있지 않다. 대구 택시기사와 서울 미용사가 참으로 갈망하는 정치인은 이명박이 아니라고 나는 확신한다. 진보적이면서도 따뜻하게 다가오는 정치인, 표를 모아주면 당선 가능성이 보이는 정치인이 눈에 보이지 않았을 뿐이다. 고통 받는 민중은 최악이 아닌 차악을 선택했을 따름이다. 언죽번죽 진보를 자처해온 노무현 정권 못지않게 진보세력이, 이 땅의 진정한 민주세력이, 그 심판 앞에서 겸손하게 성찰해야 할 절실한 까닭이다. 고통 받는 민중 앞에 더 성실하고 더 미더운 세력으로 거듭나야 할 때다. 민중과 더불어 새로운 희망을 일궈갈 때다. _ 2007년 12월 20일

이명박 당선자와 '권력의 향기'

'메리 크리스마스'에 보내는 쓴소리

권력은 과연 다르다. 이명박 당선자에게 온 눈길이 쏠린다. 《조선일보》《동아일보》《중앙일보》만이 아니다. 어느새 텔레비전도 바뀌고 있다. 사석에서 만난 한 대학교수는 방송의 '용비어천가'를 아직도 듣게 될 줄은 몰랐다고 토로했다.

이해할 수 있다. 당선자의 주가는 지금이 정점 아닌가. 웅근 10년 동안 권력의 은전에 허기진 사람들이 어디 한둘이겠는가. 잘 보이면 국회의원이나 장관 길이 열릴 터다.

권력의 향기는 달콤하다. 그 향기를 탐하는 사람들이 들꾀기 마련이다. 굳이 눈 흘길 생각은 없다. 대통령이 바뀔 때 한 자리를 탐하는 군상은 새삼스런 현상이 결코 아니다. 그렇다고 모든 걸 그냥 넘길 일은 아니다. 보라. 이명박 당선자의 모습을. 이미 권력을 즐기고 있다. 당선자는 주말에 자문교수단 및 측근들과 취미인 테니스를 즐겼다. 한나라당 의원은 물론 국제정책연구원과 바른정책연구원 원장도 참여했다. 쉬는 시간에 당선자는 기자들에게 말했다.

"이제 1주일에 한 번씩 치려고 한다."

이어 손녀의 돌잔치에도 참석했다. 자신이 장로로 있는 교회에 가서 일일이 악수도 나눴다. 크리스마스 이브인 24일 저녁에도 가족과 시간을 보내겠다며 덧붙였다.

"메리 크리스마스 해야지."

딴은 좋은 일이다. 건강을 챙겨야 하고, 가족과 단란한 시간도 필요하다. 메리 크리스마스도 개신교 장로로서 마땅히 누릴 일이다.

하지만 정색을 하고 묻는다. 지금이 과연 그럴 때인가. 당선자는 선거 다음날 특검에서 무혐의로 나타나면 이 문제를 제기한 사람은 책임을 져야 한다고 으름장을 놓았다. 그의 한 마디에 한나라당과 신문권력이 합창하고 나섰다. 청와대에 특검 거부를 요구했다. 당선자의 심기를 살피는 살뜰한 정성이다. 어디 그뿐인가. 한나라당 내부에서 경부대운하에 회의적인 의원들도 입조심에 들어갔다. 심지어 공정거래위원회조차 출자총액제한제의 폐지를 검토하고 있단다.

그래서다. 당선자에게 명토박아둔다. 경제를 살리겠다고 나서지 않았던가. 그래서 도덕적 흠결에도 당선되지 않았던가. 압승이라고 하지만 냉철할 일이다. 전체 유권자의 30퍼센트 지지만 받았을 뿐이다.

찬찬히 돌아보라. 당선자가 가장 먼저 했어야 할 일은 BBK와 관련해 "설립했다"와 "무관하다" 가운데 어떤 게 거짓말인가를 국민 앞에 진솔하게 고백하고 용서를 구하는 데 있었다. 하지만 당선자는 정반대였다. 권력자의 시퍼런 서슬을 노골적으로 드러냈다. 이어 테니스를 즐기고 손녀 돌잔치에 가고 '메리 크리스마스' 하잔다.

듣그럽겠지만 거듭 성찰을 권한다. 민생 경제를 살리겠다는 약속을 실천하려면 당선자에겐 지금 하루 24시간이 부족하다. 7·4·7공약을 비롯해 그의 경제살리기 공약은 엄밀하게 말해서 정책이 아니라 슬로건이다. 고용 없는 성장의 문제점에 아무런 문제의식도 보이지 않는다.

중소기업을 살리겠다면서 금산분리를 완화하고 대기업 규제를 완화하고 국책은행을 민영화한단다. 모순이다. 지금 이 순간도 메리 크리스마스는커녕 눈물로 살아가는 비정규직 노동자와 농민, 도시빈민들의 고통을 해소할 길이 이명박 당선자의 정책 공약에선 보이지 않는다.

그런데도 권력의 향기를 만끽해도 좋은가. 앞으로 일주일에 한 번씩 테니스를 치든, 메리 크리스마스를 하든 자연인 이명박은 아무런 문제가 아니다. 하지만 이명박은 더는 자연인이 아니다. 대통령 당선자다.

태안 기름바다에 꼭 가라는 뜻은 아니다. 다만 권력의 향기에 취할 때가 아님을 경고할 따름이다. 자신의 도덕적 문제점을 알면서도 민생경제를 살려달라고 표를 몰아준 국민 앞에 자신을 비춰보기 바란다. 누가 보이는가?_ 2007년 12월 24일

언론이 '이명박 정권'을 진짜 돕는 방법

'양극화 심화'는 저주가 아니라 과학이다

내키지 않지만 도리 없이 써야할 글이 있다. 그럴 때는 글을 실을 매체도 신중히 선택해야 한다. 《한겨레》에 쓰면 더 좋은 글이라는 생각이 들지만 쓸 수 없는 형편이다. 더구나 꼭 《한겨레》에 대한 반론만은 아니다. 우리 모두가 성찰해볼 보편적 문제다.

《한겨레》는 12월 26일자에 〈이명박 당선자를 도와야 한다〉는 칼럼을 내보냈다. 정치부 선임기자가 쓴 글이다. 정치부장을 지낸 선임기자는 사적으로도 잘 알고 있다. 훌륭한 기자다. 그의 진의가 무엇인지도 짐작은 한다. 하지만 그냥 지나칠 수 없는 대목이 있다. 나를 포함해 진보적 지식인을 겨냥한 대목에 날이 서 있기 때문이다.

그는 "선거가 끝난 뒤 이명박 당선자에게 저주를 퍼붓는 사람들이 많다"며 그 저주의 내용을 다음과 같이 썼다. "머지않아 부동산 값은 폭등하고 물가가 오를 것이다. 양극화는 더 심해질 것이다. 이명박은 독단과 오만의 정치를 할 것이다. 내년 국회의원 선거가 끝나면 곧바로 레임덕에 빠질 것이다." 그는 이어 "그러면 안 된다"고 주장했다. 이명박 당선자는 성공해야 한다며 그 이유로 실패하면 국민이 고통을 받는다고 썼다. 이어 강조했다. "우리 모두 그를 도와야 한다."

이명박 후보가 당선된 바로 그날, 12월 19일 밤에 개표방송이 진행되던 한국방송KBS에 출연해 이명박 후보의 당선이 "안타깝고 아쉽다"면서 "양극화가 더 심해질 것"이고 "레임덕에 빠질" 가능성을 진단한 나로선 정면으로 비판 받은 셈이다.

먼저 분명히 전제할 게 있다. 정치인 이명박의 후보 시절과 대통령 당선자 시절은 엄연히 다르다. 대통령에 당선된 이명박은 후보 시절과 비교할 수 없을 만큼 위상이 높고 크다. 이명박 정권이 실패하면 국민이 고통을 받는다는 말은 두말할 나위 없이 옳은 말이다. 다만, 당선자를 비판하는 사람들이 그에게 저주를 퍼붓는다는 주장은 섣부르고 옳지 않다. 만일 그것이 이명박 당선자를 바라보는 《한겨레》의 전반적 분위기라면 문제는 더 심각하다.

이명박 후보의 공약을 보라. 후보 시절부터 그리고 당선된 뒤에도 지며리 써왔지만 그의 공약이 고스란히 추진될 때 양극화가 심화될 게 불을 보듯 또렷하다. 신자유주의 정권의 연장임을 강조한 까닭이다. 그것은 결코 '저주'가 아니다. 경제학이고 과학이다.

부동산 값이 폭등한다는 우려도 이미 한국경제학회에서 제기하고 있다. 보라. 그런 비판이 곰비임비 이어지기에 이명박 당선자 쪽에선 폭등을 우려하는 대안을 고심하고 있지 않은가. 양극화도 마찬가지다. 이명박 공약으로는 양극화가 심화될 게 틀림없다. 마땅히 그 진실을 보도하고 논평해야 옳다. 그래야 양극화 심화를 막을 대책을 서두르지 않겠는가.

KBS 개표방송에 출연해 당선된 바로 그날 '레임덕'을 경고한 것은 그를 저주하기 위해서가 아니다. 대다수가 당선자에 축하를 보낼 때 쓴

소리를 할 사람이 필요해서다. 언론인이 할 일은 거기에 있다. 물론, 볼썽사납다. 누구에게나 환영받을 수 없다. 하지만 비판을 싫어하는 권력에 맞서 누군가는 그 일을 해야 옳다. 바로 그곳이 언론인이 설 자리다. 찬가를 읊거나 두남둘 사람은 언론인이 아니어도 쌓여 있다.

이명박 당선자가 들을 귀가 있을지는 모르겠다. 이미 김대중−노무현 정권 때 비판을 해도 쇠귀에 경 읽기를 절감한 바 있어서다. 하지만 그렇기에 비판언론은 더 절실하다.

더러는 노 정권의 대선 참패를 진보세력의 비판 탓으로 돌리는 참으로 해괴한 주장도 한다. 하지만 시간은 무엇이 진실이고 무엇이 억지인가를 심판해준다. 언론인이, 아니 그 이전에 지식인이 할 일은 권력에 대한 비판이다. 그 권력이 비판을 새겨듣지 않아 몰락하는 풍경을 바라보기란 안타까운 일이다.

바로 그렇기에 지식인의 권력 비판은 더 절실하다. 이명박 당선자의, 이명박 정권의 문제점을 그때그때 적실하게 지적하는 일, 그것이 언론이 정권을 돕는 길이다. 언론인이 충성해야 할 곳은 정권이 아니라 국민이다. 《한겨레》만이 아니다. 《경향신문》도 마찬가지다. 인터넷신문《오마이뉴스》의 과제도 그렇다. 이명박 당선자의 잘못을 더 치밀하게 비판하는 일, 그것이 참된 언론이, 지식인이 정권을 돕는 방법이다. 《조선일보》《동아일보》《중앙일보》따위가 장악하고 있는 여론 시장이기에 더 그렇다. 서슬이 한창 시퍼런 이명박 정권 인수위원회도 가슴에 새겨둘 일이다. _ 2007년 12월 26일

케케묵은 언론정책이 '신보수'의 실용인가

여론 획일성 더 부추길 신자유주의 논리

"현 정부는 언론의 자율을 신장한다면서 외려 법을 만들어 이에 간여했다. 가장 좋은 것은 자유에 맡겨 간섭을 하지 않는 것이다."

한나라당 홍보기획본부장 정병국 의원이 《한겨레》 인터뷰에서 한 말이다. 그는 이명박 당선자의 선거대책위원회 미디어 홍보단장이었다.

이명박 당선자가 예고해온 언론정책의 '변화'가 급속도로 구체화하고 있다. 신문과 방송의 겸영 허용이나 문화방송 '민영화'도 기정사실처럼 굳어져간다.

과연 그래도 좋은가. 정 의원은 '새 정부의 방침'으로 "신문유통원, 신문발전기금 등을 통해 통제를 해온 부분을 조정"하겠다고 말했다. 신문발전기금을 한시적으로 운영해 자금을 지원해 살아나는 곳은 살아나고, 그렇지 못한 곳은 퇴출해야한다는 논리다.

여기서 '신보수'라는 이명박 당선자에게 곧장 묻고 싶다. 대체 신문유통원과 신문발전위원회가 어떤 통제를 했단 말인가. 대체 《조선일보》《동아일보》《중앙일보》 지면에 어떤 간섭이 있었는가.

가장 좋은 것은 자유에 맡겨 간섭을 하지 않는 것이라는 한나라당의 주장은 자신들이 케케묵은 언론자유관을 지니고 있다는 고백에 지나지 않는다.

물론, 이른바 '취재 선진화 시스템'의 강행으로 언론 문제를 논의하는 마당이 뒤틀려있음을 모르지 않는다. 노 정권의 단견 탓이다. 하지만 그렇다고 해서 신문유통원까지 언론통제 기관처럼 매도하고 신문발전기금 폐지가 정의처럼 부르대는 풍경은 비이성을 넘어 야만이다.

그런 야만이 실용주의란 말인가. 아니다. 명토박아두거니와 신문과 방송을 죄다 시장과 자본의 논리에 맡기자는 신자유주의 정책일 따름이다. 더구나 문화방송 민영화나 신문의 시장 퇴출론엔 불순한 의도마저 엿보인다.

한나라당은 신문과 방송 겸영 허용에 비판 여론을 의식해 "언론의 독과점 문제가 나올 수 있으나 공정거래법처럼 제도적인 보완을 해 이를 막으면 된다"고 언죽번죽 둘러대고 있다.

듣기 좋은 말이다. 하지만 이미 이 당선자는 후보시절에 공정거래위원회를 '경쟁촉진위원회'로 바꾸겠다고 주장했다. 언론의 독과점 문제를 '경쟁촉진위원회'를 통해 해결하겠다는 주장이 되는 셈이다. 소가 웃을 일이다.

문화방송까지 자본에 넘기고 신문과 방송의 겸영을 허용하면 어떻게 될까. 여론의 다양성을 위협할 것은 불을 보듯 뻔하다. 우리 사회의 여론은 가진자를 대변하는 쪽으로 지금보다 더 획일화될 수밖에 없다.

케케묵은 언론자유관이 뚝뚝 묻어나는 '신보수세력'에 묻는다. 김대중─노무현 정권 내내 한나라당에 국고 지원을 해준 이유가 무엇인가. 또 받아온 이유가 무엇인가. 명료하지 않은가. 정당정치 활성화가 명분 아닌가. 국고 지원으로 노 정권에 한나라당이 예속되었는가. 아니다. 엄정한 법 규정에 따랐기 때문이다.

언론은 정당 못지않게 중요한 민주주의 사회의 공론장이다. 언론의 다양성이 보장되지 못하면 민주주의의 성숙은 그만큼 더디게 된다.

이미 한나라당은 옹근 1년 전에 정병국 의원의 대표 발의로 신문법 재개정안을 낸 바 있다. 신문발전위원회, 신문유통원을 폐지하고 발행인 중심의 '신문재단'으로 기능을 통합하는 게 뼈대다. 언론자유를 발행인의 자유, 자본의 자유로만 생각하는 낡은 사고다.

이명박 당선자의 생각은 저 케케묵은 언론자유관에서 얼마나 벗어나 있는가? 신자유주의와 다르다는 이명박의 실용주의에 묻는다.

_ 2007년 12월 28일

홍세화의 용기, 진중권의 패기

민주노동당 분당이 과연 옳은 길인가

모름지기 세밑은 한 해를 갈무리할 때다. 치기어린 비판은 거둘 일이다. 솔직히 명징한 마음으로 새해를 맞고 싶다. 하지만 현실이 너무 생뚱맞다. 두루뭉수리로 넘길 수 없을 일이 곰비임비 불거진다.

보라. 민주노동당 지도부가 무장 돌팔매질 당하고 있다. 선거에서 패배했기에 감수해야 할 비판도 있다. 하지만 그것만이 아니다. 한 차례도 민주노동당을 온새미로 소개하지 않던 신문과 방송이 앞 다퉈서 민주노동당의 내분을 즐긴다. 내분의 성격규정도 사뭇 고약하다. '종북주의 청산'을 놓고 갈등이란다. 졸지에 민주노동당 지도부는 북을 추종하는 집단이 되었다.

정파 갈등은 이미 선거국면부터 당 밖으로 삐죽 나왔다. 마침내 진보적 지식인으로 알려진 홍세화《한겨레》기획위원과 진중권 중앙대 교수마저 시퍼렇게 날 선 비판에 가세했다.

"당권을 잡고 있는 주체파의 환골탈태는 기대하기 어렵다고 본다. 토론이 가능해야 기대할 수 있는데 그렇지 않기 때문이다. 그들의 문화는 광신자 집단이나 사교邪敎 집단의 그것에 가깝다."

홍세화가 공식 인터뷰에서 한 말이다. 당원으로 당에 깊숙이 개입했으면서도 당 지도부를 겨눠 서슴지 않고 사교집단에 견준다. 이어 노회찬, 심상정, 단병호 의원을 거명하며 질타한다. 용기가 없단다. '종북적인 것'과 선을 긋지 않았다는 주장이다. 이어 분당을 부추긴다. 홍세화의 용기가 부러운 까닭이다.

"위를 가득 채운 기생충들에게 잠시 대장 쪽으로 내려가 있으라 하는 것으로 해결될 문제가 아니다. 민주노동당의 문제는 기생충의 수가 너무 많아 숙주의 생명을 위협할 지경에 이르렀다는 것이다."

민주노동당을 쪼개란다. 새로운 진보정당을 창당하는 게 답이란다. 진중권의 넘치는 패기가 부럽다.

새삼 엄숙하게 누가 돌 던질 수 있는가를 묻고 싶지는 않다. 하지만 조금만 격정을 가라앉힐 일이다. 왜 지금 갑자기, '종북주의'인가. 선거 기간은 물론, 선거 뒤에도 민주노동당의 국회의원을 지냈고 당 대표에도 출마했던 정치인의 행보가 참으로 이해할 수 없었다.

오해 없기 바란다. 나는 오래전부터 민주노동당이 신자유주의와 분단체제를 넘어서는 데 실사구시로 다가설 것을 제안해왔다. 고통 받는 민중 가운데 혹 민주노동당의 목표가 조선민주주의인민공화국이라거나 소련―동구사회라고 오해하는 사람들이 있다면, 그 오해를 씻는 데 더 적극 나설 것을 주문해왔다.

실현가능한 새로운 사회의 그림을 제시하고 구체적 정책을 마련해 나누는 게 진보세력의 시대적 임무라고 지금도 확신한다. 바로 그 연장선에서 진보세력의 대동단결을 주장해왔다. 그것은 자주파나 평등파의 정치인들을 위해서가 아니다. 진보적 지식을 글로 써서 살아가는 지식인을 위한 것은 더더욱 아니다.

지금 이 순간도 미국이 주도하고 남쪽의 수구—보수세력은 물론, 자유주의 개혁세력마저 추종하는 신자유주의적 세계화로 생존권이 위협받고 있는 민중을 위해서다. 지금 이 순간도 대북 강경책을 고집하고 있는 미국 네오콘의 군사제국주의로 흔들리고 있는 6.15남북공동선언의 실천을 위해서다.

그렇다. 자주파에게 저주를 퍼붓는 격정도 지식인의 자유이자 특권일 터다. 하지만 스무 살 안팎부터 중년이 된 오늘까지 우유배달을 해가며 민중 현장에서 지금 이 순간도 애면글면 일하고 있는 수많은 활동가들이 있다. 용기도 패기도 좋다. 하지만 '사교집단'이라거나 '기생충'이라는 말은 적어도 글로 먹고 살아가는 사람들이 할 말이 아니다. 예의가 아니다.

정중히 묻고 싶다. 과연 분당을 부르대는 그 용기와 패기가 참으로 진보정당을 살릴 길인지, 고통 받고 있는 민중을 살릴 수 있는 길인지, 얼마나 숙고했는가, 확신이 있는가. _ 2007년 12월 31일

자주와 평등은 '진보 수레'의 두 바퀴

이명박 당선 뒤 '북미 핵문제', 수상한 기류를 보라

진보적 지식인이나 활동가를 만날 때다. 우스개로 던져온 물음이 있다. 내가 자주파 같은가, 평등파 같은가를. 답은 엇갈린다. 실실 엉너리 치려는 게 아니다. 써온 글에서 자주와 평등의 가치를 담아온 까닭이다. 자주파와 평등파를 의식해서가 결코 아니다. 절박하다고 판단한 문제에 그때그때 글을 써온 결과일 뿐이다.

기실 자주와 평등은 민주노동당의 두 정파인 자주파와 평등파의 명분만이 아니다. 우리 시대 진보의 두 가치다. 문제는 '종북주의' 논쟁으로 진보정당의 '자주' 가치가 매도당하는 데 있다. 대표적 보기가 북미 핵문제다. 종북주의를 들어 분당을 주장하는 쪽은 그 근거로 자주파의 '북핵 옹호'를 꼽는다. 물론, 민주노동당은 북핵에 유감을 표명한 바 있다. 하지만 종북주의를 들먹이는 사람들은 유감으로 될 일이 아니라고 손사래친다.

과연 그러한가. 북의 핵무장을 비판하지 않으면 종북이고 진보가 아닌가. 지나치게 단순한 판단이다. 물론, 아주 새삼스런 주장은 아니다. 수구정당과 수구언론이 오래전부터 피트려온 논리이기도 하다. 그것이 새로운 이유는 뜬금없이 민주노동당 안에서, 그것도 당을 쪼개는 명분으로 불거져서다.

명토박아둔다. 나는 자주파도 평등파도 아니다. 다행인지 모르겠지만 내가 학생운동을 할 때까지는 분열이 없었다. 논쟁에서 나를 비판하는 쪽이 확인해주었듯이 민주노동당 당원도 아니다. 신자유주의와 분단체제로 고통 받는 민중을 위해, 한국 민주주의의 성숙을 위해, 진보정당이 커나가야 한다는 판단에서 글을 써왔다. 미국을 부각해온 이유도 그 연장선이다. 이 땅에 미국의 영향력을 주관적으로 무시한다고 없어지는 게 아니다. 모든 걸 미국 탓으로 돌릴 생각은 추호도 없다. 하지만 미국의 그림자에 눈감기란 더 분별없는 짓이다.

가령 경기도 평택에 세우고 있는 최첨단 미군기지는 우리 미래에 두고두고 화근이 될 터다. 주한미군의 전략적 유연성은 또 어떤가. 미국과 국교를 단절하자는 게 아니다. 미국과 자주적 관계는 아직도 절실한 과제임을 새삼 강조하고 싶어서다.

보라. 2008년의 남과 북에 다시 미국의 먹구름이 밀려오고 있다. 풀려가던 북미관계가 그렇다. 조지 부시 정권의 정책 전환을 비난하는 목소리가 미국 정가와 언론계에서 곰비임비 나타나고 있다.

《워싱턴포스트》는 1월 6일자에 캐롤라인 레디의 기고문을 실었다. 부시의 정책 전환에 항의해 두 달 전에 사임한 고위관료다. 이 신문은 〈미스터 김을 기다리며Waiting for Mr. Kim〉 제하의 사설에선 부시가 "한때 악마라고 지칭했던 김정일 정권에 대해 엄청난 인내심을 보여주고 있다"고 꼬집었다.

이미 미국의 보수적 싱크탱크에선 이명박 당선을 "한국으로부터 만들어진 외교적 횡재diplomatic windfall"라고 환호했다. 한국의 대선결과는 부시 정권의 화해정책에 "주의를 환기시켜준 사건wake up call"이었다며 다시 북을 옥죌 것을 주문하는 윤똑똑이의 호전적 주장이 버젓이 언론에 실린다.

하지만 어떤가. 우리는 무관심하거나 낙관한다. 과연 그래도 좋은가. 그렇다. '북핵 문제'를 종북주의 따위로 몰아칠 때가 결코 아니다. 더러는 원칙 없는 단결만 외친다고 눈 흘긴다. 내가 부족할 수는 있다. 하지만 칼럼은 물론, 책으로 지며리 써왔다. 다시 간곡히 제안한다. 신자유주의 반대와 남북공동선언 실천, 두 원칙에 동의한다면 손잡아야 옳다.

과거 운동노선은 접어두자. 앞으로가 중요하다. 평등과 자주에 더해 단결을 간절히 호소하는 까닭이다. 그 과정에서 완고한 자주와 경직된 평등을 넘어서는 게 옳다. 분당은 거꾸로다. 완고한 자주파와 경직된 평등파들의 두 당으로 귀결될 가능성이 높다. _ 2008년 1월 7일

'예수 없는 사회'와 이명박 장로의 길

하나가 되려면 누가 먼저 마음을 열어야 할까

"어떻게 하면 하나님을 욕되게 하지 않을까."

두렵단다. 과연 독실한 장로다. 대통령 당선 뒤에도 일요일 예배를 거르지 않는다. 이명박 당선인은 1월 9일 한국기독교총연합회가 특급 호텔에서 연 '국민대화합과 경제발전을 위한 특별기도회'에 참석했다. 더러는 당선인의 참석을 마뜩하지 않게 여기지만 그럴 뜻은 없다. 어떤 종교를 믿든 자기성찰이 따를 때는 성숙할 수 있지 않은가.

정작 문제는 당선인의 기도다. 당선인은 "우리 사회가 갈기갈기 찢어졌다, 가를 수 있는 모든 것은 갈라졌다"고 부르댔다. 이어 "갈라지고 찢어져서 얻어진 이득으로 권력을 갖게 된 사람들이 권력을 유지했다"며 노무현 정권을 정조준 했다. 마지막으로 그는 제안했다. "모두가 마음을 열고 하나가 되는 사회를 만드는 일을 위해 계속 기도하자."

도통 모를 일이다. 갈라지고 찢어져서 얻어진 이득이란 대체 뭘까. 그의 말을 이해할 수 있는 유일한 길은 한기총이다. 실제로 특별기도회에서 길자연 한기총 명예회장도 개탄했다.

"우리 사회에 증오와 불신이 팽배하고, 이 때문에 평안과 행복이 없다.”

우리 사회에 증오와 불신이 팽배했다는 근거는 무엇일까. 도리 없이 한기총이 걸어온 길을 톺아보게 된다.

가령 한기총이 주최한 '민족 회개와 구원을 위한 한국교회 통곡기도회'(2004년 11월 1일)가 좋은 보기다. '대표 회개기도'를 맡은 대형 교회 목사는 거침없이 정부를 겨냥해 “살생의 정치를 하는 정부, 참여정부라면서 오만한 정치를 행하는 정부, 계층 간의 미움을 증폭시키는 정부”로 몰아쳤다. 한기총이 회개와 구원을 위해 '통곡'을 한 이유는 당시 사학법과 국가보안법 때문이다.

같은 시기 한 대형 교회 목사는 교회 설교에서 살천스레 외쳤다.

“전교조의 5대 강령 중 하나가 50대 기업을 까부수고 50대 교회도 파괴하라는 거다. 왜? 저 잘사는 놈들, 대기업가들 다 까부시고 나눠 갖자. 좌경사상에 물든 노동자들은 사장을 노동자 피 빨아먹는 흡혈귀라고 생각한다. …… 우리 정부는 온갖 세금을 잘사는 사람들에게 붙여서 특별히 강남 사람들을 못살게 하려고 한다. 좌경사상은 있는 사람들 때려잡아서 다 평등하게 살자는 거다. …… 사학법까지 만들어서 학교 세운 사람이 이사장도 못하게 하고 교육이념도 다 없애버리면 나라 장래가 없다. 기독교 때려잡자는 얘기이고 공산화하겠다는 얘기다.”

어떤가. 과연 그게 설교일까. 아니다. 기초적 사실마저 왜곡한 자극적 선동이다.

물론 이명박 장로가 한기총의 대형 교회 목사들 사고와 같다고 생각하고 싶진 않다. 하지만 갈기갈기 찢어졌다는, 그래서 노 정권이 이득을 보았다는 당선자의 인식에선 슬금슬금 우려가 앞서지 않을 수 없다. 특별기도회에서 길 목사는 “이명박 장로님이 대통령 직무를 감당하는

5년 동안 우리나라에 많은 변화가 있을 것으로 기대한다"면서 "특별히 우리 사회가 예수 없는 사회에서 예수 있는 사회로 변화되길 바란다"고 설교했다. 예수 없는 사회? 과연 대한민국이 그러한가. 유럽에서 기독교인들이 줄어들던 20세기에 기독교인이 날로 급증한 나라 아닌가. 대체 '예수 없는 사회'란 무슨 뜻일까.

물론 나는 그 말에 동의한다. 기실 예수는 가난하고 차별받는 사람들과 언제나 함께 했다. 낡은 율법을 깨고 새 하늘과 새 땅을 제시하지 않았던가. 신자유주의가 빚은 가난과 차별로 국민 대다수가 고통 받는 대한민국이 예수 없는 사회임은 분명하다. 하지만 과연 길 목사도 같은 뜻일까.

그래서다. 괜스레 노 정권을 '갈기갈기 찢어놓은 정부'라고 비난할 때가 아니다. 모든 사람이 마음을 열자고 기도하면 하나가 될 수 있는 사회가 결코 아니다. 신자유주의로 엄존하고 있는 갈등을 온새미로 인식하고 그 갈등을 풀어갈 길을 벅벅이 고심할 때다.

하지만 어떤가. 현실은 정반대 아닌가. 노골적이고 당당하게 친재벌 정책으로 치닫고 있지 않은가. 그래도 꼭 모든 사람이 마음을 열어야 한다고 고집하겠다면, 명토박아둔다. 신자유주의로 이익을 보고 있는 사람들이 먼저 마음을 열어야 옳다. 배고픈 사람들에게 썩어가는 '곳간'을 열어야 옳다.

그렇다. 마음을 열 사람은 다름 아닌 당선인이다. 그가 기도에서 한 말을 진지하게 돌려주는 까닭이다.

"어떻게 하면 하나님을 욕되게 하지 않을까." _ 2008년 1월 10일

이건희의 총기, 삼성의 오기

검은 바다 – 어민 자살 모르쇠하며 언론 통제

"앞으로 제2, 제3의 희생자가 나오지 말란 보장이 어디 있습니까."

2008년 1월 14일, 충청남도 태안군청 광장에서 열린 고 이영권 씨 장례식장을 울린 절규다. 애면글면 가꿔온 양식장이 기름 쓰레기장이 된 날벼락에 절망한 이씨는 끝내 목숨을 끊었다. 장례위원장은 영결사에서 울분을 삭이며 고발했다.

"엄청난 사고를 낸 당사자들은 침묵하고 있고, 어느 누구도 우리에게 진정한 사과조차 하지 않고 있습니다."

오열로 이씨를 보낸 바로 다음날이다. 바지락 채취로 생계를 이어온 70대 어민이 다시 극약을 마셨다. 병원으로 옮겼지만 끝내 숨을 거뒀다. 제2의 희생자다. 자원봉사자들이 정성을 다해 정상을 찾아가고 있다고 하지만 아니다. 아직 지옥 같은 곳이 숱하다. 어민의 절망은 무장 깊어가고 있다. 제3의 희생자가 언제 나올지 모르는 상황이다.

그러나 보라. 장례식장을 수놓은 만장들이 삼성의 무책임을 성토했지만, 오늘 이 순간까지 삼성은 사과 한 마디 없다.

왜 그럴까. 한국인이라면 누구나 한 번쯤 가보았을 법한 대안반도의 아름다운 풍경을 검은 기름으로 범벅을 해놓고도 어떻게 그럴 수 있을까. 최근 만난 한 중소기업 사장은 감탄과 개탄을 섞어 말했다.

"삼성의 침묵을 보면서 참 언론플레이를 잘하고 있다는 생각이 듭니다. 삼성으로선 사과를 할 때 오히려 문제가 더 커질 수 있다고 생각하겠지요. 사과를 하는 그 순간, 태안 앞바다를 기름으로 뒤덮은 게 바로 삼성이었다는 사실을 온 국민이 알게 되니까요."

그렇다. 아직은 바다를 기름으로 오염시킨 게 삼성중공업의 배였다는 사실을 많은 사람이 모르고 있다.

왜 그럴까. 정박해 있는 거대한 유조선으로 다가가 충돌한 배의 선주가 삼성중공업임을 대다수 신문과 방송이 알리지 않기 때문이다.

바로 그곳에 삼성의 오기가 있다. 원유 1만 2547킬로리터가 바다로 콸콸 흘러 태안반도의 수려한 해안선 167킬로미터를 모두 유린하고, 5159헥타아르의 양식어장을 파괴했음에도 삼성은 모르쇠다. 아직 사고원인이 밝혀지지 않았다는 게 이유다. 사고가 터진 직후에도 그 배가 삼성중공업 배임을 대다수 신문과 방송이 적시하지 않았다.

저 사과 한마디 없는 삼성의 오기는 자신들이 언론을 통제하고 있다고 확신하기 때문이 아닐까. 실제로 삼성은 지금 이 순간도 언론을 통제하고 있다. 삼성 비자금을 폭로한 김용철 변호사 기사를 크게 부각해온 《한겨레》와 《경향신문》에 두 달 넘도록 광고를 주지 않는 오기를 보라. 본때를 보여주겠다는 으름장 아닌가. 삼성의 서슬 새파란 오기를 새삼 고발할 뜻은 없다. 김용철 변호사와 정의구현사제단의 열정으로 삼성 비자금에 특검이 진행 중이기에 더 그렇다.

문제의 핵심은 이건희 회장이다. 이 회장에게 곧장 묻는다. 태안 기름 바다로 이미 어민이 삼성을 원망하며 두 명이나 목숨을 끊었는데도 사과 한 마디 없는 몰염치가 과연 이 회장의 뜻인가? 삼성 비자금 사건을 기사 비중에 걸맞게 편집해온 두 신문사에 광고 집행을 하지 않는 졸렬함이 과연 이 회장의 의지인가?

이건희 회장의 총기는 삼성 그룹 내부에 익히 알려졌다. 삼성을 세습한 뒤 이 회장은 특유의 총기로 삼성전자를 비롯해 그룹을 반석 위에 올려놓았다. 삼성은 세계적 기업으로 성장한 게 사실이다.

하지만 명토박아두거니와 양적으로 그럴 따름이다. 세계적 기업과 기업인이 되려면, 최소한의 조건이 있다. 언죽번죽 '나눔의 경영'을 대대적으로 홍보하고 비자금을 적극 '활용'해 당대에는 '존경받는 기업인'에 꼽힐 수도 있다. 다만 냉철하게 성찰해보라. 기업의 잘못을 보도하는 언론에 광고를 주지 않는 기업인, 어민이 자살로 항변하는데도 모르쇠 하는 기업인을 역사가 어떻게 평가하겠는가. 자명하지 않은가.

이 회장에게 정녕 총기가 있다면 지금 해야 할 일은 명확하다. 삼성의 오기를 다스리는 일이다. 더 늦기 전에 서둘기 바란다.

_ 2008년 1월 17일

자본주의의 적은 '이명박 정부'와 '조중동'

자본 – 정부 – 언론의 천박하고 견고한 삼각동맹

"자본주의의 가장 위험한 적은 자본가다."

좌파 지식인의 1980년대식 논리가 아니다. 미국의 주류신문인《워싱턴포스트》에 칼럼니스트 로버트 새뮤얼슨Robert J. Samuelson이 쓴 글이다. 새뮤얼슨은 〈자본주의 내부의 적들〉 제하의 칼럼(2008년 1월 23일자)에서 자본주의의 가장 위험한 적capitalism's most dangerous enemies을 서슴없이 자본가capitalists라고 조준했다. 대체 미국의 주류신문이 자본주의 내부의 적을 자본가로 고발한 칼럼을 실은 이유는 뭘까. 생게망게하게도 금융계의 높은 연봉과 보너스 때문이다. 새뮤얼슨은 기업에 입힌 큰 손실로 물러난 메릴린치 전 회장 스탠리 오닐이 퇴직금을 1억 6100만 달러(1500억 원)나 받은 사실을 보기로 들었다.

칼럼니스트로서 미국 신문이 부러웠던 까닭이다. 오해 없기 바란다. 미국 자본주의를 동경한다는 뜻이 결코 아니다. 적어도 미국 신문은 자본가의 문제점을 통렬하게 지적하고 있어서다.

여기서 한국의 자본가들을, 신문을 톺아볼 일이다. 한국에선 자본가를 자본가라 부르거나 쓰기조차 녹록치 않다. 자본주의를 자본주의라

쓰면, 언론계든 학계든 흘겨본다. 수구―보수만이 아니다. '진보'를 자처하는 언론인이나 학자들, 심지어 네티즌까지 자본가라는 말에는 저항감을 갖는다. 그렇게 쓰는 언론인이나 학자는 언론사나 대학에 자리를 얻기 어렵다. 정년퇴임한 김수행 교수의 후임으로 서울대 경제학과 교수들이 진보적 학자를 선발하기 꺼려하는 현실을 보라.

물론 사치스런 감상에 젖을 생각은 전혀 없다. 다만 정직하게 다음 물음에 답할 때다. 만일 미국 자본주의나 미국 신문의 잣대를 한국의 자본가들에게 들이댄다면 어떻게 될까? 삼성그룹의 이건희나 현대자동차의 정몽구는 지금 어디에 있어야 할까? 그렇다. 정답은 감옥이다. 종신형이나 그에 버금가는 중형의 징역형을 선고받았을 게 틀림없다. 그런데 어떤가. 과문한 탓인지 모르지만 이 땅에선 한국 자본주의의 가장 위험한 적이 자본가라는 말을 듣기 어렵다. 자본가를 적이라고 쓰는 언론인은 신문시장에서 살아남기 어렵다.

문제의 핵심은 한국 자본주의의 내일이다. 퇴직금 많이 받은 기업인에게 '자본주의의 적은 자본가'라는 비판을 주저 없이 날리는 미국 언론이 있기에, 미국 경제가 그나마 굴러가고 있는 게 아닐까?

다시 한국에 눈 돌려보자. 온 국가기관을 뇌물로 오염시킨 혐의를 받고 있고, 그것도 모자라 푸른 바다를 검은 기름으로 오염시킨 삼성의 자본가를 보라. 지금도 자기 입은커녕 이름으로도 사과 한 마디 없다.

과연 그가 한국 자본주의의 가장 위험한 적일까? 아니다. 한국경제의 가장 위험한 적은 바로 그런 자본가를 비호하고 두남두는 언론이다. 그런 자본가를 추앙하며 대학에 삼성학과를 만들자고 부르대는 신문이 발행부수 1위인 게 현실이다.

한국경제의, 한국 자본주의의 가장 위험한 적은 언론만이 아니다.

그와 어금지금할 만큼 위험한 적이 있다. 누구일까. 바로 '친기업 정부'를 표방하고 나선 '이명박 정부'다. 특히 당선자는 언죽번죽 주장했다. 친기업 정부라는 말에 부끄러워할 이유가 없단다.

그렇다. 미국 주류언론의 기준으로 보더라도 아예 부끄러움이란 모르는 이들이다. 대한민국에서 자본과 정치권력과 언론은 견고한 삼각동맹을 이루고 있다. 그것을 비판할 사회과학계마저 그 천박한 동맹에 포섭되어 간다. 한국 자본주의가, 한국 민주주의가, 참으로 우려스런 까닭이다. 하여, 명토박아 쓴다.

한국 자본주의의 가장 위험한 적은 '친기업 정부'와 언론이다.

_ 2008년 1월 27일

분당하려거든 통일운동에 재나 뿌리지 말라

진보의 위기, 겨레의 위기

무장 어지러운 세상이다. 진실과 거짓이 가름하기 어려울 만큼 뒤섞였다. 날선 담론들이 춤춘다. 어제의 벗들 사이에서 살기마저 오간다. 어떻게든 '중재'해보려는 이에게도 어김없이 '딱지'다.

그 결과다. 아무런 조직적 연관도 없는 내가 '자주파'란다. '민족주의자'란다. 심지어 '진보의 탈을 쓴' 누구란다. 수구나 자유주의세력으로부터 날아온 게 아니다. 한 줌도 안 되기에 서로 보듬어 왔었다고 '착각'한 진보진영에서 쏜 화살이다.

솔직히 절망감이 든다. 원내 유일의 진보정당을 쪼개면서 분당이 아니라 신당이란 주장 앞에선 더 그렇다. 왜 정직하게 분당이라 하지 않는가. 현학으로 진실을 가릴 셈인가.

'딱지 붙이기'도 그칠 줄 모른다. '종북주의'란 말이 지금도 횡행한다. 그 규정이 잘못임을 이야기해도 되돌아보는 모습이 전혀 보이지 않는다. 외려 종북주의란 딱지가 지닌 문제점을 지적하는 이들을 되술래잡는다. 종북주의가 없다는 말이냐고 눈 부라린다. 종북주의 실체 이전의 문제를 따지는 데 실체를 추궁한다. 공안당국의 논리와 무엇이 다른

가. 종북주의 마녀사냥에 이어 '민족주의'까지 내친다. 어느새 민족을 거론하면 수구세력 되기 십상이다. 기막힌 일이다.

참으로 생게망게한 일은 대외적으로 민족문제가 다시 위기를 맞는 상황에서 공세가 본격화한 데 있다. 냉철히 볼 일이다. 북미 핵문제는 아직 풀리지 않았다. 이명박 정권의 등장으로 위기는 증폭될 듯 하다. 그 명백한 사실은 무엇을 뜻하는가. 아니, 그 이전에 6.15남북공동선언이 조지 부시의 집권 뒤 뒤틀린 사실은 무엇을 의미하는가. 남과 북에 미국의 영향력이 짙게 드리우고 있음을 뜻한다.

자신들의 주관적 의도와 무관하게 2008년 현재 남과 북, 미국의 관계에서 줄기차게 '종북주의'를 들먹이는 사람들에게 제발 성찰을 권한다. 객관적으로 자신의 자리는 지금 어디에 있는가를.

비단 군사적 문제만은 아니다. 경제를 보더라도 마찬가지다. 대체이 땅에 국제통화기금의 구제금융이 어떻게 왔는가. 미국이 그 책임에서 자유로운가. 거듭 강조하지만 모든 걸 미국 탓으로 돌리는 것은 과오다. 하지만 그렇다고 미국의 책임을 몰각하는 일은 더 위험하다. 보라, 미국을. 강경파는 대북압살정책으로 다시 돌아가자고 부르댄다. '온건파'는 남쪽과 자유무역협정을 발효하고 그를 발판으로 북쪽까지 미국 경제체제에 편입할 속셈이다. 군사적 제국주의와 신자유주의는 같은 칼의 양날이다.

그렇다. 명백히 겨레의 위기다. 물론, 겨레 구성원 대다수가 민중이기에, 그것은 민중의 위기다. 그러나 그 현상을 민중의 위기로만 파악해도 좋은가. 아니다. 분명 민족의 틀로 사고하고 그 틀로 상황을 타개해나갈 영역이 있다.

'종북주의'를 들먹이는 지식인들은 군사적·경제적으로 우리 민족과 민중의 삶을 옥죄고 있는 미국의 존재를 거의 거론하지 않는다. 미국의 문제를 애면글면 제기해온 이들을 싸잡아 겨냥한다. 통일운동과 평화운동에 열정적으로 살아온 사람들이 주관적 의도와 무관하게 치명상을 입고 있다. 이 땅에서 종북주의라는 표현이 무엇을 의미하는지 모르는 사람들이라면 차라리 이해할 수도 있다.

그래서다. 기어이 분당을 하겠다면 하라. 다만 간곡히 당부하고 싶다. 바로 직전까지 몸담고 있던, 더러는 놀랍게도 아직도 몸담고 있는 당을 종북주의나 '사교집단'으로 더는 낙인찍지 말라. 의도했든 안했든 통일운동·평화운동마저 재 뿌리고 있는 객관적 사실을 정말 모르는가. 더구나 미국 안에서 제국주의 세력의 목소리가 높아가는 상황 아닌가. 그뿐인가. 이명박 정권이 추진하는 경제정책을 보라. 이미 한미자유무역협정 비준에 적극 나섰다.

그렇다. 위기다. 겨레의 위기가 지금 엄존하고 있다. 그것을 막아내기도 벅찬 진보는 두 쪽 나고 있다. 당을 깨고 나가며 민주노동당을 '공안색깔'로 덧칠하고 있다. 당이 쪼개지면 총선 정국에서 서로 물어뜯고 싸울 조짐이 눈에 선하다. 미소 짓는 누군가가 보이지 않는가.

진보의 위기, 겨레의 위기다. 진보의 위기와 겨레의 위기가 겹쳐질 때, 그 피해는 누가 보는가. 고스란히 이 땅의 민중이다.

_ 2008년 1월 29일

민중의 눈물, 행복한 눈물

덥석 새 대통령 손을 잡았다. 울먹이며 눈물 흘렸다. 60대 아주머니다. 아침 신문에서 그분 사진을 보았을 때다. 울컥 눈시울이 뜨거웠다. 서울 달동네의 재래시장. 생선을 파는 분이다. 새 대통령이 달동네 시장을 살리겠다는 말에 감동했을 터다. 칼바람의 설움이 밀려오지 않았겠는가.

그랬다. 일요일에 이명박 당선자는 재래시장을 찾았다. 설을 앞뒀지만 썰렁한 그곳을 1시간 30분 둘러보았다. 이미 몇몇 언론은 '정치 쇼'는 싫다며 민생 현장을 찾지 않던 노무현 대통령과 비교에 나섰다. 이명박과 노무현, 두 정치인을 대비해 부각하는 의도에 순진하게 놀아날 생각은 전혀 없다. 다만 묻고 싶다. 민생 현장 탐방이 왜 '정치 쇼'인가?

물론, 이 당선자의 재래시장 탐방이 '정치 쇼'일 가능성도 크다. 솔직히 나는 그렇게 생각한다. 하지만 적어도 그런 '쇼'라도 벌인다면, 스스로 뱉은 말에 책임의식이라도 들게 마련이다.

문제는 다른 데 있다. 설령 이 당선자의 방문에 진정성이 있다고 하더라도, 그의 '경제 살리기'는 양극화 해소와 거리가 멀다. 결코 '저주'

가 아니다. 그가 후보 때 내세운 공약이나 당선자 시절 행적을 톺아보면, 그게 필연이란 뜻이다. 이미 그는 '친기업 정부'인 게 전혀 부끄럽지 않다고 언죽번죽 공언했다. 하지만 그의 언행을 조금만 들여다보더라도 그것은 '친기업'이 아니다. '친재벌'이다. 심지어 전국민주노동조합총연맹과의 만남은 취소했다. 비정규직 집회에 나섰던 민주노총 위원장에게 경찰 조사부터 받으라는 게 이유다. 당선자의 비정규직 해법은 기업이 잘 되는 거란다. 기막힌 일이다.

그래서다. 달동네에서 겨울바람 맞으며 생선팔고 있는 아주머니 눈물이 가슴을 파고드는 까닭은. 모직코트에 회색 머플러 두르고 재래시장을 찾은 이명박 당선자가 과연 그 눈물을 닦아줄 수 있을까. 양극화 해소방안을 고심하고 있는 연구원의 책임자로서, 아니, 그 이전에 한 사람의 지식인으로서 명토박아둔다. 당선자가 정책을 바꾸지 않는다면 전혀 불가능하다.

오해 없기 바란다. 생선가게 아주머니의 눈물에 연민을 느끼는 게 아니다. 그분을 동정할 자격은 그 누구도 없다. 눈시울이 뜨거웠던 이유는, 이 당선자가 재래시장을 돌고 있던 바로 그날 열린 민주노동당 임시 당 대회 때문이다. 밤늦게까지 열린 당 대회는 결국 분당의 길을 터놓았다. 심상정 비상대책위원회 대표는 자신이 낸 안건이 삭제되는 표결 결과가 나오자 곧장 일어났다. 당 대회장을 나갔다. 외통수를 내놓고 배수진을 친 그에게 다른 선택은 없어 보인다.

결국 원내 유일의 진보정당, 한 줌의 진보정당은 자주파와 평등파로 쪼개지고 있다. 당 대회 이틀 전에 '분당위기 민주노동당'을 주제로 국회에서 토론회가 열렸다. 사회를 보며 호소했다. 세 자녀와 더불어 고층아파트에서 몸을 던진 도시빈민, 생존권 집회에 참여했다가 맞아죽은 비정규직 노동자와 농민의 처지에서 오늘의 사태를 풀어가길 바란다고.

새삼 분당 책임을 추궁할 의도는 없다. 하지만 저 참혹하고 억울하게 이 세상을 떠난 분들은 차치하고라도 지금 이 순간 고통 받고 있는 민중의 눈물 앞에 오늘의 진보정당은 대체 무엇인가.

참으로 진지하게 새겨볼 일이다. 과연 어떤 의미가 있을까를. 이 땅의 민중은 상상도 못할 거금으로 산 그림 '행복한 눈물'을 골방에 걸어둔 저 부라퀴들 앞에서, 민중의 눈물은.

그래서다. 진보정당이 쪼개지고 있는 오늘, 눈을 슴벅이며 쓴다. 갈라져도 좋다. 하지만 제발 두 당끼리 싸우지는 말라. 더는 '종북주의'를 입에 담지 말라. 더는 '종파주의'를 들먹이지 말라. 저 수구세력과 그들의 앞잡이들이 이 땅의 진보세력 모두를 '종북주의자'와 '종파주의자'로 도배질하고 있지 않은가. 정책으로 승부하라. 민중의 위기를 살릴 정책, 민족 위기를 풀 정책을 경쟁적으로 연구하고 알려가라.

과연 언제쯤일까. 신자유주의와 분단체제 아래 고통 받는 민중이 행복한 눈물을 흘릴 그날은. _ 2008년 2월 4일

떠나는 사람들, 더는 민노당을 죽이지 마라

설 연휴에 '진정한 진보정당' 만들 사람들이 할 일은

"임시 당 대회에서 노동자 서민은 없었다. 지난 대선에서 다수 노동자, 서민들이 민주노동당에 대해 내린 냉혹한 평가에 대해 '그 정도에 기죽지 말자'는 오만으로 화답했다."

노회찬 민주노동당 의원이 '과거와의 결별'을 선언하며 던진 말이다. 서울 15개 지역 전·현직 지역위원장과 10개 지역 총선 후보 20명도 기자회견을 열었다. 4월 총선에서 민주노동당 이름으로 출마 않겠단다. "대선에서 보여준 국민들의 준엄한 심판에도 아랑곳하지 않고 변화와 혁신을 거부함"으로써 민주노동당은 죽었단다.

홍세화 《한겨레》 기획위원은 "민주노동당은 더 이상 진보정당이 아니"라며 탈당을 밝혔다. 변영주 영화감독은 '조용히 탈당계만 내기엔 널 너무 사랑했어' 제하의 기고문을 썼다. 곰비임비 다른 이들의 탈당을 부추기는 언행들이다.

명토박아둔다. 그들의 선택에 재 뿌릴 생각은 전혀 없다. 진정한 진보정당을 만들겠다는 사람들에게 더는 분당의 책임을 묻고 싶지도 않다. 다만 참으로 궁금하다. 왜 민주노동당을 죽이고 떠나는가. 그것이

어쩔 수 없는 정치 논리라고 판단하기엔 너무 쓸쓸하지 않은가. 더 이해할 수 없는 일은 이 모든 사태의 원인을 짚는 데 정확하지 못한 확신이다.

앞뒤 논리를 살펴보면 대선 패배의 원인을 '종북'에 두는 게 또렷하다. 임시 당 대회에서 최기영, 이정훈 당원을 제명하는 데 동의하지 않은 게 어느새 '변화와 혁신의 거부'로 등식화하고 있다.

과연 그러한가. 국가보안법 위반으로 감옥에 있는 최기영 당원은 혐의 사실을 부인하고 있는데도 그 양심의 자유는 인정받지 못한다. 물론 진실은 온새미로 밝혀지지 않았다. 하지만 당사자가 부정하는데 그 양심을 공안당국과 함께 의심하는 '똘레랑스'란 대체 무엇인가. 더구나 당 대회에서 이정훈 당원이 제명당할 이유는 무엇인가.

끝없는 종북 타령의 귀착점을 알고 싶다면, 2008년 2월 5일자 아침 신문들을 보라. 《조선일보》《동아일보》《중앙일보》는 일제히 사설을 실어 민주노동당 분당을 환호하고 나섰다. '자주파=종북주의=민주노동당'이라는 등식이 지금 이 순간에도 대량 살포되고 있다. 보라. 《조선일보》의 저 윤똑똑이 '언론인'은 부르댄다.

"지금까지 우리 사회에 북한을 추종하는 '종북주의자'들이 있다고 말하는 것은 일종의 금기처럼 돼 왔다. …… 그러나 '종북주의자'들은 분명히 있다고 하는 소리가 최근 공안당국도 '수구 꼴통'도 아닌 민주노동당 내부에서부터 터져나오기 시작했다. …… 그리고 그런 '종북주의자'들이야말로 '진보'진영의 몰락을 불러온 원흉이라는 비판도 함께 나왔다. 만시지탄은 있으나 당연히 나와야 할 자성이었다."

진보진영은 과연 '종북' 때문에 몰락했는가. 제발 편견 없이 찬찬히 톺아보기 바란다. 과연 지난 대선에서 통일 문제가 쟁점이었는가. 민주노동당이 마치 '코리아연방'만 대표 공약으로 내세웠다거나 그 슬로건만으로 선거에 임했다는 전혀 사실과 다른 주장이 네티즌 사이에서도 떠돌고 있다.

진실은 전혀 아니다. '세상을 바꾸는 대통령'이 주된 슬로건이다. '코리아연방'은 17대 핵심공약 가운데 하나다. 권영길 후보가 방송 토론에서 강조한 공약도 '코리아연방'이 아니다. 그것과 권 후보를 연결시킨 고리는 역설이지만 '코리아연방으로는 선거운동 못 하겠다'고 물러선 사람들이다.

변영주 영화감독은 기고문에서 다음과 같이 주장했다.

"우린 목이 터져라 민생 문제를 얘기하고, 경제 민주주의를 외쳐야 했다. 그 어떤 후보보다 명백하게 한미FTA에 대해 과학적인 문제제기와 대안을 이야기해야 했다. 당신이 주식 몇 장 가지고 있어봤자, 땅 몇 평 가지고 있어 봤자, 일터에서 성실하게 노동해봤자 분배의 민주주의가 확보되지 못한다면 불행해질 뿐이라고 심장으로 이야기를 해야 했다."

정말이지 답답해서 묻는다. 왜 "목이 터져라 민생 문제를 얘기"하지 않았는가? 왜 경제 민주주의를 외치지 않았는가? 자주파가 반대했는가? 자주파의 '종북' 때문에 못했는가? 아니잖은가. 왜 대선 결과 앞에서 특정 세력을 희생양 삼으려는가? 왜 그걸 빌미로 탈당을 하며 몸담았던 당까지 죽이는가.

우리 모두 정직하게 현실을 응시할 때다. 바로 오늘 아침, 저 부라퀴들의 민주노동당 마녀사냥을 보라. 신자유주의를 반대하는 목소리도 마찬가지다. 이 땅에서 여론화하기 쉽지 않다. 그렇다. 아무리 "목이 터져라 민생문제를 얘기"해도 메아리가 잘 들려오지 않는다.

한 마디 더 덧붙인다. 대선 시기에 "목이 터져라 민생 문제를 얘기" 한 사람들은 과연 누구인가. 민생 현장에서 애면글면 일하며 '목'이 터진 평당원 가운데 '자주파'들이 더 많지 않았던가.

정녕 '자주파=종북주의=민주노동당'이란 등식을 의도하지 않았다면 거듭 간곡히 당부한다. 설 연휴에 저들의 마녀사냥을 해소하는 데 '진정한 진보정당'을 만들겠다는 사람들이 앞서 주기를. 더는 민주노동당을 죽이지 말기를. 민주노동당과 다른 진보정당을 만들어 진보의 영역을 넓히겠다는 진정성을 보여주기를. _ 2008년 2월 5일

진보가 서 있을 곳은 이명박 정권 앞이다

진중권의 여전한 '종북 타령', 안타깝다

우리 시대의 과제는 무엇인가. 자극적이지 못하지만 조금은 무거운 물음으로 시작하고 싶다. 내가 평등파를 "저주"하며 "수구세력으로 덧칠했다"(박형준)거나 "분당파=조중동"으로 등식화했다(진중권)는 사실과 다른 주관적 논리로 구성된 '반론'에 답하기란 허탈해서다. 언제부터 민주노동당에 관심을 뒀냐는 투의 '반론'에 답하기란 쓴웃음이 나와서다.

글로 밥을 먹고 살아가는 먹물들에게 우리 시대의 과제를 무엇으로 판단하는가는 정치인 못지않게 중요하다. 대다수 민중의 삶을 고통스럽게 하는 신자유주의와 분단체제의 극복, 내게는 그것이 시대적 과제다. 그동안 써온 칼럼, 소설, 논문들에 일관하는 주제다. 김대중─노무현 정권의 핵심 지지자들로부터 지난 10년 내내 배척받아온 이유이기도 하다.

한국 사회에서 그 시대적 과제를 가장 충실히 이행해온 정당은 민주노동당이다. 창당 초기부터 모든 진보세력을 아우르라고 칼럼은 물론, 공식·비공식 자리에서 촉구해온 것도 언젠가 이 땅에서도 진보정당의 집권이 현실이길 갈망해서다.

신자유주의와 분단체제 극복에 앞장섰던 당, 비록 10석에 지나지 않았지만 40여 년 만에 국회에 진출한 당, 비정규직 노동자와 농민·빈민에게 그나마 비빌 언덕이었던 바로 그 당이 눈앞에서 마녀사냥으로 무너지고 있다. 그것도 이명박 정권의 출범과 총선을 앞두고 그렇다. 당 외부가 아니라 내부 정파 갈등 때문이다.

어느새 누구든 민주노동당을 공개적으로 지지하기 어려운 세상이 되었다. 당 내부의 일부 고위인사들과 진보적 지식인들이 '종북 당'으로 색칠해서다. '종북'은 국민 대다수에게 북의 지령을 받는 당으로 들린다. 그럼에도 여전히 종북의 실체를 다그치며 자극적으로 캐묻는다.

다시 또박또박 밝혀둔다. 민주노동당 안에는 주체사상이 신념인 사람도 있을 터다. 하지만 그들이 줄곧 민주노동당 지도부였고 중심노선이었던가? 아니다. 게다가 당에는 주체사상만 있지 않다. 레닌이나 트로츠키 사상에 몰입한 사람도, 체 게바라를 숭배하는 사람도, 사민주의만이 옳고 나머지는 죄다 틀렸다고 '맹신'하는 사람도 있다.

가장 바람직하기는 당 안에서 다양한 사상적 경향을 토론하고 통합해내는 일이다. 그 과정에선 서로 사상을 존중하고 다수가 되길 경쟁해야 마땅하다. 설령 토론이 더는 어렵다고 판단한다면 그런 사람들끼리 탈당해서 다른 당을 만들면 될 일이다. 그게 상식이다.

그런데 어떤가. 민주노동당은 어느새 '간첩'을 옹호하는 당으로 '둔갑'했다. 나는 적어도 진보신당을 하려는 사람들이 그런 의도까지 지녔으리라고는 생각하고 싶지 않다. 따라서 현실이 그렇게 전개되었다면, 적어도 민주노동당이 '종북당'이 아니라는 데 이제는 나서야 옳지 않겠는가.

설 연휴 전에 민심을 다독여야 할 필요성을 제기한 까닭이다. 기어이 당을 쪼개며 새 당을 만들겠다면, 민주노동당 죽이기보다 진보의 영역을 넓히는 데 나서라고 촉구한 까닭이다. 하지만 반론을 쓰는 사람들은 전혀 논의의 핵심을 받아들일 생각이 없다. 다름과 틀림을 구별해야 할 똘레랑스도 없다. 상대는 아니고 자신만이 진보정당이라는 독선이 깔려 있다. 게다가 부분적 사실을 전체로 매도한다.

종북의 또 다른 '증거'라고 들먹이는 '북핵 문제'도 '북미 핵문제'로 논의하는 게 순서다. 이미 숱하게 써온 그 문제를 여기서 되풀이할 생각은 없다. 대선 패배의 원인 또한 '종북'으로 덧칠할 문제가 아니다. 신자유주의를 넘어서는 비전과 정책을 구체화하고 그것을 국민에게 알려나가지 못한 게 가장 큰 원인이다. 그것은 자주파만의 문제가 아니다.

물론, 민주노동당 부설 진보정치연구소는 대선 국면에서 〈사회국가〉라는 정책보고서를 출간했다. 진보정치연구소(진정연)와 함께 토론을 벌였던 새로운사회를여는연구원(새사연)도 신자유주의와 분단체제를 넘어서는 정책 대안들을 내놓았다. 하지만 어떤가. 진정연과 새사연이 애면글면 만들어낸 대안들은 한국의 대다수 신문과 방송으로부터 외면 받았다. 진보신문과 인터넷신문이 보도했지만 턱없이 부족했다. 진정연이나 새사연의 대안들이 자주파나 '종북주의' 때문에 여론을 형성하지 못한 게 아니라는 사실을 분명히 인식할 필요가 있다. 그것은 진보신당의 미래를 위해서도 꼭 짚어야 할 쓴 경험이다.

막아보려던 분당이 이미 현실화했기에 더는 분당과 관련한 글을 쓰지 않으련다. 진보신당이 민주노동당과 더불어 뿌리내리길 바란다.

4월 총선에서 나의 암울한 우려가 한낱 기우이길 누구보다 원한다.

그러기 위해서라도 '종북 타령'과는 단호히 결별하길, 정책으로 경쟁하길 마지막으로 권한다.

지금 진보가 서 있을 곳은 신자유주의를 노골화하고 분단 체제의 갈등을 심화시킬 이명박 정권 앞이다. 옆이나 뒤가 아니다.

_ 2008년 2월 10일

'숭례문 큰 불'이 이명박 정권에 보내는 경고

'대책 없는 개방'과 '보여주기 정책' 깊은 성찰을

숭례문. 조선 왕조 초기부터 600년 동안 서울에서 살아간 민중의 애환을 지켜본 문이다. 국보 1호. 그 숭례문이 큰 불로 삽시간에 사라졌다. 아쉽게도 활활 불탄 숭례문을 풍수지리로 풀이할 능력은 내게 없다. 다만 더불어 나눌 '진실'은 있다. 숭례문 지붕이 속절없이 무너질 때, 대다수 겨레의 가슴에 억장도 무너져내렸다. 이 겨레 구성원 가운데 폐허가 된 숭례문을 보며 가슴이 먹먹하지 않은 이는 드물 터다. 불탄 숭례문으로 이미 민심의 한 자락이 흉흉하다. 관악산의 화기로부터 최고 권력이 머문 자리를 보호하려고 세운 문 아니던가. 그렇다. 과학적 인과관계는 없더라도 뭔가 불길한 조짐은 아닐까 누구나 우려하고 있는 게 진실이다.

그래서가 아닐까, 대통령직 인수위원회와 한나라당이 앞을 다퉈 노무현 정권을 비난하고 나선 까닭은. 딴은 이해할 수도 있는 일이다. 새 대통령의 앞날에 불길한 암운이 드리우지 않길 바라는 마음은 어쩌면 인수위나 한나라당만의 문제가 아닐 수도 있다. 경제를 살리겠다는 약속만으로 위장전입과 위장취업의 난관을 뚫고 당선된 대통령 아니던

가. 하지만 인수위나 한나라당이 책임을 철저히 규명하겠다면서 화재
와 정부조직개편안을 연결하는 모습은 볼썽사나움을 넘어 울뚝뱉을
치솟게 한다.

그래서다. 숭례문의 화재에서 아무런 성찰도 없는 이명박 당선자와
인수위에 명토박아둔다. 누가 뭐래도 '숭례문 큰불'의 무대는 이명박
당선자가 깔아놓았다. 우리 모두가 생생하게 기억하고 있듯이 이 당선
자는 2002년 서울시장 취임사에서 다음과 같이 강조했다.

"숭례문이 시민과 더욱 친숙하게 될 수 있도록 보행공간으로 넓히
고 횡단보도를 설치해 세계적인 우리 유산을 시민의 품으로 돌려놓겠
다."

물론 숭례문이 시민과 친숙할 수 있다면 더없이 좋은 일이다. 실제
로 서울시장 이명박은 2005년 5월에 숭례문 주변 광장을 개방했다.
2006년에는 2층 누각을 제외하고 모두 열었다. 이 당선자는 자서전에
서 과시하듯 '숭례문 개방'을 자화자찬했다.

"매우 뜻 깊은 일이었다. 오랜 세월 동안 숭례문은 어느 누구에게도
접근을 허락하지 않았다. 시민들은 국보 1호라는 숭례문 앞에서 사진
한 장 찍을 수 없었다. 차도로만 둘러싸여 있던 숭례문이 근 1세기 만
에 다시 시민들의 품으로 돌아온 것이다."

문제의 핵심은 그가 숭례문을 개방하면서 아무런 안전대책을 세우
지 않은 데 있다. 섣부른 개방이 숭례문 소실을 불렀다는 네티즌의 지
적은 정곡을 찌른다. 과연 그 지적이 불 탄 숭례문에만 해당하는 걸까.
아니다. 서울시장이던 이명박은 곧 대한민국 대통령에 취임한다. 노 대
통령에 이어 이 당선자는 한미자유무역협정을 체결하겠다고 으름장을
놓고 있다. 숭례문이 무너져 내린 바로 그날, 이명박 당선자의 '어용 신

문'으로 전락한 한 신문의 사설은 한미자유무역협정을 서둘러 체결해야 한다고 부르댔다.

비단 대책 없는 개방의 문제가 아니다. '보여주기 정책'에 보내는 경고이기도 하다. 숭례문 개방 또한 '보여주기 정책'의 대표적 보기였다. 아무런 대책 없이 추진된 전시적, 과시적 정책이다. 그 정책은 지금 경부대운하 사업 강행으로 나타나고 있다. 언죽번죽 여론을 수렴하겠다고 하지만 경부대운하가 불러올 여러 위험 요소들을 충분히 고려할 진정성은 보이지 않는다. 어떻게든 여론의 소나기를 피해 강행하려는 꼼수만 보일 따름이다.

그렇다. 한미자유무역협정 따위의 대책 없는 개방과 경부대운하 따위의 보여주기 정책에 보내는 경고다. 캄캄한 밤에 불꽃으로 사라진 저 600년 숭례문의 엄한 자태는. _ 2008년 2월 11일

'치욕의 현장'은 숭례문만이 아니다

'덜컥개방'과 '방임', 숭례문도 열고 쇠고기시장도 열고

"숭례문을 일반에 개방하지 말았어야 했다는 미련한 말도 들린다. 그야말로 구더기 무서워 장 못 담근다는 반편의 말과 조금도 다름없다."

《동아일보》가 종합면에 편집한 작가 김주영의 기고문이다. '치욕의 현장'을 찾아 쓴 글은 숭례문 개방의 책임을 묻는 사람들을 숫제 '반편'이라 욕하고 있다. 과연 그러한가. 《동아일보》를 비롯한 대다수 신문과 방송이 숭례문을 개방한 책임을 묻지 않는 까닭은 '반편'이 아닌 데 있을까.

한국의 신문시장을 장악하고 있는 《조선일보》《중앙일보》《동아일보》의 해악은 깊숙이 퍼져 있다. 상대의 논리를 멋대로 단순화해 매도하는 사람들이 무장 늘어나고 있는 게 좋은 보기다.

명토박아둔다. 숭례문을 개방했다는 이유로 이명박 당선자의 책임을 묻는 게 아니다. 아무런 안전 대책 없이 덜컥 개방한 책임을 묻고 있을 따름이다. 대다수 언론이 궁따고 있다고 해서 진실이 바뀌지 않는다. 숭례문을 덜컥 개방한 이명박 서울시장의 책임은 크고 원천적이다.

그럼에도 마치 숭례문 개방 자체를 반대하는 반편으로 몰아세우거나 이명박 책임을 아예 거론도 않는 윤똑똑이들이 언론계에 똬리를고 있다. 주류 신문과 방송이 침묵하는 영향은 미처 우리가 의식 못할 만큼 두루 퍼져 있다. 가령 숭례문 큰 불에 이명박 책임을 거론할라치면 지나치다고 눈 흘긴다. 하지만 어떤가. 범행자가 숭례문을 선택한 이유를 보더라도 대책 없이 숭례문을 덜컥 개방했기에 빚어진 참사 아닌가.

숭례문이 불꽃으로 무너져내린 뒤에도 대책 없는 개방, 남대문식 개방은 여전히 활개친다. 보라. 마음은 '콩밭'에 가 있는 임기 말 국회의원들이 새삼 한미자유무역협정 비준동의안을 밀어붙이겠다고 나섰다.

노무현 대통령과 이명박 당선자가 한 목소리다. 《조선일보》와 《동아일보》는 빨리 처리하라고 다그친다. 심지어 《조선일보》 사설은 쇠고기 전면 수입까지 부르댄다. 노 대통령과 이 당선인의 결단이 필요하단다. 광우병 위험성이 다시 거론되고 있는 현실은 모르쇠다.

'덜컥 개방'과 '방임' 두 가지로 간추려지는 '숭례문식 개방'의 특성은 그대로 한국경제로 이어진다. 한미자유무역협정의 국회 비준을 추진함과 동시에 자본의 논리에 모든 것을 맡기려 한다. 이명박 당선자 스스로 '친기업 정부'를 당당히 선포했다. 말이 좋아 언죽번죽 '친기업'일 뿐, '친재벌' 정부다.

재벌 총수들에게 언제든 자신에게 전화를 걸라는 당선자의 눈웃음은 노동운동을 겨냥해 '법과 질서'를 부르대는 눈초리와 대조적이다.

덜컥 개방하고 모든 걸 자본의 논리에 맡기려는 당선자의 '용기'를 충실히 정당화해주는 몫은 삼성경제연구소다. 〈한국경제 고도성장은 가능한가〉 제하의 보고서는 "소비와 투자를 적정 수준으로 끌어올리면" 인수위가 목표로 제시한 6퍼센트 성장을 이룰 수 있단다. 대통령 당선자가 듣기에 얼마나 달콤한 말인가. 그렇다면 삼성경제연구소가 제안한 '소비와 투자 활성화 대책'은 무엇일까. 법인세 인하와 규제 완화란다. 절로 실소가 나온다. 결국 자본에 모든 걸 맡기라는 주문이다. 삼성경제연구소에 앞서 미국 굴지의 투자기관 골드만삭스도 규제 완화를 충고했다.

결국 남대문식 개방의 피해자는 대다수 국민일 수밖에 없다. 이미 대통령직 인수위는 노사관계 '실적'에 따라 지자체에 지방교부세를 차등 지급하겠다는 기상천외한 방침을 밀어붙이고 있다. 노동기본권을 보장한 헌법을 정면으로 거스르는 발상이라는 비판이 나와도 모르쇠다. 그렇다. 미국 자본의 논리와 한국 재벌의 논리가 그대로 이명박 정권의 정책으로 나타나고 있다. 덜컥 개방과 방임이라는 '숭례문식 개방' 논리다. 감시해야 마땅한 언론은 되레 용춤 춘다. 묻고 싶다. 정녕 우리 시대의 미련한 반편이는 누구일까.

청와대와 국회의사당, 재벌과 언론사의 마천루에서 지금 이 순간도 덜컥 개방과 방임의 논리는 활활 타오르고 있다. 치욕의 현장은 비단 숭례문만이 아니다. _ 2008년 2월 14일

2부

왜 다시 민중인가

취임식 날에 마지막 날을 충고하는 까닭

'이명박 대통령' 성공의 조건

이명박 대통령. 2008년 2월 25일 0시부터 5년 임기를 시작했다. 새 대통령의 취임, 마땅히 축하할 일이다.

이 대통령은 대선에서 '경제 살리기'와 '국민 성공시대'를 내걸고 당선됐다. 한 점 가식 없이 바란다. 정치인 이명박이 경제를 살려내고 국민 성공시대를 이룬 대통령이 되기를. 벅벅이 경제를 살려낸다면 그게 어찌 대통령만의 성공이겠는가.

역대 대통령 가운데 성공한 정치인이 없기에 더 그렇다. 대한민국에서 대통령 자리에 앉은 사람은 현재까지 모두 9명이다. 이승만, 윤보선, 박정희, 최규하, 전두환, 노태우, 김영삼, 김대중, 노무현. 공통점이 있다. 임기 여부와 무관하게 대통령 자리에서 물러날 때, 아무도 국민적 존경을 얻지 못했다.

독재정권은 굳이 말할 필요가 없을 터다. '민주인사'로 꼽혔던 김영삼, 김대중은 임기 말에 각각 아들을 감옥에 보내야 했다. 대선에서 신승한 뒤 2004년 총선에서 압승한 노무현은 참담한 패배를 맞고 물러났다.

하릴없이 묻게 된다. 그들은 왜 대통령을 하고자 했을까. 이승만, 박

정희, 전두환, 노태우는 그 자리에 오르기 위해 생때같은 사람들을 서슴지 않고 죽였다. 더러는 여전히 그들을 미화하는 윤똑똑이들도 있지만 냉철히 톺아볼 일이다. 민주시민을 죽인 피묻은 손은 어떤 '업적'으로도 결코 씻을 수 없다.

역대 대통령 그 누구도 자신의 공약을 지키지 않았다. 그들의 약속만 본다면 우리는 이미 오래 전에 정의사회와 복지국가, 또는 '대중경제'에서 살고 있어야 한다. 하지만 어떤가. 우리는 정의도 복지도 대중도 없는 경제체제에서 살고 있다. 분배보다 성장을 강조했던 노무현은 청와대에 앉아 '권력은 이제 시장으로 넘어갔다'고 푸념만 늘어놓았다. 그 결과다. 실제로 시장으로 넘어갔다. 이명박 정권의 등장이 그것이다.

문제는 이명박 대통령이 경제를 살리겠다는 공약으로 당선된 데 있다. 그게 왜 문제인가부터 짚어두자.

이 대통령이 취임한 오늘, 명토박아둘 때다. 그의 공약 '경제 살리기'란 대체 누구의 경제 살리기인가, 어떤 경제 살리기인가를. 이명박 정권의 장관들을 처음 인선한 결과가 평균 재산 40억 원이란 사실에서 확인할 수 있듯이 이 정권은 전형적인 부자정권이다. 문제의 핵심은 부자들의 지난 10년 경제는 결코 죽지 않았다는 데 있다. 잃어버리지도 않았다. 되레 늘어났다.

이 대통령이 경제 살리기를 공약했을 때 그 공약은 민생경제 살리기를 의미할 수밖에 없다. 어렵거나 죽은 경제는 부자들이나 수출대기업의 경제가 결코 아니기 때문이다. 상황이나 논리적 맥락으로 보아 그의 경제 살리기 공약은 민생경제 살리기임이 틀림없다.

그런데 그것을 시장과 경쟁을 통해 이룬다는 게 이 대통령의 발상이다. 과연 그게 가능한 일인가. 모든 걸 시장의 자유, 자본의 자유에 맡기는 신자유주의 때문에 죽은 민생경제를 신자유주의 강화로 살리겠다면 어떻게 될까.

그래서다. 어쩌면 '생애 최고의 날'일지도 모를 오늘, 이 대통령에게 마지막 날을 충고하는 까닭은. 퇴임하는 날 스스로 만족은 물론, 국민으로부터 성공한 대통령 소리를 듣고 싶다면 재임 중 듣그러운 비판에 귀기울일 수 있어야 한다. 스스로 강조했듯이 진보와 보수의 이념구도를 뛰어넘은 실용주의를 정녕 추구하겠다면, 먼저 자신의 둘레에 보수, 또는 수구의 목소리만 넘친다는 사실부터 인정해야 옳다. 이 대통령이 경제 살리기에 실패할 때 그의 마지막 날은 앞서 전임자들이 그러했듯이 침울할 수밖에 없다. 그 '경제 살리기'가 민생경제 살리기임을 누구보다 대통령 스스로 명심할 때다.

경제를 살리고 국민을 섬기는 대통령으로 성공하겠다면, 지금 가장 변화가 필요한 사람은 대통령 자신이다. 변화를 좋아한다는 이 대통령 자신의 변화, 바로 그것이 성공의 조건이다. _ 2008년 2월 25일

법학교수 이영희, 노동장관 이영희

국회 인사청문회장에 왜 그는 앉아 있을까

이영희 교수는 억울할 법하다. 퇴직 뒤에 노후를 위해 서울 강남지역 부동산을 집중 구입했을 뿐이다. 그런데 그걸 문제 삼는다. 노동부 장관 자격이 없다고 살천스레 따지니 황당할 터다. 열심히 저축해서 불린 재산도 문제라니 더 기막힐 성싶다.

다만 조용히 성찰해볼 일이다. 아무리 대한민국에 사회보장이 없다고 하지만, 교수 부부의 퇴직 뒤를 걱정할 정도는 아니다. 언제 일터에서 밀려날지 모르는 서민들이 월세라도 받아 살려고 애면글면 장만해놓는 부동산이라면 이해할 수도 있다. 그런데 보라. 그가 소유한 오피스텔 가운데 하나는 64평형이다. 붙박이장이 3000만 원, 유명 특급호텔과 똑같은 샤워실 천장이 1000만 원, 비눗갑이 35만 원짜리다.

오해 없기 바란다. 부자라서 문제가 아니다. 법학교수로서 얼마든지 자신의 인생을 즐길 수 있다. 하지만 적어도 지식인으로서 금도는 필요하다. 법학교수 이영희는 노동부 장관 후보자로서 국회 인사청문회에 나와 말했다. "공장노동자와 교수를 같은 카테고리에서 볼 수 없다." 교수노조를 겨냥해 한 말이다.

곧장 묻는다. 대체 어떤 뜻인가. 공장노동자와 교수가 같은 범주가 아니라는 말은. 대체 지금껏 그는 어떤 노동법을 공부하고 가르쳐왔는가. 교수노조의 성명처럼 공장에서 일하는 노동자를 비천하게 여기는 전근대적이고 노동 차별적인 의식 아닌가.

백번 양보해서 교수의 사회적 지위는 다르다고 강변할 수도 있다. 하지만 지금 대한민국 대학에는 비정규직 강사들이 교수보다 더 많은 강의를 맡고 있다. 시간강사들의 임금은 새삼 말할 필요가 없을 만큼 저임이다. 박사인 시간강사들의 자살이 곰비임비 이어지고 있다.

그럼에도 대다수 교수들이 시간강사들의 생활고와 차별을 모르쇠한다. 비정규직 교수들의 목숨은 강의할 때도, 잘릴 때도 '파리'처럼 가볍다. 비정규직교수노조가 국회의사당 앞에서 겨울 칼바람을 고스란히 맞으며 175일째 지머리 천막농성을 벌이고 있는 까닭이다. 비단 비정규직 교수들만이 아니다. 노동장관 내정자 이영희가 언죽번죽 공장노동자와 교수가 다르다고 한 바로 그날, 비정규직 공장노동자는 차디찬 한강에 몸을 던졌다. GM대우 부평공장의 비정규직 노동자다. 참담하게도 그의 요구는 결코 정규직화가 아니다. 소박하다. 그저 다시 일할 수 있게 해달라는 요구다. 같은 공장의 노조 조직부장은 일터의 탑위에서 63일째 농성 중이다.

그런데 어떤가. 노동장관 내정자 이영희를 보라. 고용정책심의위원을 맡았으면서도 단 한 차례도 회의에 참석하지 않은 이유를 묻자 당당하게 답했다. "고용을 몰라서 참석을 하지 않았다."

그렇다면 묻고 싶다. 국회 인사청문회 자리엔 왜 나와 있는가. 대체 노동부를 뭐하는 곳이라고 생각하는가.

이명박 대통령은 노동현장에 법과 질서를 강조했다. 법학교수 이영희를 노동부 장관에 내정한 이유도 거기에 있을 터다. 하지만 처음부터 법과 질서를 지키지 않으려는 노동자는 아무도 없다. 한강 다리에 겨울 바람 맞으며 외줄을 타고 매달리다 끝내 강물로 떨어진 노동자가 한 말은 간명하다. "비정규직들이 파업하고 시위해도 신문에 한 줄 안 나오는데, 우리는 이런 방법밖에 없다."

그 심경을 헤아릴 수 있는가. 비정규직 노동자들을 줄이려고 기업에 온갖 재정 지원을 아끼지 않는 나라들을 보라. 바로 그것이 노동부 장관이 할 일이다. 법과 질서만 외마디처럼 질러대는 대통령 앞에서 자리를 걸고 비정규직 대책을 부르댈 사람이 바로 노동부 장관이다.

그럴 뜻이 없다면, 아니 그럴 문제의식조차 없다면, 거듭 묻지 않을 수 없다. 왜 국회 청문회 자리에 앉아 그 '수모'를 당하는가. 대접받는 교수 생활이 남아 있지 않은가. 호사스런 노후가 보장되어 있지 않은가. 훌훌 털고 자리에서 일어나길 권한다. 그것이 한 때 자신이 들먹였던 전태일에 대한 최소한의 예의다. _ 2008년 2월 28일

'대학등록금 절반'이 불가능한 이유 세 가지

부자정권 · 부자언론과 우리의 '똘레랑스'

대학이 새 학기를 맞았다. 3월 3일. 그런데 뒤숭숭하다. 상큼하지 못한 건 꼭 황사 때문이 아니다. 대학 등록금이 연 1000만 원을 넘어서서다. 더는 견딜 수 없는 학부모들이 나섰다. 시민사회와 더불어 항의를 조직화하고 있다. 그럴 만도 하다. 연 1000만 원이라면 평균 국민소득의 절반이다. 비정규직이 무장 늘어가고, 부익부빈익빈이 벅벅이 커져가는 상황이다. '등록금 절반'의 목소리가 높은 까닭이다.

"우리가 꼭 죽어야 등록금을 내릴 셈이냐"는 젊은 지성인들의 절규가 앙가슴을 적신다. 하지만 결례를 무릅쓰고 솔직히 말하련다. 등록금을 절반으로 내리기란 불가능하다. 울뚝밸을 삭이고 경청해주기 바란다. 절반으로 내리기 불가능한 이유가 셋 있다.

첫째, 우리의 '똘레랑스' 때문이다. 비아냥조가 아니다. 우리 얼마나 너그러운가. 찬찬히 톺아보라. 등록금 절반을 공약으로 내건 정당이 누구인가. 한나라당이다.

"1~2조 원 규모의 국가 장학금을 만들어 저소득층의 대학 등록금 문제를 해결하는 등 대학 등록금 부담을 절반으로 줄여야 한다."

누구의 말일까. 이명박 대통령의 교육과학문화수석비서관이 된 이 주호 의원이 부르댔던 주장이다. 한나라당은 "교육을 통해 가난을 세습하지 않을 수 있는 획기적인 정책"으로 반값 등록금을 틈날 때마다 선전했다. 당시 열린우리당이 "현실성 없는 인기 발언"이라고 일축했을 때 당당하게 맞섰다. "정부의 의지 문제일 뿐 우선순위를 두면 얼마든지 가능하다." 구체적 방안까지 제시했다. 특히 대변인은 으름장을 놓았다. "등록금 반값으로 낮추기 정책을 반드시 관철시켜 우리 대학생의 면학 분위기를 뒷받침할 것이다."

그런데 어떤가. 지금 청와대에 있는 이 대통령과 이 수석은 모르쇠다. 그래도 어떤가. 국민 대다수는 분노하지 않는다. 등록금 절반이 불가능한 첫째 이유다.

둘째, 대다수 언론의 침묵이다. 여론시장을 독과점한 언론이 등록금 투쟁을 비중 있게 보도하지 않는다. 왜 그럴까. 대다수 부자언론사가 대학 등록금을 지원해주고 있어서다. 대학 등록금이 아무리 올라도, 아무리 비싸도, 저 부자 신문사와 방송사에 있는 사람들에게 등록금은 절실하지 않다. 집회 시위를 벌이던 비정규직 노동자나 농민이 대낮에 공권력에 맞아 죽어도 '폴리스 라인'을 들먹이는 사설을 살천스레 쓰는 이유와 마찬가지다. 여론시장을 독과점한 부자언론이 등록금 문제를 쟁점화하지 않는데 그것이 사회적 의제로 설정되긴 어렵다.

그래서다. 대학생들이 죽어야 등록금을 내리겠느냐는 항변이 나오는 까닭은. 노파심에서 명토박아둔다. 살아서 싸울 일이다. 죽더라도 결코 저 부라퀴들의 차디찬 가슴을 움직이기 어렵다. 《조선일보》《중앙일보》《동아일보》는 저마다 대학 재단과 깊숙이 연관 맺고 있어 더 그렇다.

셋째, 대학생 스스로 무관심하다. 대다수 학생에게 대입은 힘겨운 관문이다. 자신을 합격시켜준 대학이 고맙다. 주객이 전도된 착각이다. 입학금이나 등록금 비싼 게 와 닿지 않는 이유다. 더구나 대학 등록금을 대부분 부모가 대준다. 특히 서울 강남학군 학생이 많은 대학은 등록금에 더 무심하다. 심지어 그들은 등록금 인하 투쟁에 나선 친구들을 비뚤게 바라본다. 혹 '운동권' 아닐까? 저들은 낡은 1980년대 논리를 편다던데? 바로 그 생각은 누가 심어준 걸까. 이 땅의 언론이다. 정부다. 그들 대다수가 서울 강남에 살고 있는 '부자아빠' 다. 대학등록금 절반이 불가능한 셋째 이유다.

그래서다. 저 신자유주의가 '글로벌 스탠더드'(국제표준)라고 부르대는 부자정권과 부자언론 아래서, 부자아비를 둔 학생들에게 등록금 투쟁은 한낱 '투정'에 지나지 않는다. 참으로 생게망게한 일 아닌가. 저들이 우러러보는 미국의 유명 대학에서 저소득층 대학생들은 전액 무료다. 최근 하버드대는 중산층 학생을 위해서도 등록금을 절반으로 내렸다.

들을 귀 있을지 모르겠으나 부자정권, 부자언론에게 권한다. 미국을 정히 추종하려거든 그나마 제대로 본받을 일이다. 대학등록금 절반은 불가능한 일이 결코 아니다. _ 2008년 3월 3일

낙동강에 출몰해온 '괴물'의 정체

페놀 – 포르말린 – 퍼클로레이트 다음은 뭘까

낙동강에 다시 '괴물'이 나타났다. 처음이 아니다. 첫 출현은 1991년이다. 당시 영남지역 대다수 사람들은 그 괴물과 만나 구토를 일으키며 휘청거렸다. 활개치던 괴물은 슬그머니 사라졌다. 하지만 후유증은 컸다. 곳곳에 임신중절의 쓰라린 상처를 남겼다.

하지만 괴물은 온전히 사라지지 않았다. 1994년, 2004년, 2006년에도 곰비임비 내비쳤다. 그 괴물이 2008년 삼일절 날 다시 기습해왔다. 3월 6일 현재까지 아직 사라지지 않았다.

낙동강에 출몰한 그 괴상한 물체의 정체는 일단 독극물이다. 지금 이 순간도 영남지역 곳곳에서 생수가 불티나게 팔린다. 수돗물 마시기 불안해서다. 괴물 때문이다. 독극물은 잊을 만하면 찾아왔다. 때로는 갑상선 질환을 유발하는 독성물질 퍼클로레이트(2006년)로, 때로는 발암물질인 1,4-다이옥산(2004년)으로, 때로는 벤젠과 톨루엔(1994년)으로 살천스레 등장했다.

더러는 과장이라고 눈 흘길 터다. 하지만 굳이 '괴물'이라 쓰는 이유가 있다. 그렇다. 2006년에 봉준호 감독이 내놓은 영화 〈괴물〉이 떠올라서다. 물론 그 영화는 가상이다. 주한 미군이 한강에 독극물을 마구 방류하면서 생태계를 교란하고 유전자를 변형시켜 탄생한 괴물이다.

그 독극물이 지금 이 순간, 낙동강을 식수원으로 하는 1000만 명의 영남인들을 불안감에 내몰고 있다. 비단 독극물만이 아니다. 이명박 정부와 지자체 당국의 대응 자세도 영화 〈괴물〉과 꼭 닮은꼴이다.

찬찬히 짚어보자. 3월 1일 새벽 3시에 코오롱유화 김천공장에서 불이 나면서 낙동강으로 페놀이 흘러들었다. 하지만 화학물질 공장에서 불이 났는데도 대책은 곧장 실행되지 않았다. 코오롱유화 공장은 사건 초기에 그 어떤 기관에도 독극물 유출 가능성을 통보하지 않았다. 그 결과다. 독극물은 낙동강으로 꾸역꾸역 흘러들었다. 김천시의 상황보고서는 사실과 달리 작성된 게 확인됐다. 게다가 화재 현장에서 포르말린까지 검출된 사실도 뒤늦게 드러났다.

과연 그래도 좋은가. 낙동강 중상류에는 대규모 산업단지가 밀집해 있다. 언제 다시 독극물이 흘러들어갈지 아무도 모른다. 환경운동 단체와 언론이 과민 반응을 한다는 투의 정부 당국자나 기업 홍보 담당자의 말에 귀 기울일 만큼 한가할 수 없다.

우리 모두 정직하자. 대한민국에 주둔하고 있는 외국 군대가 이 땅의 환경오염에 만전을 기하리라고 생각하는가. 아니다. 실제로 주한미군이 머물고 있는 곳의 환경오염 실태는 끔찍할 정도다. '설마 미국이……'라는 환상에 젖어있을 때가 아니다. 현실을 직시해야 옳다.

대자본도 마찬가지다. 기업이 스스로 환경오염을 막으려 최선을 다하리라는 판단은 순진할 뿐더러 위험한 일이다. 자본의 논리는 언제나 더 많은 이윤이다. 신자유주의 시대를 맞은 자본은 그 엄연한 사실을 더는 은폐하지 않는다. 공공연하게 권리로 부르댄다.

　문제의 핵심은 이명박 정부가 들어서면서 그나마 느슨했던 공적 규제마저 아예 풀어버리는 데 있다. 모든 걸 기업의 논리와 판단에 맡기겠다는 신자유주의 발상이다. 하지만 대자본이 사익에 앞서 공익을 고려하리라는 환상에 사로잡힐 때, 그 피해는 벅벅이 민중에게 돌아온다.

　그렇다. 저 낙동강에 출몰해온 괴물은 아직은 독극물 수준이다. 하지만 그 괴물의 정체를 우리가 정확하게 인식하지 못할 때, 이번에도 일과성으로 잊을 때, 더구나 한강과 낙동강이 이어질 때, 초강대국 미국과 분단국가 한국이 자유무역 시장으로 연결될 때, 어떤 모습일까, 앞으로 우리 민중이 만날 괴물은. 진지하게 묻지 않을 수 없는 오늘이다. _ 2008년 3월 6일

왜 다시 민중인가[1]

신자유주의와 진보세력의 길

1.

위기를 맞고 있는 진보 정치세력이 가야할 길을 〈민중에서 시민으로〉 제시하는 담론이 퍼져가고 있다. 가령 한국에서 민주주의와 진보를 접목시켜온 대표적 정치학자인 최장집 교수는 민중에서 시민으로의 주체 전환을 강조했다. 최 교수의 의도는 경제적 민주주의와 사회적 시민권을 한국 사회에 책임 있게 구현해가자는 데 있다. 하지만 바로 같은 이유에서라도 2008년 3월 지금 이 순간에 우리에게 절실한 것은 〈민중에서 시민으로〉가 아니다. 〈시민에서 민중으로〉다.

2.

한국 민중운동은 동학혁명부터 줄기차게 새로운 사회를 이루려는 창조적 투쟁을 벌여왔다. 민중이란 말이 처음 문헌에 등장하는 시점도 갑오농민전쟁이다. 일본 제국주의의 침략으로 조선이 식민지로 전락

154

한 뒤, 특히 1919년 3.1봉기 뒤부터 민중은 일제 강점기 내내 혁명의 주체로 거론되었다. 가장 대표적 보기가 신채호의 〈조선혁명선언〉이다. 단재는 조선혁명을 민중적 경제, 민중적 사회, 민중적 문화, 민중적 조선으로 제안했다. 하지만 민중운동은 분단체제가 뿌리 내리면서 단절되었다. 지하로 흐를 수밖에 없었던 민중운동은 4월혁명을 거쳐 군부독재정권이 경제성장을 주도하던 1970년대에 다시 표면으로 나타났다. 민중 담론이 다시 시작된 것도 이 시기다. 한국 민중운동은 부마항쟁과 오월항쟁을 거치면서 급속도로 성장했다. 1980년대 내내 민중 담론은 시대정신이었다. 그 일차적 열매가 1987년 6월대항쟁이다. 민중과 민중운동이란 말에는 한국 사회에서 역사적 새 지평을 연 풍부한 경험이 녹아들어 있다.

3.

6월대항쟁은 군부독재와 맞서 싸운 민중운동의 역사적 기념비다. 하지만 대통령 직선제 개헌에 너무 매몰되어 그것이 받아들여지면서 급속도로 퇴조를 맞았다. 그 결과다. 군부독재가 물러나면서 빈 공간에 자리 잡은 것은 민중운동의 주체도, 보수적이고 자유주의적인 민주인사들도 아니었다. 군부의 빈 공간에 터 잡은 것은 자본과 언론의 동맹이다. 그 동맹은 표면적으로 노태우—김영삼—김대중—노무현으로 바뀐 정치 현상 깊숙한 곳에서 집요하게 신자유주의 논리를 관철시켜갔다. 한국 정치를 바라보는 국민적 눈높이가 달라야 할 이유다.

4.

1980년대에 주도적 흐름이던 민중 담론은 1980년대 후반부터 점점 빠른 속도로 사라져갔다. 여러 원인이 있겠지만 내적 요인이 가장 중요하다. 민주화운동을 주도한 세력 스스로 민중 담론을 가볍게 여겼기 때문이다. 특히 핵심 세력일수록 그랬다. 민중 담론은 모호하고 낭만적이라는 의견이 지배적이었다. 그래서 나타난 게 한쪽에선 마르크스—레닌주의였고, 또 한쪽에선 주체사상이었다. 이른바 PD와 NL의 등장이다. 두 운동세력은 갈수록 교조적이고 선언적 논리로 현실을 재단해갔다. 가령 '민중'이란 말을 '노동자'로 대체해야 한다면서, 아직도 '민중'을 들먹이는 사람은 공부를 덜했거나 치열하지 못한 사람으로 간주했다. 하지만 바로 그런 무모함 때문에 1989년부터 실존 사회주의국가들이 무너지면서 민중운동은 치명상을 입었다.

5.

민중 담론이 사라진 데는 당연히 상대방인 외적 요인도 크다. 1980년대 민중운동의 괄목할 성장에 위기의식을 느낀 지배세력이 '민중'이란 말을 희화화하거나 금기시했기 때문이다. 희화화와 금기시는 얼핏 보면 정반대 같지만 동전의 양면이다. 민중이란 말을 운동권이라는 '시사용어'와 더불어 아주 낡은 개념처럼 희화화하는 한편, 민중이란 말은 좌파적 용어라는 논리로 아예 통용을 가로막기도 했다. 왜 자본이 민중이란 말을 희화화하고 금기시했는지, 민중 담론이 사라진 오늘, 깊이 성찰할 필요가 있다.

6.

민중 담론은 수구적 보수와 관념적 진보 양 쪽으로부터 모두 비난받아 급속도로 사라졌다. 비단 담론의 차원만이 아니다. 담론의 차원에서 민중이란 말의 죽음은 곧장 민중의 죽음으로 이어졌다. 그것은 단순한 수사가 아니다. 1987년 6월대항쟁의 한 복판에서 고 문익환 목사는 민주화운동에 목숨 바친 열사들의 이름을 호명하며 통곡했다. 모두 흐느꼈다. 그러나 그 통곡 뒤 20여 년 동안 더 많은 사람들이 노동현장, 농촌현장, 거리에서 목숨을 바쳤다. 하지만 아무도 그 이름을 호명하며 흐느끼지 않는다. 우리 사회가 이미 민주화했다는 착각에 더해 '집단 이기주의'라는 이데올로기 공세가 사회구성원들의 의식을 지배하고 있다. 그래서다. 통곡으로 호명하며 〈왜 다시 민중인가〉를 쓴다.

7.

1997년 국제통화기금의 구제금융 사태는 미국이 냉전에서 이긴 뒤 한국경제를 더는 '자본주의의 전시장'으로 만들어 놓을 이유가 없어진 데서 기인한다. 김영삼 정권 말기에 시작된 한국경제의 미국 경제 편입은 김대중―노무현 정권을 거쳐 이명박 정권에 들어서서 완결될 조짐을 보이고 있다. 바로 그것이 IMF에서 한미FTA에 이르는 과정이다. 그것은 경제적 민주주의나 사회적 시민권에 무지했고 의지도 없었던 자유주의 정치세력의 무능이 극명하게 드러난 과정이기도 했다.

8.

자본과 언론의 집요한 공격으로 민중운동은 큰 손상을 입었다. 더 큰 문제는 자본과 언론 동맹의 부당한 공격으로 진보세력이 자신의 정당성을 성찰할 기회를 놓친 데 있다. 여전히 자급자족 경제체제를 고집하거나 이미 실패로 끝난 국가사회주의 실험에 연연하는 진보세력에게 민중은 자신의 하나뿐인 인생을 맡기기 꺼려했다. 그 민중의 선택

앞에 과연 돌을 던질 수 있는 자 누구인가. 만일 2007년 대선에서 민주노동당 후보가 누구였든 당선되었다고 가정했을 때, 과연 집권 뒤 한국경제를 관리하며 4800만 명을 먹여 살릴 능력이 있었을까에 대해, 이제 우리는 정직하게 답해야 한다. 선뜻 "그렇다"라고 확신할 수 없다면, 지금 우리가 할 일은 분명하다. 실현가능한 대안과 정책을 마련하는 데 힘을 모아야 옳다.

9.

우리가 살고 있는 신자유주의 체제의 현실을 냉철하게 직시하는 데서 진보정치는 출발해야 옳다. 우리는 지금 비정규직 노동자와 도시빈민, 청년실업자가 급증하고 중산층마저 붕괴되고 중소상공인들이 경영 위기에 몰리는 사회에 살고 있다. OECD국가 가운데 자살률이 가장 높다. 다른 나라와 달리, 대다수가 생계형 자살이다.

묻고 싶다. 신자유주의로 무장 고통 받고 있는 국민 대다수, 곧 노동자—농민—영세자영업인—중소상공인—청년학생—지식인을 '민중'이 아닌 그 어떤 이름으로 호명할 수 있는가. 반면에 이명박 정권은 대통령부터 청와대 수석, 장관에 이르기까지 철두철미한 부자정권이다. 부도덕한 정권을 부자언론이 뒷받침하고 있다.

그래서다. 신자유주의를 넘어선 사회, 새로운 사회가 한국의 진보세력이 가야 할 길이다. 그 방향은 곧 경제 민주화의 길이자 경제 자주화의 길이고, 통일민족경제의 구현으로 이어진다. 문제의 핵심은 신자유주의를 넘어서고 6.15남북공동선언을 실천해가는 최소강령 수준 이상의 최대강령을 주장하는 게 실제로 신자유주의를 넘어서는 데도, 분단체제를 넘어서는 데도 도움이 될 수 없는 데 있다. 하물며 진보정당의 분열은 해악이다. 신자유주의와 분단체제는 이 땅에서 서로 구분할 수 없을 정도로 깊숙이 연결되어 있기 때문이다.

10.

새로운 사회를 구현하는 길에서 국민적 동의와 참여는 단순히 바람직한 게 아니다. 필요충분조건이다. 국민적 동의와 참여 없는 변혁에 미래가 없다는 사실을 우리는 20세기를 통해 뼈저리게 학습했다. 따라서 지금 진보정치세력이 걸어갈 방향은 분명하다. 실현가능한 새로운 사회의 비전과 정책으로 민중과 하나가 되는 데 있다. 그 지난한 과정 없이 진보정치의 미래는 어둡다. 우리가 다시 민중을 호명해야 하는 이유도 여기에 있다.

물론, 2008년 오늘의 '민중' 호명은 1980년대처럼 현실과 괴리된 지식인이 '대중'을 대상화해 부르는 호명이 아니다. 생활인들 스스로 바로 우리가 민중이라는 겸손한 성찰과 자각에서 출발해야 옳다. 진보정치세력이 민중과 하나로 거듭나는 과정을 거칠 때, 비로소 분열을 벗어나 더 강력하고 더 큰 정당으로 단결할 수 있다. 고통 받고 있는 민중에게 깨끗한 희망일 수 있다.

11.

한국 민중운동은 군부독재와 맞서 민주주의를 일궈왔다. 하지만 6월 대항쟁 뒤 20년이 지난 오늘, 국민 대다수는 신자유주의 체제 아래 고통 받고 있다. 그렇다. 우리의 힘으로 군부독재를 물리쳤지만, 그 자리에 들어선 것은 군부독재보다 더 세련된 자본독재다. 세련된 독재 때문에 민중은 군부독재 시기보다 쉽게 포섭당하지만, 신자유주의의 야만적 본질을 인식할 때는 모순을 자각하는 속도가 더 빠를 수 있다. 모든 가치의 기준이 이윤인 자본독재에 맞서, 국가 구성원 개개인이 참다운 주권자로 살아가는 주권운동을 힘 있게 벌여나갈 때다. 다채롭게 전개되고 있는 모든 부문운동이 독자성을 지니면서도 공통된 밑절미가 될 수 있는 주권운동은 그 자체가 정치운동인 동시에 범국민적 학습과정이어야 옳다.

12.

주권운동은 국민 대다수인 민중이 주체가 되어 새로운 경제, 새로운 사회를 열어가는 새로운 정치과정이다. 사회경제적 민주화는 단순히 노동3권이나 최저생계비와 같은 기본권 보장이나 재벌 부패를 견제하는 차원에 그칠 수 없다. 나라 안팎의 투기자본과 주주의 무제한적 권리를 제한하고, 기업 활동에 노동자 참여를 제도화함으로써 노동의 창조성을 경제발전의 새로운 동력으로 삼아야 옳다. 민중이 경제활동에서 실질적 주권을 확립하는 길은 곧장 새로운 정치, 새로운 사회로 이어진다. 그 과정에서 민중 또한 거듭날 수밖에 없다. 새로운 사회의 조건은 새로운 사람이고, 새로운 사람의 조건은 새로운 사회다.

민중의 시대는 끝나지 않았다

옹근 30년 전이다. 1978년 이맘때다. 스무 살 안팎의 여성들이 노동
조합 총회를 열었다. 험상궂은 사내들이 느닷없이 들이닥쳤다. 마구 똥
물을 뿌렸다. 억지로 입을 벌려 먹이기도 했다. 한국 노동운동사에 전
환점을 이룬 동일방직 사건이다. 경찰에 끌려간 사람은 '깡패'들이 아
니었다. 여성노동자들이었다. 그랬다. 합법적인 노조활동을 하는 여성
들에게 똥물을 퍼 먹인 야만극은 지금도 수구세력이 찬가를 읊어대는
'박정희 각하' 시절의 생생한 단면도다.

굳이 30년 전 일을 상기하는 이유가 있다. 3월 8일로 세계여성의 날
100년을 맞은 오늘, 대다수 사람들이 30년 전 과거와 현실은 전혀 다르
다고 여겨서다. 과연 그러한가.

"못 배워서 청소일 하는 것도 억울한데 비정규직이라고 마음대로
잘려도 아무 것도 못 하는 게 너무 억울하고 서럽네요."

꼭 1년 전이다. '여성의 날'에 집단으로 해고당한 뒤, 복직 투쟁 한
돌을 맞은 광주시청 청소용역 여성의 토로다.

3월 10일로 농성 930일째를 맞는 기륭전자의 노조간부는 절규한다.

"다시는 노예나 짐승처럼 살고 싶지 않아요."

대다수 조합원들이 포기하지 않는 이유도 명쾌하다. "어디를 가도 기륭전자에서 받았던 설움, 인간취급을 받지 못한 상황이 극복되지 않을 것이라고 믿기 때문"이다. 실제로 하릴없이 생계를 위해 투쟁 대오에서 떠난 여성들이 "다른 곳에서 또 해고를 당했다"는 연락을 해온다.

이랜드-뉴코아 비정규직 노동자의 회고는 더 가슴을 적신다.

"(처음 판매대에 섰을 때) 내 옆에 있던 언니는 방광이 안 좋았어요. 여자들 애기 낳고, 나이 들면 방광이 안 좋아지잖아요. 그 언니 얼굴 생각하면 지금도 눈물이 울컥 나와요. 언니가 너무 힘들어서 화장실에 갔는데 옆에 있던 정직원이 손님들 다 있는데서 왜 지금 화장실에 가느냐, 그냥 좀 참으라고 면박을 주는 거예요. 하루 종일 화장실도 못가고, 다리에는 핏줄이 다 터지고……."

판매대에 선 여성노동자들에게 방광염(오줌소태)은 어느새 '직업병'이다. 비정규직이기에 생리현상을 풀 자유도 없다. 그게 이 땅의 일터 현실이다. 아무런 머뭇거림 없이 더는 "노예나 짐승처럼" 살고 싶지 않다는 여성 앞에서, 오줌소태로 고통 받는 여성 앞에서, 더구나 두 여성 모두 일터에서 쫓겨난 상황 앞에서, 묻고 싶다. 똥물을 먹은 여성 노동자를 떠올리는 게 과연 과도한가를.

분명히 증언한다. 동일방직 여성노동자들이 똥물을 먹을 때 대다수 국민은 사실조차 몰랐다. 박정희 찬가에 앞 다투던 신문과 방송이 모르쇠 했기 때문이다. 마찬가지다. 오늘 저 부자신문을 보라.

아니, 부자신문만이 아니다. 텔레비전에 넘쳐나는 오락 프로그램과 드라마를 보라. 그곳에 비정규직 노동자가 나오는가. 재벌의 딸이나 아들은 드라마마다 넘친다. 하지만 보이지 않는다. "마음대로 잘려도 아

무 것도 못 하는" 청소용역 여성은, "노예나 짐승처럼 살아가는" 일하
는 여성은, 오줌소태에 시달리는 비정규직 아름다운 여성은, 텔레비전
화면에 보이지 않는다.

그래서다. 1978년 봄을 살아갔던 사람들 대다수가 동일방직 '똥물'
을 몰랐듯이 여전히 우리는 2008년 봄 대한민국에서 비정규직으로 살
아가는 여성노동자의 '오줌소태'를 모른다.

그 결과다. 주저 없이 "민중의 시대는 갔다"고 부르댄다. '민중'을
거론하면 '1980년대식 논리'라고 눈 흘긴다. 기막힌 노릇이다. 저 엄혹
한 시절 동일방직 여성노동자들이 1980년대 민중운동을 열었듯이, 오
늘을 살아가는 비정규직 여성노동자들의 투쟁은 신자유주의 시대 민
중운동의 새 길을 열어가고 있다.

다만, 30년 전에도 그랬듯이 우리 대다수가 미처 인식하지 못할 따
름이다. 스스로 민중이면서도 민중임을 망각하고 있어서가 아닐까.

_ 2008년 3월 10일

촛불 앞에 진보세력이 성찰할 일

민중의 당당한 출현에 겸손할 때

아름답다. 예술이다. 촛불바다를 보라. 민중의 당당한 주권 선언이다. 10대 청소년에서 불붙은 저 촛불은 여울여울 타오르며 이명박 정권의 정체를 낱낱이 밝혀주었다. 하지만 촛불의 예술은 거기서 그치지 않는다. 촛불은 이 땅의 이른바 진보세력이 저지른 세 가지 잘못까지 밝혀주었다.

첫째, 이명박 정권에 대한 패배주의다. 민주당 후보를 500만 표 넘는 표차로 따돌려서일까. 적잖은 진보적 지식인들이 이명박 정권의 출범을 과대평가했다. 가령 과거 '보수세력'과 다른 '신보수시대'가 열렸다는 진단이 그것이다. 보수가 달라졌다거나 '업그레이드' 되었다며 눈 부릅뜨는 사람들도 있었다.

그래서였다. 이명박 후보가 수구정치인이라거나 그의 득표가 사상 처음으로 투표하지 않은 유권자(37퍼센트)보다 적었다는 사실을 강조하면 비현실적이거나 낡은 담론으로 흘겨보기 일쑤였다. 하지만 보라. 저 눈 맑은 청소년들이 든 촛불은, 사회구성원들에게 곰비임비 퍼져간 촛불은 이명박 정권의 정체와 더불어 그가 고작 30퍼센트의 득표로 당선된 진실을 단숨에 확인해주었다.

둘째, 민중에 대한 불신이다. 대선 뒤 개혁세력은 물론, 진보세력의 붕괴를 예단하는 담론이 서슴지 않고 퍼져갔다. 한나라당의 집권이 5년은 물론, 10년, 15년을 갈 거라는 윤똑똑이들의 진단도 퍼져갔다. 지난 3월 초에 새로운사회를여는연구원(새사연)은 창립 2주년 행사에서 〈왜 다시 민중인가〉를 제기하며 모든 언론사에 보도자료를 돌렸다. 어느 언론도 소개하지 않았다. 아직도 '민중 타령'이냐는 비아냥만 한 귀 건너 들려왔다. 하지만 어떤가. 민중은 촛불로 스스로 증언해주고 있다. 왜 다시 민중인가를.

김대중–노무현 정권과 달리 이명박 정권은 신자유주의 정권의 정체가 그 어떤 환상의 베일도 없이 극명하게 드러날 수밖에 없는 권력이다. 바로 그렇기에 민중은 그에 맞서 일어날 수밖에 없다. 그 주장을 비현실적이라고 몰아치던 주장이 기실 얼마나 비현실적인가를 촛불은 또렷하게 밝혀주었다.

셋째, 진보세력의 분열이다. 대선 패배의 원인을 엉뚱하게 '종북주의'에서 찾던 세력이 민주노동당을 깨고 나갔다. 대선 패배의 원인을 '실현 가능성 있는 새로운 사회의 비전과 구체적 정책 제시의 결여'에 있다고 본 나는 진보정당을 쪼개는 데 각을 세워 반대했다. 더러는 그 반대를 곡해해 한쪽을 편드는 일이라고 흘겨보았다. 심지어 'NL'로 규정했다. 과연 그러한가. 아니다. 명토박아두거니와 NL과 PD사이에 한쪽 편을 든 게 아니다. 단결과 분열의 갈등에서 단결을 편들었을 뿐이다. 전국 곳곳에서 타오르는 촛불은, 민주노동당 강기갑 의원의 투쟁은, 총선을 앞둔 진보세력의 분열이 얼마나 민중과 동떨어진 일이었던가를 명료하게 보여준다.

　그럼에도 보라. 패배주의에 젖어있거나 민중을 불신하거나 진보세력의 분열을 정당화하는 사람들이 아직도 있다. 물론, 이명박을 과소평가하거나 민중을 신앙화하거나 아무 원칙도 없이 진보세력의 단결만 부르댈 생각은 없다. 이미 진보세력의 단결 3원칙(신자유주의 극복, 남북공동선언 실천, 과거운동노선 불문)을 제시했다.

　저 아름다운 촛불의 예술은 진보세력에게 거듭나기를 촉구하고 있다. 촛불을 든 민중의 눈부시게 빛나는 눈은 당당한 주권선언, 주권혁명의 선언이다. 촛불이 속절없이 꺼지지 않고 신자유주의와 분단체제를 청산하는 불꽃으로 활활 타오르려면 아래로부터 폭넓게 뜻을 모아나가는 연대가 절실하다.

　패배주의에 젖어 갈라지고 민중을 불신한 진보세력이 그 연대를 위해 지금 할 일은 무엇인가. 관성에 젖은 자신에 대한 성찰과 겸손이 아닐까. 진보세력 개개인이 자기를 낮출 때 그때 비로소 신자유주의와 분단체제를 넘어설 새로운 연대, 개개인의 주권을 실현하는 연대, 진정한 진보의 재구성이 가능하지 않을까. _ 2008년 5월 26일

촛불시민 – 운동권, 서로 마음 열고 다가설 때

촛불의 광장에서 무엇을 할 것인가

운동권.《조선일보》를 비롯한 수구언론이 '시대착오'의 낡은 이미지로 덧칠해 대량 유포한 말이다. 부정적 인상을 주기 십상이지만, 바로 그래서다. 이 글에서 나는 운동권이란 말을 일부러 쓴다.

'운동권'과 촛불을 든 시민의 소통을 소망해서다. 촛불은 신선하고 운동권은 고리타분하다는 담론이 곰비임비 퍼져 있다. 운동권과 촛불 세대를 가르기도 한다. 과연 그래도 좋은가. 기존의 진보세력을 싸잡아 신자유주의에 투항했다는 왜곡도 서슴지 않는다. 물론 그런 '386'도 있다. 하지만 묻고 싶다. '참여정부'와 국회에서 활동한 386들이 과연 진보세력인가. 아니다. 기존의 모든 진보세력이 신자유주의에 저항하지 않은 듯이 이야기하기는 사실과도 다른 매도다.

'광우병 쇠고기'와 신자유주의에 반대하며 노동운동, 농민운동, 빈민운동, 교육운동을 줄기차게 벌여온 사람들이 있다. 나는 노동현장, 농민현장, 빈민현장, 교육현장에서 변함없이 꿋꿋하게 활동하고 있는 '아름다운 386들'을 알고 있다. 정치권에는 민주노동당과 진보신당이 있다. 왜 그들 모두를 촛불을 든 시민과 굳이 단절시키려 하는가. 그런 담론을 펴나가는 지식인의 글과 말을 마주칠 때마다 씁쓸함을 지울 수 없다.

2002년 효순―미선의 원혼을 위로하며 밝힌 촛불 때도 그랬다. 줄곧 운동해온 사람들에 대한 불신은 촛불의 분열로 이어졌다. 친미사대 언론의 틀(프레임)을 벗어나지 못한 탓이다. 그 결과는 촛불의 몰락이었다.

오해 없기 바란다. 진보운동을 해온 사람들이 지금 촛불 집회를 '지도'해야 한다는 뜻이 결코 아니다. 진보세력은 실제로 그것을 지도할 역량을 갖출 만큼 준비하지도 유연하지도 못한 게 안타까운 현실이다.

하지만 그렇다고 해서 지금까지 신자유주의에 반대하고 분단체제를 극복하려고 온 생애를 바쳐온 사람들과 촛불을 들고 나선 사람들 사이에 단절을 강조할 필요는 없다. 없는 단절을 굳이 단절시키려는 담론은 더 큰 문제를 불러올 수 있다.

그렇다. 지금은 '운동권'으로 매도당해온 진정한 진보세력과 촛불 세대 사이에 다리를 놓을 때다. 그러려면 진보세력과 촛불을 든 시민 모두 성찰이 필요하다.

먼저 진보세력이다. 그동안 진보세력은 신자유주의와 분단체제를 넘어설, 실현가능한 비전과 정책을 제시하는 데 스스로 소홀했다. 신자유주의와 분단체제로 고통 받고 있는 민중의 가슴에 다가서는 데 성공하지 못했다. 자기 안의 경직된 신념을 다지거나 '뺄셈'을 하며 분열하는 데 많은 시간과 힘을 소모한 탓이 아닐까.

촛불을 든 시민들도, 10대 청소년들도 성찰해볼 물음이 있다. 혹 진보세력에게 선입견을 지니고 있지 않은가. 그 선입견이 어디서 비롯했는지 꼭 짚어볼 것을 권하고 싶다. 상당수에게 그 선입견의 기원은 저 부라퀴 언론이다. 촛불을 든 시민은 순수하고, 운동권은 불순하다는 도식은 진보를 자처하는 일부 논객들 사이에서도 엿보인다. 과연 그런 도식이 옳은 것인가. 성찰이 절실한 까닭이다.

그렇다. 촛불을 들고 만나야 한다. '운동권'과 촛불을 든 시민 사이에 단절을 강조하는 수구세력의 불순한 의도에 대해선 굳이 거론하고 싶지 않다. 하지만 진보논객들이 그런 담론을 펴는 일은 옳지 못하다.

그래서다. 촛불 아래로 진보세력이 먼저 시민에게 다가서길 제안한다. 다가설 때 간곡히 당부하고 싶다. 어깨에 힘을 뺄 것을, '낮은 목소리'로 이야기해 갈 것을. 촛불 아래서 민주시민도 '운동권'에 다가서길 제안한다. 다가설 때 정중히 당부하고 싶다. 선입견을 벗어나길, 이야기를 경청하고 판단하길.

'운동권'과 시민이 마음을 열고 소통할 때, 바로 그때가 신자유주의와 분단체제를 넘어설 주권혁명의 출발점 아닐까. _ 2008년 6월 5일

촛불, '정치 산성' 어떻게 넘어설까

개혁세력은 우편향, 진보세력은 좌편향 벗어날 때

불꽃 물살이다. 살아 출렁인다. 서울 광화문에서 시청까지, 불탄 숭례문 둘레에도 촛불이 강을 이룬다. 비단 서울만이 아니다. 6월대항쟁, 다시 그날을 맞아 대한민국의 골골샅샅에서 촛불은 타올랐다.

가히 '촛불혁명'이란 탄성이 나올 만하다. 촛불의 강을 현장에서 마주친 사람이라면 누구나 자신이 이미 그 도저한 강의 한 물살이 되어 있음을, 전혀 낯선 얼굴과 친숙한 벗이 되어 생생한 예술을 창조하고 있음을 확인할 수 있다. 하지만 촛불이 진정 혁명이려면, 넘어야 할 장벽이 있다. 촛불 앞에서 '이제 그만'이라는 주장이 세련된 포장으로 솔솔 흘러나온다. 문제를 정치권으로 넘길 때라는 주문도 이어진다. 윤똑똑이들은 촛불이 정치집회로 변질되었다고 언구럭부린다.

그렇다. 바로 그곳에서 우리는 촛불을 가로막고 있는 벽을 발견할 수 있다. '정치의 벽'이다. 요즘 '시사용어'를 빌리면 '정치 산성'이다.

문제의 핵심은 촛불의 상상력에 걸맞은 정치세력이 없다는 데 있다. '촛불' 정국의 정리를 정치권이 맡아야 한다는 주문이 잘못인 명백한 이유다.

　홍준표 의원이 뜬금없이 '사회적 시장주의'를 들먹이고 있지만 촛불과 한나라당을 이을 사람은 없을 터다. 그렇다면 통합민주당의 '손학규 체제'는 어떤가. 전혀 아니다. 촛불이 강을 이룰 때까지 민주당이 한 일은 전혀 없다. 촛불 현장에서 민주당은 외면 받고 있다. 민주노동당과 진보신당, 사회당은 처음부터 촛불에 적극 합류했다. 하지만 촛불을 든 사람들에게 진보정당들은 아직 미덥지 못한 게 사실이다.

　여전히 청와대는, 대한민국 권력의 핵심에는 이명박 대통령이 '건재'하다. 의회권력 또한 한나라당이다. 고작 유권자 30퍼센트의 지지를 받은 대통령이, 유권자 절반이 외면한 총선에서 과반의석을 차지한 한나라당과 더불어, 앞으로 2012년까지 대한민국의 최고 의사결정권을 행사해갈 터이다.

　바로 그래서다. 정치권의 '개혁정당'과 진보정당 모두 왜 촛불 앞에 자신이 초라한가를 냉철히 짚을 때다.

　민주당은 지난 10년 동안 집권하면서 대선과 총선에서 심판을 받았다. 하지만 아직도 그 심판의 뜻을 옳게 받든 모습이 도통 보이지 않다. 문제는 민주당만이 아니다. 민주당에 우호적인 개혁적 지식인 대다수도 신자유주의가 어쩔 수 없는 '글로벌 스탠더드'라는 데 동의해왔다. 객관적 결과로는 옹호해왔다. 하지만 신자유주의는 이미 미국 내부에서도 불신 받기 시작했다. 신자유주의의 대안으로는 '베네수엘라 모델'도 있고 '스웨덴 모델'도 있다. 물론, 둘 다 우리가 따라야 할 모델은 아니다.

　그러나 진지하게 묻고 싶다. 왜 우리는 신자유주의를 넘어서는 새로운 사회의 모델을 스스로 만들 수 없는가? 이른바 개혁세력은 확신이 없기 때문이다. 그 결과다. 그들은 의도와 무관하게 신자유주의가 팽배하는 오늘을 불렀다. 진정한 개혁세력이라면 이제 촛불 앞에서 신자유주의를 넘어서려는 다짐이 필요하다. 바로 그때 비로소 개혁이란 이름에 걸맞은 개혁세력이 될 수 있다.

진보정당들도 성찰할 대목이 있다. 모두가 그런 것은 결코 아니지만, 진보정당 내부에는 마치 지금이라도 사회주의 경제체제를 실현할 수 있을 듯이 '선언'하는 사람들이 있다. 그뿐이 아니다. 마치 자급자족 경제체제를 구현할 수 있을 듯이 '활동'하는 사람들도 있다. 바로 그런 모호한 비전이 민중으로부터 전폭적인 지지를 받지 못하는 주요 이유가 되어온 게 아닐까. 더구나 분당사태까지 빚었다. 과연 오늘의 진보정당들을 비정규직 노동자, 농민, 빈민, 민주시민들이 얼마나 신뢰할 수 있을지 숙고할 때다.

그렇다. 지금 신자유주의를 받아들여야 한다는 개혁세력의 우편향 못지않게 자급자족체제나 사회주의를 당면 과제로 여기는 좌편향에서 벗어나야 옳다. 개혁세력과 진보세력의 두 편향에는 공통점이 있다.

먼저 민중에 대한 불신이다. 민중과 더불어 문제를 책임 있게 풀어가겠다면 결코 편향된 언행을 할 수 없다. 또다른 공통점은 새로운 비전과 구체적 정책 대안의 빈곤이다. 좌우 두 편향은 촛불의 강을 가로막고 있는 '정치의 벽'이다.

그 벽을 넘어서는 데 다른 길이 있을 수 없다. 촛불을 든 사람들 자신이 주체로 나서야 옳다. 바로 그때 비로소 개혁세력과 진보세력이 진지하게 자기성찰 할 수 있다. 바로 그때 진보정치세력의 대연합도 가능하다. 바로 그때 저 정치의 철벽을 들어올릴 '지렛대'를 만들 수 있다.

지렛대를 만들 주체도 지금 촛불을 든 사람들이다. 2008년 5월과 6월을 뜨겁게 달구며 타오른 촛불집회에서 촛불을 든 사람들 스스로 주권운동을 천명했다. 그 주권운동을 지며리 펼쳐갈 방안이 무엇인가에 우리 모두의 슬기를 모을 때다. 아래로부터 범국민운동 상설기구를 만들어갈 때다. 물론, 조급할 일은 아니다. 주권자인 촛불시민 스스로 천천히 이뤄가야 옳다. 다만 마냥 늦출 일은 결코 아니다. _ 2008년 6월 16일

촛불은 아직 승리하지 않았다

'천민 자본주의'의 '천민'에 맞설 구심점 절실

"촛불 시위가 계속될 경우 한국경제의 미래에 매우 해롭다."

일본 방문을 앞둔 이명박 대통령이 2008년 7월 6일 《교도통신》 등과 한 인터뷰에서 한 말이다. "외국 정부와의 협상은 물론 한국경제의 미래에 대한 외국투자자들의 인식에 부정적인 영향을 끼칠 것"이란다.

그랬다. 그는 아무것도 배우지 못했다. 두 달 넘게 타오른 촛불에서 그가 배운 것은 고작 '국민의 눈높이'였다. 하지만 그것조차 잘못 배웠다. 촛불이 바다를 이루었을 때, 그는 국민의 눈높이를 미처 몰랐다고 언죽번죽 '해명'했다. 국민이 너그럽게 넘겨줬지만, 기실 얼마나 오만방자한 말인가.

최근 들어 말을 아낀다고 하지만, 톺아보면 결코 아니다. 집요하게 촛불 시위를 비난해왔다. 국민의 눈높이를 여전히 잘못 읽고 있어서다. '경제 살리기'를 강조하면서 촛불을 들먹이는 언행이나, 현 상황을 '성장통'으로 언구럭부리며 소폭으로 한 '땜질 개각'도 그 연장선이다.

그래서다. 상황과 문맥을 이해하고 있지만 단호하게 말하련다. 지금은 '승리'를 선언할 때가 아니다.

물론 이미 60회 넘게 타오른 촛불 시위가 무장 타오르기란 어려운 일이다. 새로운 전환점도 필요하다. 하지만 그렇다고 해서 우리가 아직 '승리'하지 못한 사실을 승리했다고 이야기할 수는 없다.

보라. 이명박 정권의 신자유주의 논리는 전혀 바뀌지 않았다. 그의 '경제 살리기'에 국민 건강권은 여전히 뒷전이다. 노동자와 농민의 아우성도, 청년실업자들의 절규도 마찬가지다. 미국산 쇠고기를 수입하고 공기업을 사영화하고 미국과 자유무역협정을 체결하겠다는 '목표'는 지금도 내심 서슬 푸르다. 대운하를 않겠다는 공언에도 '국민이 원하면' 이라는 조건이 붙어 있다.

이명박식 경제성장이 누구를 위한 것인가를 촛불이 물어왔지만 모르쇠로 일관하고 있다. 촛불은 청와대와 한나라당, 부자신문이 합창하는 경제 살리기가 '위선'임을 이미 밝혔다. 저들의 경제, 저들의 살림살이는 지난 10년 동안 결코 죽지 않았기 때문이다. 청와대의 누가, 내각의 누가, 지난 10년 동안 어렵게 살아왔던가. 되레 재산을 불려오지 않았던가. 부익부빈익빈을 더 심화시키겠다는 게 바로 지금 저들의 '경제 살리기'다. 전형적인 '천민자본주의자'들의 작태다.

최근 대하소설 《녹두장군》을 복간한 송기숙 선생을 무등산 자락에서 만났을 때다. 군사독재 시절 해직과 옥고의 고통을 겪었던 작가는 "줄곧 천민자본주의를 비판해왔는데, 천민자본주의의 바로 그 천민이 대통령 자리에 앉아 있다"고 개탄했다. 작가는 촛불을 든 시민들의 열망은 녹두의 횃불과 이어져 있다고 《녹두장군》 '복간 후기'에서 강조했다. 오늘의 촛불문화제처럼 그때도 민중은 횃불 아래 자유토론을 벌이고 축제마당을 열었다.

그뒤 지금까지다. 이 땅에 사람이 사람답게 사는 세상을 만들어보자는 민중의 꿈은 아직 실현되지 못했다.

그렇다. 지금은 '국민승리'를 선언할 때가 아니다. 참으로 '국민 승리'를 선언할 그날을 준비할 때다. 대한민국의 모든 권력이 국민으로 나오는 새로운 사회는 한 판의 승부로 오는 게 아니다.

촛불의 열망을 '승리'로 구현할, 한국 정치에 온전히 반영할 길을 찾을 때다. 광우병국민대책회의 박원석 상황실장이 "국민대책회의를 넘어서는 연대의 틀이 필요하다"고 토로한 데 공감하는 이유다.

그 연대의 틀을 만들 누군가를 기다릴 때가 아니다. 촛불을 든 모든 민주시민이 연대의 틀을 만들 주체다. 촛불 시민 개개인이 그 틀을 만드는 데 기꺼이 나서겠다는 결기와 슬기가 절실한 오늘이다. 아래로부터 민주—진보세력의 큰 단결을, 연대를 일궈갈 때다. 인터넷을 활용해 '천천히' 구심점을 만들 때다. _ 2008년 7월 7일

똥묻은 조중동, 겨묻은 PD수첩 흉보나

한국 저널리즘에 몰아치는 광기를 보라

가관이다. 《조선일보》《동아일보》《중앙일보》가 날마다 MBC를 질타한다. 사설과 칼럼, 기사로 꾸짖고 조롱한다. 저들의 행패가 새삼스런 일은 아니다. 비판해야 이미 들을 귀가 없다는 판단도 있었다.

하지만 보라. 저들이 곰비임비 '기자 정신'을 부르대는 풍경을. 참으로 황당하지 않은가. 기자 정신만이 아니다. 기자 윤리나 '언론의 정도'를 들먹인다. 비단 'PD수첩'만이 아니다. 젊은 방송프로듀서들이 애면글면 개척해온 '피디 저널리즘'을 난도질한다.

인터넷 신문은 아예 '저질 언론'으로 몰아간다. 언론학 교수 박명진이 집권세력 추천으로 위원장 자리에 앉아있는 방송통신심의위원회의 결정은 '금과옥조'다.

한 신문은 "PD수첩발發 광풍에 진실이 매도당한 두 달 반"(7월18일자 사설)이라고 개탄한다. 사설이 촛불 시위를 매도한 일은 접어두자. 다만 "정부의 어설프고 조급한 쇠고기 협상이 빌미를 제공한 것은 분명하다"는 대목이나 "일부 인터넷 매체와 좌파 군소신문, 명색이 공영방송들이 한 덩어리가 되다시피 해 미국 쇠고기의 위험성을 확대재생산했다"는 주장에 이르면 하릴없이 코웃음이 나온다.

마치 자신들만이 기자 정신을 지키고 언론의 정도를 걸어가고 있다고 부르대는 윤똑똑이들에게 묻는다. 과연 그대들은 "정부의 어설프고 조급한 협상"을 조금이라도 비판했는가? 과연 그대들은 미국 쇠고기의 위험성을 '확대재생산'하지 않고 진실을 보도했는가?

"진실이 매도당한 두 달 반"이라고 거침없이 쓴 신문을 보자. 촛불 문화제가 처음 열린 바로 다음날 이 신문은 곧장 〈반미反美 반이反李로 몰고 가는 '광우병 괴담' 촛불시위〉 제하의 사설(5월3일자)을 내보냈다. "일부 세력의 불순한 선동에 민심이 흔들리게 된다"고 개탄했다. 이틀 뒤에 사설 제목은 숫제 '다시 '촛불'로 재미 보려는 좌파세력'이다. 색 깔공세는 마침내 극에 이른다. 사설〈광우병 촛불집회 배후세력 누구인가〉(5월 10일자)가 그것이다. "일부 세력이 벌이는 '광우병 공포 세뇌'는 북한의 선전선동과도 무관하지 않은 것" 같단다.

저들은 촛불 시위가 더 퍼져가자 슬그머니 '눈치'를 살폈다. 초기에는 순수했는데 변질됐다는 주장들을 싣기 시작했다. 명백한 거짓말이다. 언제 초기의 순수성을 인정했단 말인가.

'PD수첩'에 아무런 문제점도 없다는 게 아니다. 의욕 과잉으로 빚어진 문제들이 있다. 하지만 언론인으로서 묻는다. 촛불 시민을 겨눠 처음부터 '좌파'니 '반미'니 '북한의 선전선동'과 연관시킨 그대들이 'PD수첩'을 훈계할 수 있는가. 이명박 정권의 굴욕 협상에 입도 벙긋하지 않던 그대들이, 미국산 쇠고기를 전면 수입한 문제점에 아예 모르쇠 한 입으로 '확대재생산'이라고 비난할 수 있는가.

그렇다면 왜 그대들은 아무 문제도 없는데 대통령이 고개숙여 사과할 때, 추가협상 한다고 언구럭부렸을 때, 침묵하고 있었는가.

같은 논리로 언론학을 공부한 학자인 박명진 위원장에게 묻는다. 과연 저 수구신문들과 MBC 가운데 누가 더 저널리즘의 본령에 충실했는가. 방송에 대해 대통령부터 나서서 '대책회의'를 열고, 마침내 검찰이 제작진을 수사하고 소환하려는 이 혼탁한 탁류에서 언론학자의 양심은 무엇이어야 옳은가.

거듭 명토박아둔다. 지금도 미국산 쇠고기 전면수입으로 인한 광우병 위험성은 여전하다. 미국 민간업자들의 품질보증 따위는 기만이다. 언론의 길은 어디에 있어야 옳은가.

오늘 저 부라퀴들이 'PD수첩'을 비난하는 행태는 똥 묻은 개가 겨 묻은 개 흉보는, 바로 그 꼴이다. 똥 묻은 개의 만용이다. 그렇게 해서라도 촛불을 짓밟을 깜냥인가. 간곡히 당부한다. '개'가 아니라면 진실을 말하길. 그럴 용기가 없거든, 차라리 침묵하길. _ 2008년 7월 18일

촛불 혁명, 끝이 아니라 시작이다

촛불이 시나브로 추억이 되고 있다. 반면에 이명박 정권의 서슬은 무장 시퍼렇다. 촛불이 활활 타오를 때와 견주면 기막힌 일이다.

그래서일까. 절망의 노래가 음울하게 퍼져간다. 패배주의에 잠기기도 한다. 과연 그래도 좋은 걸까? 엄연한 현실에 눈 감고 우기듯이 희망을 부르댈 뜻은 없다. 하지만 찬찬히 톺아볼 일이다. 저 절망의 가락을 우리 어디선가 많이 듣지 않았던가. 결코 오래전이 아니다. 대선에 이어 4월 총선이 끝난 뒤다. 절망을 넘어 저주를 퍼붓는 사람들이 적잖았다. 청와대와 국회를 한나라당이 모두 장악하자 한국 민주주의에 '조종'을 고하는 윤똑똑이들이 곰비임비 나타났다. 국민에게 서슴지 않고 침을 뱉은 왕년의 민주인사도 있었다.

하지만 어떤가. 5월로 들어서면서 촛불이 여울처럼 타올랐다. 언제 절망의 노래를 불렀는가 싶게 찬가들이 퍼져갔다. 얼마 전까지만 하더라도 '경제성장에 눈 먼 한심한 국민'은 갑자기 '집단지성의 보고'가 되었다. 그래서다. 더러는 "운동권은 가라"고 외쳤다. 더러는 "논객의 시대는 갔다"고 부르댔다. 더러는 "국민은 이미 승리했다"고 엄숙하게 선언도 했다.

그러나 보라. 대선과 총선 뒤 '국민 불신'에서 촛불 아래 '국민 예찬'으로 돌변한 무리 가운데 다시 절망을 읊조리는 사람이 뒤뚱뒤뚱 등장한다. 눈 흡뜨며 서울시 교육감 선거를 보기로 든다. 심지어 한국인은 본디 쉽게 뜨겁고 쉽게 식는 '냄비 근성'이 있다고 언구럭부린다.

이명박 정권의 살천스런 작태보다 더 기막힐 일이다. 물론 냄비 근성의 한국인도 있을 터다. 하지만 한국인만이 아니다. 그런 부류의 사람은 어느 나라, 어느 사회에나 있다.

사소한 일부터 명토박아두자. 이 땅의 겨레가 즐긴 음식문화는 냄비와 거리가 멀다. 뚝배기다. 냉·온탕 오가듯이 민중에 불신과 과신, 다시 불신을 드러낸 윤똑똑이들, 바로 그들이야말로 냄비다.

그렇다. 문제는 자발적인 촛불 집회에 들떠 무조건 '국민 예찬'에 나선 일부 사람들에 있다. 미국산 쇠고기의 문제를 줄기차게 제기해온 진보세력을 은근히 배제하거나 심지어 조소하는 담론도 퍼져갔다. 광우병국민대책회의 차원을 넘어서 아래로부터 새로운 범국민기구를 조직해내야 한다는 제안은 정치적 의도를 의심받거나 시대착오적 발상으로 파묻혔다.

그 결과다. 중심이 없었고 그나마 광우병국민대책회의의 주요 구성원마저 수배당하자 촛불은 흔들리기 시작했다.

그래서다. 지금은 절망을 노래할 때가 아니다. 국민 대다수인 민중의 힘은 또렷하게 드러났다. 2008년 5, 6, 7, 8월을 달군 촛불의 강은 한국 민주주의의 새로운 가능성을 콧잔등이 시큰한 감동으로 보여주었다.

다만 일사불란한 국가권력 기구에 더해 대규모 언론 조직망을 지닌 저들 앞에 아무런 조직 없는 사람들이 밀릴 수밖에 없는 것은 시간 문제였다. 그 시간이 지금 왔을 뿐이다. 더구나 아무 것도 해결된 게 없다. 미국산 쇠고기의 광우병 위험은 고스란히 남아 있다. '민영화'란 이름의 사영화는 앞으로 본격 전개될 전망이다. 행정부와 입법부를 모두 장악한 저들의 강압적 공세는 경제, 사회, 문화 전면에 걸쳐 무장 커져가고 있다.

절망을 토로하기보다 머리를 맞대고 힘을 모아 새로운 조직을 구상할 때다. 기존의 정당구조와 시민운동—노동운동을 넘어선 새로운 틀을 모색해야 옳다.

만일 우리가 2008년 촛불집회를 전환점으로 새로운 조직의 필요성을 절감한다면 그것만으로도 촛불은 결코 허망하지 않다.

신자유주의와 분단체제를 넘어선 새로운 사회는 하루아침에 이뤄지지 않는다. 국민에 대한 불신과 과신을 넘어 민중과 더불어 문제를 싸목싸목 풀어가려는 결기로 우리 스스로 신들메를 고쳐 맬 때다. 바로 그 점에서 2008년 5, 6, 7, 8월의 촛불은 촛불혁명의 서막일 뿐이다. 다만 지친 숨을 고를 때가 되었을 뿐이다. 그렇다. 촛불을 추억할 때가 결코 아니다. 절망할 때는 더욱 아니다. _ 2008년 9월 22일

KBS노조에 대한 '오해'와 '이해'

한국방송KBS 노동조합이 무장 돌팔매를 맞고 있다. 이명박 정권의 노골적인 방송장악에 침묵하고 있기 때문이다. YTN노조와 기자들이 '낙하산 사장'에 반대하고 나선 모습과 대조적이다.

미디어 평론가 백병규는 "KBS노조가 이 정권과 정확하게 코드를 맞추고 있는 '관제사장'의 행태에 대해서는 단 한 마디 말이 없다"며 "어떻게 이런 일이 가능한 것일까" 물었다. 이어 "그것은 비단 박승규 위원장을 비롯한 현 노조 집행부의 '코드' 때문 만"은 아니라고 분석했다. 요컨대 KBS 구성원 다수가 암묵적으로라도 동의하지 않는다면 노조가 그런 길을 홀로 갈 수 없다는 논리다. 기자들과 PD들이 저항하지만 다수의 다른 직종 사람들은 침묵하고 있다는 게 그 '증거'로 제시되었다.

백병규의 날카로운 진단에 동의한다. 다만 궁금하지 않은가. 왜 KBS노조는 침묵하고 있을까. KBS노조의 현 집행부는 줄곧 공영방송의 '정치적 독립'을 강조해왔다. 따라서 자신들을 이명박 정권의 '어용 노조'로 몰아세우는 비판 앞에 '오해'라고 주장해왔다. KBS노조의 논리는 공영방송 지키기와 '정연주 체제 지키기'는 다르다는 데서 출발했다. KBS 밖의 언론운동 단체들조차 둘을 혼동하고 있다는 게 그동안의 논리였다.

KBS노조가 정연주 사장의 연임에 반대한 뒤 일관되게 퇴진을 주장해온 것은 잘 알려진 사실이다. 오해를 무릅쓰고 말하자면, 정연주 전임 사장의 연임은 아쉬운 일이었다. 만일 정연주가 연임 뜻을 접고, KBS 사장 임명 제도를 민주적 방식으로 선출하는 관례를 만들어 후임 사장이 선출됐다면, 오늘의 '공영방송 지키기' 싸움은 훨씬 폭넓은 국민적 지지를 받았을 터다. 하지만 정연주는 그 길을 선택하지 않았다. 정연주의 연임은 누가 보더라도 당시 노무현 정권의 '코드'였다. 그 연임 때문에 시민사회 추천으로 취임한 첫 임기조차 빛을 바랬던 게 엄연한 사실이다.

거듭 강조하거니와 이명박 정권의 정연주 사장 몰아내기를 두남둘 뜻은 전혀 없다. 이미 공개적인 방송토론을 통해 그것이 얼마나 치졸하고 부당한가를 청와대 수석비서관에게 추궁한 바도 있다. 그럼에도 그 이야기를 굳이 꺼내는 이유는 지금 KBS노조에게 주어진 시대적 과제가 엄중하기 때문이다. KBS노조의 주장대로라면 현 집행부야말로 가장 공영방송을 지킬 버팀목이다. 자신을 겨냥한 비난은 '정연주 코드'의 공세일 뿐이다. 좋다. 그게 옳다고 치자. 억울하게 숱한 오해를 받았다고 하자. 그렇다면 KBS노조가 '오해'를 풀 절호의 기회가 바로 지금이다. 이미 정연주 체제는 '폭력'적으로 막을 내렸다. 그러나 보라. 사장이 바뀐 뒤 나타나는 살풍경을.

KBS의 '탐사보도팀'이 공중분해되고 있지 않은가. 그조차 코드인사 해소라고 주장할 터인가. 아니다. 이를테면 한미자유무역협정과 미국산 쇠고기의 광우병 문제를 선구적으로 보도했던 이강택 프로듀서가 대표적 보기다. 그는 노 정권과 결코 '코드'를 맞추지 않았다. 이강택 프로듀서를 방송제작 현장에서 쫓아내는 게 과연 KBS노조가 주장해온 공영방송의 정치적 독립인가? 노조의 논리대로 한다면 권력을 감시할 탐사보도팀은, 언론권력을 감시한 미디어포커스팀은, 더 강화해야 마땅하지 않은가. 노조가 앞장서서 요구해야 옳지 않은가.

명토박아둔다. 임기 말인 현 집행부에게 아직 기회가 남아 있다. 과감하게 '오해'를 풀 일이다. 만일 KBS노조가 비판적 시사 프로그램을 지켜내고 부당한 인사를 방어해낸다면, KBS노조에 대한 오해는 자연스럽게 풀릴 터다.

하지만 끝내 침묵한다면 KBS노조의 '박승규 체제'에 참여한 모든 집행부는 아무런 철학도 없이 '노동조합'의 이름에 먹칠을 한 사람들로 정확히 이해될 수밖에 없다. KBS노조가 늦기 전에 결단할 때다. 권력의 공영방송 침탈에 분연히 맞서라. _ 2008년 9월 24일

'좌익 쇠고기'로 스페인 모자는 죽었을까

좌익세력의 난동. 무엇일까? 미국산 쇠고기의 전면 수입을 반대하며 타오른 촛불 집회가 그렇단다. 물론, 하루 이틀의 문제는 아니다. 5월 2일 촛불이 타오른 바로 다음날부터다. 이른바 '보수언론'은 '색깔 칠하기'에 혈안이 되었다. 빨간 '혈안'으로 상황을 읽을 때 모두 빨갛게 보일 수밖에 없을 터다.

문제는 촛불집회를 난동으로 보는 게 몇몇 천박한 언론인에 그치지 않는 데 있다. 대한민국 최고 권력자의 시각에도 고스란히 묻어난다. 그래서다. 검찰과 경찰 또한 '혈안'이다. 촛불과 관련해 한 사람이라도 더 감옥에 보내겠다는 의지가 뚝뚝 묻어난다. 유모차와 함께 나온 젊은 어머니들을 홀닦는 저들의 모습에선 차라리 연민마저 느껴진다.

하지만 냉철할 일이다. 광우병 위험이 상존하고 있기 때문이다. 보라. 스페인에서 모자가 모두 인간 광우병으로 숨졌다. 스페인 보건 당국은 사망한 모자가 광우병 예방조치 실시 이전에 광우병에 오염된 쇠고기를 섭취한 탓으로 분석하고 있다. 모자가 소의 내장을 먹는 독특한 식습관도 비슷했단다.

어떤가. 스페인 전문가들이 '원인'으로 내놓은 독특한 식습관은. 한 국인 대다수의 식습관과 얼마나 차이가 있는가. 비단 식습관의 문제가 아니다. 찬찬히 성찰해볼 일이다. 미국산 쇠고기들은 2008년 9월 현재 과연 얼마나 충실하게 '광우병 예방 조치'를 받고 있는가? 한국에 들어 오는 미국산 쇠고기와 일본에 들어오는 미국산 쇠고기는 과연 같은가?

제발 거짓말은 그만 두기 바란다. 정직할 일이다. 미국 수출업계의 '품질 보증'을 우리 얼마나 믿을 수 있는가? 국내 음식점에서 쇠고기 원산지를 표기하기까지는 또 얼마나 많은 단계를 거치는가. 그 과정에 서 소매점 식당업자의 의도와 달리 미국산 쇠고기가 한우나 호주산으 로 둔갑할 여지는 없는가?

그렇다. 아무것도 해결되지 않았다. 그럼에도 촛불이 주춤한 이유는 무엇인가. 지치기도 했지만 권력과 언론, 검찰, 관변단체들이 입을 모 아 살천스레 '이념전'을 펼쳤기 때문이다. 문화방송MBC PD수첩을 겨 냥한 '마녀사냥'이 대표적 보기다. 어느새 국민 대다수는 광우병 위험 에 시나브로 무뎌지고 있다.

이명박 정권에, 그 앞잡이로 나선 언론과 '공안 당국'에 분명히 묻는 다. 과연 저 여섯 달 사이에 숨진 스페인 어머니와 아들의 사인이 '좌익 의 난동'이란 말인가? 친북반미세력의 선동으로 스페인 모자는 죽었는 가? 우스개가 아니다. 진지하게 던지는 물음이다. 그 물음에 긍정적으 로 답하지 않는다면 민주시민에 대한 수사를 당장 중단하라. PD수첩 에 대한 탄압을 즉각 멈춰라.

현재까지 광우병으로 숨진 사람들은 200명에 이른다. 공식 통계만 그렇다. 광우병의 잠복기는 거듭 강조하지만 10년이 넘는다.

물론, 광우병이 더는 발생하지 않을 수도 있다. 광우병 우려가 기우

이길 간절히 바라고 있다. 하지만 지금 이 순간 광우병은 여전히 위험요인이다. 그것이 진실이다. 아무리 이명박 정권의 서슬이 시퍼렇다고 하더라도, 미국 대사가 안전하다고 부르대도, 친미사대언론이 온갖 색깔공세를 편다고 하더라도, 지금 이 순간의 진실이 바뀌지는 않는다.

　스페인의 어머니와 아들을 비롯해 200명의 원혼은 광우병이 결코 '친북반미세력의 소동'이 아님을 죽음으로 증언해주고 있다. 그 죽음 앞에 겸손하라. _ 2008년 9월 26일

《조선일보》의 때리고 어르는 '불교 길들이기'

〈정부와 종교가 다시 부딪치는 일이 없도록〉

《조선일보》 사설(2008년 9월 29일자) 제목이다. 말 그대로는 우아하다. 정부와 종교가 부딪치는 일이 없도록 하자는 데 누가 반대하겠는가. 하지만 거기에는 전제가 있다. 저지른 잘못을 바로 잡고 가야 한다. 하지만 《조선일보》 사설은 마치 모든 게 해결되었다는 듯이 단정 짓는다.

"불교 조계종이 26일 전국 교구본사 주지회의에서 '경제에 어려움이 있고 여타 사회 갈등으로 고통이 큰 만큼 (정부의 종교편향 논란에 대한) 이명박 대통령의 유감 표명을 대승적大乘的으로 판단해 긍정적으로 받아들인다'고 결의했다."

사설은 이어 그 결의를 "불교계가 나날이 고단해지는 국민의 삶과 시시각각 모습을 달리해가며 밀려오는 국제경제 급변의 파고波高 앞에서 지혜로운 결단을 내렸다"고 칭찬한다. 하지만 그 '칭찬'에서 '길들이기'가 느껴지는 것은 단지 필자만일까. 사설의 맺음말을 보라.

"정부는 종교 편향 논란이 다시는 일어나지 않도록 언행言行에 더욱 신경을 써야 하고 불교계도 산뜻한 마무리를 위해 하심下心의 지혜를 모아야 한다."

어떤가. 조계종이 이명박 정권을 더는 비판하지 않는 게 '산뜻한 마무리'고 그게 '하심의 지혜'라는 언구력 아닌가. 조계종이 "어청수 경찰청장 등 종교차별 공직자 파면과 엄중 문책, 종교차별 금지법 제도화, 시국 관련자에 대한 국민 대화합 조처는 아직까지 받아들여지지 않아 이 요구들이 관철될 때까지 지역별 범불교도대회를 계속할 것"이라고 밝힌 대목은 《조선일보》 사설에 없다.

이에 앞서 《조선일보》는 불교계의 요구를 생게망게한 '정치 게임'으로 몰아 쳤다. 김대중 고문은 〈언론의 세 가지 터부〉라는 칼럼에서 불교계의 요구를 "정치권력과 어떤 게임을 하려는 것 아닌가 하는 일부 사람들의 우려"가 있다고 주장했다. 김대중은 또 "지금 우리 사회에는 자기들의 배타적 이익에 집착하며 우월적 지위를 요구하는 집단의 규모와 목소리가 점점 더 커지고 있다"고 개탄했다. "터부는 결국 권세 있는 사람들, 돈 많은 집단들, 집단의 규모가 큰 세력들에게 유리하게 설정되기 마련"이라며 "진정한 민주화는 정치권력뿐 아니라 재벌, 언론, 시민단체, 종교 등 유사권력의 성역을 인정하지 않는 데도 있을 것"이라고 맺었다.

평소의 김대중답지 않게 좌고우면하며 조심스레 썼다. 하지만 누가 보더라도 그의 '메시지'는 명백하다. 이명박 정권에게 "종교 등 유사권력의 성역"을 인정하지 말라는 주문이다. '종교'라고 썼지만 그것이 '불교'를 지칭한 것임은 두말할 나위 없다.

김대중이 불교의 요구를 일러 '정치 게임'으로 매도하고 '유사권력' 운운하는 것도 생뚱맞지만 접어두자. 참으로 황당한 일은 그 논리를 '진정한 민주화'로 포장하는 데 있다. 김대중이 누구인가. 일찍이 1980년 오월의 민주시민을 일러 '총을 든 난동자들'이라 홀닦고 그들이 광주를 '무법천지로 만들고 있다'고 살천스레 썼던 인물이다. 《조선일보》 고문이 '정치 게임' 운운한 칼럼을 쓴 시점은 이명박 대통령이 종교 편향과 관련한 '견해'를 밝히기 직전이었다.

하지만 불교계의 경찰청장 경질 요구는 결코 '정치 게임'이 아니다. 권세를 좇는 일부 기독교인들의 걷잡을 수 없는 시대착오적 행태를 더 늦기 전에 바로 잡자는 뜻이다.

보라. 최근에도 울산 '성시화운동' 본부는 40여 년 넘게 내려온 처용문화제를 '무당'이라는 특정종교 지원행사라며 반대하고 나섰다. 청와대에 불상을 치우라는 말도 거침없이 나온다.

문제의 핵심은 《조선일보》의 때리고 어르는 '정치 게임'에 불교계가 길들여지는 양상을 보이는 데 있다. 불교계의 '대승적 결단'이라고 추켜세우는 저들이 마음속으로는 그 '결단'을 일러 무엇이라 부를까? 조계종단 집행부가 저들의 언구력을 꿰뚫어볼 때가 아닐까.

_ 2008년 9월 30일

최진실과 '자살 바이러스'의 진실

최진실. 고운 얼굴에 늘 슬픔이 묻어났다. 콕 집어 어디라 할 수 없지만 내겐 그렇게 보였다. 서민 대다수가 최진실을 사랑했다. 험한 세상 애면글면 이겨가려는 애처로움에 공감했을 법하다.

그래서가 아닐까. "세상 사람들에게 섭섭하다"는 최진실의 마지막 말이 살아 있는 사람들의 가슴을 먹먹하게 한다. 세상 사람들에 대한 섭섭함. 최진실만이 아니다. 자살하는 사람 대다수의 마지막 마음 아닐까. 그 '세상 사람들' 안에는 나도, 그리고 당신도 들어가 있다. 우리 또한 최진실과 같은 시대를 살아오지 않았던가.

집권세력은 그 '세상사람들'을 '악플'로 한정했다. '사이버 모욕죄' 신설을 다짐한다. 최진실의 죽음을 '기회'삼아 '숙원사업'을 해결할 깜냥이다. 한나라당 당직자는 "좌파세력이 익명 뒤에 숨어 인터넷을 자신들의 선전장으로 만들고 있어 정부의 국정 운영을 어렵게" 한단다. 과연 이명박 정권답다. 우울증이 없다면 악플이 자살의 원인일 수 없다는 간단한 사실도 이해 못하는가.

우울증은 21세기 들어 대한민국에서 급증하고 있다. 2000년에 20만 명대였던 연간 우울증 진료자는 2007년에 52만 명을 넘어섰다. 최진실의 자살 뒤 보건복지가족부는 뉴스레터를 보냈다. "유명연예인 자살사망 사건과 관련하여, 평소 우울하거나 마음이 답답한 경우에는 반드시 전문가에게 직접 상담을 받도록 국민들께 당부"했다. 정부만이 아니다. 부자신문까지 '자살 바이러스'를 경고한다.

자살 바이러스. 두말할 나위없이 막아야 옳다. 그런데 대체 무엇이 자살바이러스일까? 이 땅에서 우울증은 결코 52만 명만 앓고 있지 않다. 병원에 오지 않은 우울증을 감안하면 그 수는 얼마나 될까? 이미 400만 명에 이른다는 분석도 있다.

왜 그럴까? 왜 이 땅에 우울증이 퍼져가고 있을까? 사람이 사람답게 살아갈 수 없어서다. 승자독식, 약육강식의 경쟁사회이어서다. 피로감이나 불면, 자책 들이 우울증의 대표적 증상이다. 유럽과 달리 한국인의 우울증은 생존 경쟁에 내몰린 사람 가운데 많다. 최진실조차 '인기 하락'을 우려했다지 않은가.

우리 대다수는 대한민국에서만 살아왔기에 이 나라가 얼마나 천박한 경쟁 사회인지 모르기 십상이다. 자본주의 사회의 모든 사람이 우리처럼 살고 있으리라 예단한다. 하지만 아니다. 경쟁보다 연대를 더 소중히 여기는 사회가 있다. 비인간적 생존 경쟁에 시달리지 않도록 요람에서 무덤까지 기본권을 배려하는 나라가 있다.

어떤가. 이 땅은. 더 많은 경쟁만 부르대는 정치세력이 청와대와 국회, 언론을 장악하고 있다. 김대중―노무현―이명박 정권을 거치면서 권력은 시장으로 '완벽'하게 넘어갔다. 신자유주의가 뿌리내렸다.

최진실의 자살 뒤 이명박 정권은 자살 바이러스를 경고했다. 명토박아 진실을 말한다. 최진실 뒤로 자살할 사람 줄 서 있다.

자살 바이러스를 부추기는 게 결코 아니다. 자살을 참으로 줄이려면 진실을, 자살 바이러스의 정체를 정면으로 직시해야 한다. 객관적 통계를 짚어 보라. 2000년에 6000명이던 자살자가 2007년 두 배로 늘어 1만 3000명을 넘었다. 경제협력개발기구OECD 가운데 최고다. 사실상 자살률 세계 1위가 대한민국인 셈이다.

최진실법이라는 이름으로 사이버모욕죄를 신설하고 자살 바이러스를 단속한다? 소가 웃을 일이다. 최진실 자살과 무관하게 이미 하루 35명 꼴로 자살한다. 평균 1시간도 지나지 않아 이땅 어디선가 누군가는 자살한다. 그게 진실이다. 더구나 이 땅의 자살자 대다수는 생계비관형이다. 자살하는 청소년 대다수는 '학교 문제'다. 참으로 몸서리칠 일 아닌가.

그럼에도 일터와 학교에서 경쟁을 강화하겠다는 정치·경제·언론·교육계의 부라퀴들을 보라. 바로 그들이야말로 자살바이러스가 아닐까. 그들을 단속하라. _ 2008년 10월 6일

YTN 사장 아닌 기자 구본홍에게 묻는다

기자 구본홍. 1974년 문화방송MBC 기자로 출발했다. 정치부장, 보도국장, 보도본부장을 역임했다. 9시 뉴스데스크도 진행했다. 모교인 고려대에서 석좌교수도 지냈다. 그는 지난해 대통령 선거과정에서 대학 선배이기도 한 이명박 후보의 참모로 일했다. 그럴 수도 있다. 언론사를 떠났기에 얼마든지 가능한 일이다. 자신이 기꺼이 모신 후보가 대통령이 되었기에 보람도 느꼈을 법하다.

문제는 그 다음이다. 구본홍은 올해 YTN 사장으로 임명받았다. 대선 후보 참모가 사장으로 취임해오는 데 반대하는 기자들과 마주쳤다. 기자로서 당연한 반발이다. 그런데 어떤가. 구본홍은 '낙하산 사장'에 반대하는 기자들을 대량해고하고 나섰다.

기자 구본홍에 묻는다. 자신을 객관화시켜 답하기 바란다. 대선 후보 참모가 대선 뒤 방송사 사장이 되어도 좋은가?

왜 스스로 수렁에 빠지는가. 더구나 어떻게 기자가 기자의 목을 치는가. 1970년대 '동아사태' 때, 송건호 편집국장은 박정희 정권과 결탁한 사주가 기자들을 해고하자 사표를 썼다. 기개 있는 젊은 기자들이 쫓겨나는 순간을 선배 기자로서 그냥 넘길 수 없었기 때문이다.

구본홍을 청암 송건호에 견주는 일 자체가 가당치 않을 수도 있다. 하지만 기자로 누릴 것 다 누린 그가 나이 예순이 넘어 지금 무슨 일을 하고 있는지 누군가는 지적해줄 필요가 있다.

구본홍은 자신이 걸어온 길을 정직하게 돌아볼 필요가 있다. 그가 평기자 시절 모든 텔레비전 방송은 '군부독재의 나팔수'였다. 이해할 수 있다. 그도 한 가정의 가장이지 않은가. 군부독재가 물러난 뒤, 구본홍은 방송사 보도국장, 보도본부장, 앵커를 했다. 어떤가. 그만하면 충분하지 않은가. 수습기자로 들어가 기자로서 할 수 있는 모든 자리에 올랐다. 그래서다. 기자 구본홍에게 성찰을 촉구한다. 자신이 평생 걸어온 언론계를 왜 마지막 순간에 더럽히는가.

대선 후보 참모를 했기에 '혜택'을 받고 싶거든 언론 현장이 아닌 곳에서 받을 일이다. 가슴에 손을 얹고 찬찬히 물어보라. YTN의 저 젊은 기자들이야말로 기개 있는 언론인 아닌가. 내일의 한국 언론을, 한국 방송을 지켜갈 사람들 아닌가.

대선 후보 참모를 지낸 인물이 갑자기 자신들의 일터에 사장으로 오는 데 침묵하거나 동조하는 자들이야말로 기자정신을 망각한 기자 아닌가. 기자로서 기자의 목을 치는 일은 자신을 부정하는 짓이다. 더 늦기 전에 자성을 촉구한다. 지금이라도 깨끗하게 그 '자리'에서 일어나라. 이명박 정권은 앞으로 4년 넘게 남았다. 얼마든지 다른 '자리'가 있다. 하지만 후보 참모를 지낸 인물로서 방송사 사장을 하겠다는 것은 탐욕이다. 자신이 몸담아온 방송을 스스로 짓밟는 짓이다.

진지하게 거취를 성찰해보길 권한다. 지금이라도 마음만 비우면 얼마든지 아름다운 선배가 될 수 있다. 툴툴 털고 젊은 기자들과 맑은 소

주 한 잔 나누기 바란다. 기자로서 후배 기자의 목을 치는 일은 누가 뭐
래도 용서받을 수 없는 죄악이다. 가장 나쁜 기자다. _ 2008년 10월 7일

대통령이 틈만 나면 좌우갈등 선동할 때인가

틈만 나면 국가를 흔들려고 한단다. 좌파세력이 그렇단다. 이명박 대통령 발언이다. 신문이라는 이름에 값하지 못하는 신문들이 대서특필하고 나섰다. 《조선일보》가 대표적 보기다. '좌파세력, 틈만 나면 국가 흔들려 해' 제하에 정치면 머리기사(10월9일자)로 편집했다. 기사 도입도 압권이다.

"이명박 대통령이 8일 재향군인회 간부 260여 명을 청와대로 초청해 오찬을 함께한 자리에서 근래 보기 드물게 열정적이고 긴 연설을 했다. 청와대 관계자는 '편한 청중들 앞에서는 원래 말씀을 많이 하지 않느냐'고 했다."

《조선일보》 기자의 의도는 아니었을 터다. 하지만 대통령을 위한다고 쓴 기사 도입부는 우리가 미처 확인하지 못했던 진실을 드러내준다. 이명박 대통령은 '열정적이고 긴 연설'을 오랜만에 했는데 그게 '편한 청중' 앞이어서란다. 정색을 하고 묻겠다. 대통령은 국민이 편하지 않은가? 대통령에게 편한 청중은 재향군인회 간부들인가?

'편한 청중들'의 대표 박세직 재향군인회장은 살천스레 말했다.

"일부 불순세력이 지난 수개월간 촛불집회를 하면서 반미反美 등으로 국가를 무력화하는 것을 목격했다." 대통령은 화답했다. "좌파세력이 이념적 갈등을 일으키고 있는 것은 시대착오적"이란다.

대한민국의 대통령에게 묻고 싶다. 대체 지금 누가 '이념적 갈등'을 부추기는가. 그것도 '틈만 나면' 그러는가.

보라. 개원 전부터 이념 갈등이 불거진 국회를. 누가 이념 갈등을 시작했는가. 바로 집권당이다. 이념 갈등을 제기하는 수준도 참으로 천박하다. 김대중—노무현 정권 10년이 좌파 정권이고 좌파 법안이 양산되었단다. 한나라당만이 아니다. 대통령 스스로 재향군인회 간부들에게 말했다. "10년 만에 정권이 바뀌었지만 (친북 좌파들의) 뿌리가 매우 깊고 매우 넓게 형성돼 있다."

대체 어쩔 셈인가. 대통령과 한나라당은 그렇다고 치자. 이명박 정권에는 제대로 된 사회과학자가 단 한 명도 없단 말인가. 윤똑똑이 식민지근대화론자들로 가득차 있는가. 어떻게 김대중—노무현 정권이 좌파 정권이란 말인가? 노동자 허세욱의 분신자살에도 눈 하나 깜박하지 않고 한미자유무역협정을 강행한 노무현 정권이 좌파란 말인가?

듣그럽겠지만 귀담아 듣기 바란다. 오늘 이명박 정권이 들어선 것은 노 정권이 좌파이어서가 아니다. 정반대다. 부익부빈익빈이 심화되면서 국민 대다수의 경제생활이 힘들어져서다. 이명박 후보가 유권자의 호응을 받은 것은 그가 경제 살리기를 '약속'해서다. 국민 누구도 그에게 없는 이념갈등을 선동하길 주문하지 않았다. 생활이 점점 어려워지기에 지푸라기라도 잡고 싶은 심경으로 '부자 이명박'에게 투표했다.

그렇다. 틈만 나면 좌우갈등을 부추길 때가 아니다. 경제를 살려라. 촛불이 여울여울 타오른 이유는 '광우병 쇠고기' 때문만이 아니다. 청와대와 내각 인선에서 정권의 실체가 곰비임비 드러나서다.

보라. 경제를 살리라고 뽑아놓았더니 이미 노무현 정권시기부터 누리 것 다 누리며 살아온 사람들만 더 잘 살게 하는 정책을 펴고 있지 않은가.

지금 한국경제는 없는 좌우갈등 억지로 만들어 선동할 만큼 한가하지 않다. 미국의 금융위기는 실물 경제로 퍼져가고 있다. 수출입 의존도가 기형적으로 높은 한국경제에 줄 타격은 더 클 수밖에 없다. 더구나 신자유주의 정책이 '본산지' 미국에서도 파산을 맞고 있는 마당에 이명박 정권은 여전히 '금융 자율화'와 '민영화'를 강행하고 있다.

그래서다. 이명박 정권이 지금 할 일은 좌우갈등이 아니라 자기성찰이다. 누가 국가를 흔들고 있는가. 정직하게 자문해보기 바란다.

거듭 이명박 대통령에게 당부한다. 경제 살려라. 그렇지 않아도 잘 살고 있는 사람들의 경제 아닌, 고통 받고 눈물 쏟고 있는 대다수 민중의 경제 살려라. _ 2008년 10월 9일

가라앉는 땅에 '집' 짓겠다는 대통령

신자유주의. 대한민국 자칭 '엘리트'들에게 그것은 '글로벌 스탠더드'였다. 정치·경제·언론의 삼각동맹에게 신자유주의는 신성불가침이었다. 그런데 보라. 저들의 거룩한 신앙이 무너지고 있다. 7000억 달러를 쏟아부어도 미국 금융위기는 해소되지 않는다. 세계 금융위기를 빚어내고 있다. 금융을 넘어 이미 실물 경제의 위기로 퍼져가는 양상이다. 사실상 공황의 전초라는 우려도 솔솔 나온다. 이른바 '첨단 금융'은, 시장 만능주의는 미국의 보수적 경제학자들 입에서도 부정되고 있다.

신자유주의를 줄곧 반대하고 그것을 넘어선 새로운 사회를 연구해 온 사람에게 오늘의 상황은 무엇일까? 10년 묵은 체증이 내려가는 개운함일까? 전혀 아니다. 상쾌하기는커녕 착잡하다. 아니 목에 가시가 걸린 느낌이다. 왜 그런가.

신자유주의가 민중의 각성과 힘으로 무너지는 게 아니어서 착잡하다. 물론 세기말에 시애틀에서 시작해 반신자유주의 운동이 세계적으로 퍼져간 것도 사실이다. 하지만 지구 곳곳의 연대로 신자유주의가 퇴장하는 게 아니다. 월가의 탐욕이, 금융 '파생상품'들이 제 무덤을 팠다.

그래서다. 과연 미국의 금융위기를 '신자유주의의 종언'으로 불러도 좋은가에 아직 의문이 든다.

신자유주의가 아래로부터 퇴장당하는 게 아니기에, 형태를 달리해 살아남을 가능성도 있다. 어떤 형태일까? 미국이 자신의 금융 불안과 실물 경제 위기를 자국 민중은 물론, 다른 나라의 민중에게 전가시켜 극복하는 방안을 선택할 수 있다. 이미 조지 부시 정권은 7개국, 20개국과 연쇄 회담을 열었다.

착잡함을 넘어 목에 가시가 걸린 느낌은 바로 그곳에서 비롯한다. 찬찬히 톺아보라. 대한민국은 신자유주의가 종교인 나라다. 신자유주의 정책의 문제점을 아무리 이야기해도 김대중 정권이나 노무현 정권 모두 아랑곳하지 않았다.

이명박 정권은 그 결정판이다. 보라. 공기업 '선진화'란 이름의 '민영화'를 엊그제 추가 발표했다. 감세 정책도 변함없다. 대기업 규제완화도 밀고 간다. 첫 방송연설의 핵심도 그 법안을 빨리 국회가 통과시켜야 한다는 주문이다. 과연 그래도 좋은가. 대체 어쩌자는 걸까. 이명박 대통령은.

명토박아둔다. 신자유주의 정책을 지금 강행하는 것은 가라앉는 땅에 집을 짓겠다는 망상에 지나지 않는다. 집을 지을 수 있는가? 천만의 말씀이다. 그럼에도 집을 짓겠다고 고집하면 결과는 분명하다. 문제는 그가 대한민국의 CEO를 자처하며 일을 벌이는 데 있다. 그가 한 건설업자에 지나지 않는다면 칼럼을 쓸 이유가 전혀 없다. 더구나 그는 서울 강남에 빌딩을 소유한 갑부다.

문제는 대한민국이다. 대다수 민중의 삶은 어떻게 될까. 가라앉는 땅으로 대한민국을 끌고 가는 정권을 하릴없이 지켜만 보아야 옳을까?

대통령의 방송 연설처럼 신뢰만 보내도 좋을까?

그래서다. 신자유주의를 막을 광범위한 연대가 절박하다. 참여연대
와 진보연대를 비롯해 시민사회단체들이 민주주의와 민생을 중심에
둔 조직을 내오려는 움직임이 반가운 까닭이다.

이명박 정권의 무모함이 불러올 재앙을 막으려면 그가 지금 집을 지
으려는 곳이 가라앉는 땅임을 국민 모두가 알고 있어야 한다. 경제 살
리기. 그 엄숙한 과제를 더는 이명박 정권에만 맡겨둘 때가 아니다.

_ 2008년 10월 13일

농민의 등골 누가 빼먹고 죽였는가

험한 세상이다. 국회의원이 국민을 상대로 윽박지른다. 살천스레 호통친다. 한나라당 장제원 의원의 기고만장한 모습은 동영상을 타고 퍼져갔다. 그나마 다행이다. 인터넷이 있기에 생생한 진실을 만날 수 있다. 한나라당과 청와대가 인터넷을 통제하려고 눈이 빨간 이유도 바로 거기에 있지 않을까.

문제는 국민에게 호통 치는 국회의원에 그치지 않는다. 농민의 등골을 빼먹은 공무원들이 있다. 과장도 선동도 아니다. 있는 그대로 객관적 사실이다. 보라. 공무원 3만 9971명이 농민이 받을 돈을 가로챘다. 공기업 임직원 6213명도 그랬다. 쌀소득보전직불금. 쌀농사 짓는 농가의 소득 감소분을 보전해주는 돈이다. 공무원들이 그 돈을 제 호주머니에 챙겼다. 물론 의사와 변호사 무리도 있다. 언론인도 빠질 수 없다. 2006년 한 해만 무려 1683억 원이다. 농지를 소유한 채 농사짓지 않은 사람들에게 돌아갔다.

그 결과다. 실제 농사를 짓는 7만 1000여 농가가 직불금을 아예 신청도 못했다. 이들이 받지 못한 직불금은 1068억 원이다. 한 농가당

150만 원 꼴이다. 왜 신청도 못했을까? 경기도 김포, 용인, 파주, 포천 지역 1752호를 감사원이 직접 조사한 결과다. 전체의 76퍼센트가 직불금 신청을 못한 이유로 '지주의 압력이나 반대'를 꼽았다.

달래거나 위협해 남의 재물을 억지로 빼앗는 일. 그것을 우리는 '등 골을 빼먹는다'거나 '등골을 우린다'고 말해왔다. 그렇다. 한 점 과장 없이 기록한다. 농민의 등골을 빼먹은 저 부라퀴들을.

더러는 억울할 수 있다. 본의의 뜻과 달리 직불금을 받았을 수도 있 다. 그럼에도 무람없이 공무원을 겨냥해 글을 쓰는 이유는 언론인이나 변호사의 '죄'가 덜해서가 결코 아니다. 공무원이 국민 세금으로 일하 는 사람들이어서도 아니다. 공권력을 행사한 공무원 손에 죽은 한 농 부, 예순아홉 살의 소작농이 다시 눈시울을 적셔서다.

4만 명 가까운 공무원이 농민에게 돌아갈 돈을 챙긴, 농민의 등골을 우린 그 시기에 공권력이란 이름 아래 농민 두 명이 대낮에 맞아죽었 다. 어느새 우리 기억에 가물가물하지만 전용철, 홍덕표 농민이다.

특히 홍덕표 농민은 평생 소작으로 살아왔다. 아홉 살 때 부모를 여 의고 줄곧 소작으로 살아온 그는 칠순을 앞두고 맞아죽었다.

대한민국 헌법 121조 1항은 명토박았다. "국가는 농지에 관하여 경 자유전의 원칙이 달성될 수 있도록 노력하여야 하며, 농지의 소작제도 는 금지된다."

하지만 어떤가. 대한민국 헌법은 현실과 얼마나 다른가. 공권력이 늙은 소작농을 때려죽인 바로 그 시점에, 숱한 소작농에게 돌아갈 돈을 가로챈 공무원들을 보라. 그 모든 게 '참여정부'라는 노무현 정권 아래 일어난 야만이다.

하물며 어떻겠는가. 청와대와 국회까지 한나라당이 장악한 오늘, 고

위관료가 직불금을 챙기고도 버젓이 그 자리에 버티고 있다. 국회의원
은 국민에게 "묻는 말에만 답하라"고 협박한다.

그래서다. 속절없이 불러본다. 촛불의 노래 〈헌법 제1조〉를.

"대한민국은 민주공화국이다. 대한민국의 모든 권력은 국민으로부
터 나온다." _ 2008년 10월 15일

민족-민주-인간화가 이적행위 기준?

민족-민주-인간화가 이적의 기준이란다. 이른바 '반국가교육척결국민연합'이라는 살벌한 이름의 단체가 내놓은 주장이다. 그들은 전국교직원노동조합(전교조)을 검찰에 고발했다. 반국가 활동을 독려했단다. 국가변란을 선동했단다. 그 단체의 상임대표는 거침없이 말한다. "국가보안법상 이적 단체는 반국가단체 등의 활동을 찬양·고무·선전·동조하거나 국가변란을 선전·선동하려고 특정 다수인이 만든 결합체를 뜻하며 전교조가 바로 이에 해당한다."

황당한 주장의 논리적 근거는 무엇일까? 전교조가 "좌경이적 이념으로 판명된 '민주·민중·민족'이란 삼민이념을 '민족·민주·인간화 교육'으로 말만 바꿔 지향해야 할 최고 가치규범으로 계승해 실천해가고 있다"는 게 그들의 논리다.

전교조를 겨냥해 집요하게 벌어지는 '마녀사냥'의 한 복판에는 '뉴라이트전국연합'이 있다. 뉴라이트. 흔히 그 단체의 이념적 대부로 안병직을 꼽는다. 그가 40대 왕성한 학문적 활동을 펼칠 때, 그는 뭇 학생의 존경을 받았다. 한복을 입고 가방 대신 보자기를 들고 다니던 모습도 인상적이었다. 하지만 그는 일본으로 건너가 '연구'하고 돌아온 뒤 진보세력과 결별했다.

문제는 '중진 자본주의'를 주창하며 멀어지기 시작한 거리가 갈수록 더 벌어지는 데 있다. 그가 뉴라이트의 '이념적 대부'나 식민지근대화론의 '원조'로 불리는 현실은 착잡하다. 아직 그에 대한 애정이 남아 있어서인지 모르지만 묻고 싶다. 그가 일흔 살이 넘도록 '실사구시'로 추구해온 사회가 고작 오늘의 살풍경인가를. 보라. 꼭 안병직이 아니어도 민주시민이라면 냉철하게 직시하고 우려할 때다. '뉴라이트'의 이름으로 저질러지는 저 케케묵은 언행들을. 끝을 모르고 퍼져가고 있지 않은가. 게다가 그들이 청와대와 국회로 들어가면서 '위세'가 더 커져가고 있다.

과연 대한민국이 저 뉴라이트의 선동대로 흘러가도 좋은가. 전교조를 이적단체로 고발하는 게 과연 안병직이 부르대온 '선진 사회'의 모습이란 말인가? '실용주의' 이명박 정권의 정체란 말인가?

뉴라이트의 논리는 일관성도 없다. 가령 국제중 설립이 무산되자 뉴라이트학부모연합 상임대표는 "글로벌 시대에 세계와 경쟁하는 데 있어 최소한도의 장치인 국제중마저 암초에 걸리다니 안타깝다"고 '개탄'했다. 뉴라이트가 21세기 '글로벌 시대'를 주장하면서 이미 60년도 더 지난 해방정국 때의 좌우갈등을 부추기는 모습은 어떻게 이해해야 옳은가.

민족—민주—인간화가 이적의 기준이라면, 정색을 하고 묻고 싶다. 뉴라이트는 민족과 민주와 인간화를 싫어한단 말인가? 민족과 민주주의와 인간의 존엄성을 명문화 한 대한민국의 헌법은 그렇다면 이적 헌법 아닌가? 대체 지금 누가 대한민국에 이적행위를 하고 있는가? 민주공화국 대한민국의 헌법정신을 정면으로 부정하고 있는 자, 과연 누구인가?

이명박 정권에 들어간 자칭 합리적 보수주의자든, 뉴라이트의 이념적 대부 안병직이든, 아니면 '반국가교육척결국민연합' 서경석 상임지도위원이든, 제발 지금이라도 분별력과 이성을 찾기 바란다. 전교조 마녀사냥으로 대체 대한민국을 어디로 끌고 갈 셈인가. 글로벌 시대를 주장하며 글로벌 망신을 자초하고 있지 않은가. _ 2008년 10월 16일

이명박 정권 '경제 살리기' 참회할 때다

'경제 살리기'를 내건 이명박 정권이 '경제 죽이기' 외길로 치닫고 있다. 유감이지만 과장이 아니다. 세계 경제가 요동치는데도 이른바 'MB노믹스'에 변화 가능성은 전혀 보이지 않는다. 더구나 경제 살리기에 정부의 모든 역량을 투입해도 부족한 상황에서 국가정보원의 국회 사찰이나 검경의 촛불시민 탄압, 교과서 타령 따위에서 드러나듯 정권의 촉각은 음습한 곳에 곤두서 있다.

지금 세계 각국은 앞다퉈 시장중심 정책을 폐기하며 활로를 고심하고 있다. 여전히 신자유주의를 '신주'로 모시는 정권은 '이명박 정부' 뿐이다. 물론 정부 나름대로 긴급 대책을 내놓기는 했다. 은행 외화 빚 1000억 달러 (130조 원)까지 정부가 지급보증을 해준단다. 더러는 '고강도 안정대책'이라고 무게를 실어준다. 외화 유동성을 위해 은행권에 300억 달러 추가 공급도 같은 맥락이다. 강만수 기획재정부 장관, 전광우 금융위원장, 이성태 한국은행 총재가 한 자리에 모여 내놓은 '국제금융시장 불안 극복방안'의 뼈대다.

하지만 정색을 하고 묻겠다. 세 사람은 '국제금융시장의 불안'을 그

방안으로 '극복'할 수 있다고 참으로 생각하는가. 강 장관은 국제통화기금 연차총회에 '출장' 다녀온 직후에 "(해외) 전문가들의 얘기를 들어보니 국제 금융시장이 우리가 생각한 것보다 빨리 안정될 가능성은 없다고 느꼈고, 비관적으로 얘기하는 사람도 많았다"고 토로한 바 있다. 그럼에도 어떤가. 내놓은 대책을 보면 그가 세금으로 비싼 출장비를 들여 대체 무엇을 배웠는지 묻지 않을 수 없다.

강 장관이 "우리가 생각한 것"보다 빨리 안정될 가능성은 없다고 느꼈을 때, 그 '우리'란 대체 누구인가. 세계 경제 흐름에 정부가 안이하게 대응하고 있는 사실을 몇몇 국내 전문가들이 이미 지적했다. 새로운 사회를여는연구원도 일찌감치 보고서를 냈다. 그럼에도 이 정권은 시들방귀로 여겼다. 문제는 지금도 이 정권이 상황의 심각성을 온새미로 인식하지 못하는 데 있다. 보라. 대통령과 강 장관은 여전히 감세정책이 필요하다고 부르댄다. 곧장 묻는다. 대체 한국경제를 어쩔 셈인가.

이명박 후보가 대통령에 당선된 가장 큰 이유는 그가 내세운 '경제 살리기'에 있다. 기실 그 구호는 출발부터 큰 문제점을 지녔다. 수출 대기업 경제는 결코 죽지 않았기 때문이다. 김대중-노무현 정권 10년 동안 수출 대기업은 가파르게 성장했고, 그곳에 몸담고 있는 소득 상위계층의 삶은 더 기름졌다. 경제 살리기가 절실한 사람들은 비정규직 노동자, 농민, 영세자영업자, 중소기업이었다.

그럼에도 경제를 살리겠다고 집권한 이명박 정권은 취임 뒤 줄곧 수출대기업과 상위계층 중심의 정책을 노골적으로 펴고 있다. 자연인 이명박과 강만수의 종부세가 한 해에 수천만 원 줄어드는 감세정책이 대표적 보기다. 그뿐이 아니다. 세계적 금융 위기를 맞았으면서도 무람없이 금산 분리를 완화한단다. 공기업을 '선진화'란 이름으로 언구력부리며 자본에 팔아넘기겠단다. 공공 영역을 담당해온 공기업들을 팔아, 자신들을 포함한 부자들 감세로 비어갈 금고를 메꿀 속셈이다. 감세와 더불어 재정지출을 확대하겠다는 황당한 발상도 공기업 매각에 밑절미를 두고 있다.

듣그럽겠지만, 경고한다. 지금까지 정책을 전면 재검토하라. 미국 조지 부시정권마저 은행 국유화에 나서고 있지 않은가. 이미 미국의 '경제 사령관' 헨리 폴슨 재무장관은 '친시장 정책'에 부끄러움을 공개적으로 고백하며 참회 뜻을 밝혔다.

이명박 정권에 묻는다. 왜 줄곧 추종해온 미국의 발 빠른 변신은 추종하지 않는가. 되레 한미자유무역협정 비준을 서두르겠다고 다짐하는 집권세력에게 경청할 귀 있을지 모르겠다. 하지만 명토박아둔다. 금융정책만으로 지금 한국경제를 살릴 수 없다. FTA는 물론, 감세정책, 대기업 중심 정책, 공기업 사영화 정책, 노동배제 정책들을 참회할 때다. 경제가 죽기 전에 결단을 내려라. _ 2008년 10월 20일

누가 '이명박 죽이기'에 나섰는가

이명박 정권의 경제 정책을 곰비임비 비판해서일까. 어느 '지인'으로부터 은근한 경고를 들었다. 몸조심하란다. 자칫 공안 당국의 표적이 될 수 있다는 '설명'이 이어졌다. 실제로 정보과 형사가 일찌감치 '관심'을 보였었다. 하지만 그렇다고 지식인으로서 해야 할 말을 침묵할 수는 없는 일이다. 경제 위기로 대다수 민중이 받고 있는 고통이 무장 커져갈 게 분명하기에 더욱 그렇다.

보라. 이명박 대통령의 '경제 위기' 인식이 위기의 실체를 드러내고 있다. 지난 라디오 연설(10월 13일)에서 "IMF 때와는 다르다"고 주장한 대통령은 열흘도 지나지 않아 국무회의(10월 21일) 자리에서 "총괄적으로 IMF 때보다 심각하다"고 말했다.

과연 그래도 좋은가. 그의 오락가락 발언으로 증시와 환율 시장이 요동쳤기 때문이 아니다. 한국경제의 위기가 참으로 우려스럽기 때문이다. 물론 라디오 연설 직후 대통령의 상황 인식이 안이하다고 곧바로 칼럼을 썼었기에 대통령의 '변신'을 긍정적으로 평가할 대목도 있다. 가령 "IMF 때는 아시아만의 위기였지만 지금은 세계전체가 실물경기

침체에 빠져들고 있기 때문에 우리만 회복된다고 해서 위기를 넘어설 수 있는 상황이 아니다"라는 인식은 라디오 연설 때보다 현실과 더 가까워졌다. 문제의 고갱이는 단순히 오락가락한 사실 너머에 있다.

무엇보다 그가 참으로 위기를 인식하고 있는지 회의적이다. 대통령은 국무회의 하루 전날 '국민경제자문회의'를 처음 열었다. 청와대는 "실물 경제 위기 대응 방안과 일자리 창출, 중소기업 자금사정 완화, 부동산 건설경기 정상화, 투자 및 수출촉진 방안 등 5개 토론주제를 놓고 종합 토론을 가졌다"고 발표했다.

청와대에 따르면 대통령은 "위기 때 소극적으로 대응하는 사람은 결국 위기가 지나면 위축되고 오히려 위기 때 적극적 공세적 입장으로 철저하게 대응하는 기업과 사람은 성공하는 것을 봤다"면서 "우리가 어떻게 하느냐에 따라 국가의 서열이 바뀔 수도 있다. 정상적인 상황이라면 선진국을 따라가기 힘들지 모르지만 오히려 지금이 기회일 수 있다"고 말했다.

어떤가. 과연 지금이 '국가 서열'을 따질 때인가. 더구나 대통령이 위기론을 펴고 있을 때, 공권력은 기륭전자의 탈진한 비정규직 노동자들이 농성하던 철탑에 '특공대'를 투입해 짓밟았다. 고통 받고 있는 국민의 생존권을 지켜주고 경제를 살려야 할 때, 국가 서열 타령을 하고 있어도 좋을까.

그럼에도 《동아일보》는 사설 〈국가 서열 전진이냐 후퇴냐 갈림길에 섰다〉(10월 22일자)에서 대통령의 발언을 적극 옹호하고 나섰다. 사설은 이명박 대통령과 "주식투자의 달인 워런 버핏"을 "같은 맥락에서 이해"할 수 있다고 썼다. 그래도 좋은가. '투자의 달인'과 이명박을 비교하는 '아첨'이 과연 이명박 정권에 어떤 도움이 될까.

경제 살리기가 핵심 공약인 이명박 대통령이 벅벅이 실패하지 않으려면 새겨둘 게 있다. 세계 흐름과 동떨어진 신자유주의 정책을 비판하지 않고 되레 추켜세우는 신문들이다. 《동아일보》만이 아니다. 파산한 미국 투자은행을 인수하라고 '선동'했던 게 바로《조선일보》였다.

그래서다. 누가 '이명박 죽이기'에 나서고 있는가를 대통령 스스로 성찰할 때다. 자신의 정책에 대한 논리적이고 이성적 비판에 귀 기울일 때다. 대통령과 생각이 다른 사람들을 탄압하라고 부추기는 '공안 언론'과 실제로 탄압하는 공안 당국, 바로 그들이 '이명박 죽이기'의 실체임을 직시할 때다. _ 2008년 10월 22일

'늙은 투사'들의 '신문다운 신문' 꿈 [1]

붓을 빼앗겨 본 기자는 안다. 글을 쓸 수 있는 지면이 얼마나 소중한 가를. 그 귀한 지면을 낭비하지 않는 후배 기자를 볼 때 얼마나 빛나던 가를.

'동아투위'가 그러지 않았을까? 동아자유언론수호투쟁위원회. 옹근 34년 전 오늘이다.《동아일보》젊은 기자들은 박정희 정권에 맞서 언론을 올곧게 세우고자 일어섰다. 군부독재와 손잡고 그들을 해직한 뒤 지금까지 궁따고 있는《동아일보》의 모습은 고스란히 오늘의 천박한 지면으로 나타난다.

동아투위가 1974년 10.24자유언론실천운동을 기념해 제정한 '안종필 자유언론상'은 해직으로 붓을 빼앗긴 뒤에도 언론 자유를 위해 투쟁하다 타계한 안종필 위원장을 기린 상이다. 올해 본상 수상자는《경향신문》편집국이다. 특별상은 지금 이 순간도 방송의 독립을 지키고 있

---

1 《경향신문》2009년 10월 24일자에 실린 옴부즈만 칼럼 〈늙은 투사의 젊은 꿈〉

는 YTN노조와 '촛불 시위'를 인터넷으로 보도한 《아프리카TV》가 수상한다.

동아투위는 《경향신문》이 "어려운 경영 여건 속에서도 권력과 자본의 횡포로부터 자유로운 독립 언론의 기틀을 잡았다"며 수상 이유를 밝혔다. 아마도 대다수 민주시민이 공감할 성싶다. 옴부즈만으로서도 마땅히 축하할 일이다.

《경향신문》 옴부즈만으로 활동해온 지난 1년 2개월 동안 고백하거니와 행복했다. 흔히 하는 말로 '청춘'을 신문기자로 보낸 먹물에게 '신문'이라는 매체는 아무래도 남다를 수밖에 없다. 게다가 내 뜻과 무관하게 신문과 '단절'되었을 때, 옴부즈만으로 활동할 수 있어 더 그랬다. 날로 새로워지는 《경향신문》의 지면을 보며, 열정을 다해 취재 현장을 뛰는 《경향신문》의 젊은 기자를 만나며, 《한겨레》의 후배 기자들이 새삼 떠올라 먹먹하기도 했다.

첫 칼럼에서도 썼지만, 해방 이후 《경향신문》의 역사는 그 자체가 한국 언론사의 축소판이다. 특히 재벌신문에서 벗어나 독립 언론의 길을 지며리 걸어온 《경향신문》은 언론 민주화운동의 열매이자 상징이다. 《경향신문》의 눈부신 변화는 《한겨레》에도 적잖은 자극이 되었을 성싶다. 모쪼록 《경향신문》과 《한겨레》가 앞으로도 서로 패권을 다투는 경쟁보다 서로 돕는 경쟁을 펼쳐가길 바란다. 선거판에서 당선을 다툴 수밖에 없는 정당과 신문사는 다르지 않은가.

신문 같지 않은 신문들이 한국의 신문 시장을 독과점하고 있는 현실은 '신문쟁이'로 살아온 사람에게 몹시 불편하고 참담한 일이다. 《경향신문》과 《한겨레》가 이 땅에 신문다운 신문을 만드는 아름다운 경쟁에 나서길 바란다. 동아투위의 '늙은 투사'들이 《경향신문》에 본상을 주는 까닭은, 촛불 정국에서 회자된 힘찬 지면과 더불어 자신들이 못다 이룬 젊은 날의 꿈을 후배 기자들이 이어가길 소망해서일 터다. 34년이 흘렀지만 아직도 그날의 정신을 간직한 '영원한 현역'들은 한국 언론의 튼실한 버팀목이다.

늙은 투사는 아니로되 분명 젊음은 잃은 옴부즈만으로서 마지막 칼럼을 오늘 쓰는 소망도 그 꿈의 끝자락에 있다. 그동안 거친 옴부즈만 칼럼을 단 한 번도 이의 없이 실어준 《경향신문》과 애독해주신 독자들께 깊이 감사드린다. _ 2008년 10월 24일

누가 기자직을 '개값' 만들었는가

"사진 찍지 마! XX, 찍지 마! 성질이 뻗쳐서 정말, XX, 찍지 마!"

장관 유인촌이 국회에서 기자들에게 눈 부라리며 던진 반말과 욕설이다. 그가 이틀이 지난 뒤 사과한답시고 기자회견을 열었다. 욕설을 한 변명 또한 '기상천외'하다.

자신의 사과 회견을 찍는 사진기자들에게 "이렇게 플래시가 터지는 바람에 놀라서"였단다. 아주 짧은 사과문을 통해 '우발적'이라고 주장했다. "국정감사 정회 직후, 사람이라면 누구나 인격적 모독이라고 느낄 수 있는 발언을 듣고 모욕감에 화가 난 상태"였단다.

국감장에서 취재기자에게 취재하지 말라는 장관의 언행은 온전한 민주주의 국가라면 곧장 사임해야 할 천박한 작태다. 그럼에도 이명박 정권은 넘어갈 깜냥이다. 게다가 《조선일보》《동아일보》《중앙일보》가 사부자기 외면하고 있지 않은가.

좋다. 탤런트인 그가 플래시에 놀랐다는 그 말, 믿어주자. 그의 '모욕감'도 이해하자. 하지만 문제의 핵심은 그 다음에 있다. 그가 '인격적 모독'을 느낀 상대는 이종걸 의원이다. 그런데 왜 모욕감을 기자들에게 욕설로 풀었을까? 더구나 국정감사를 성실하게 취재하고 있는 기자들에게 사진 찍지 말라고 눈 흡뜨는 기고만장은 대체 어디서 비롯한 걸까? 그의 비천한 언행은 우발이었을까? 우발이라면 이종걸 위원에게 했어야 옳지 않은가?

여기서 찬찬히 톺아볼 일이다. 이명박 정권에게 KBS, MBC, SBS는 무엇일까? 이 대통령에게 《조선일보》《동아일보》《중앙일보》는 무엇일까? 마음대로 통제할 수 있는 곳이 방송이라고 생각하지 않았을까? 세 신문의 사주가 정권을 두남두는 상황에서 대통령과 장관에게 일선 취재기자들은 무엇일까? 대통령이 미국에 가서 쇠고기 수입에 굴욕적 협상을 하고 돌아와도 '아첨'하고 비호하는 언론은 어떻게 다가왔을까? 장관 유인촌의 반말과 욕설은 《조선일보》《동아일보》《중앙일보》의 유착과 KBS노조의 방관이 자초한 게 아닐까.

그렇다. 비단 유인촌 장관의 욕설만이 아니다. 권력과 유착한 신문사 사주와 그에 부닐던 기자들 자신이 오늘의 기자직을 '개값'도 못나가게 쇠락시킨 주범이다.

이미 국회와 청와대를 장악한 저들은 누구의 눈치도 살피지 않는다. 최시중 방송통신위원장이 이동관 청와대 대변인, 나경원 한나라당 의원(문광위 간사), 김회선 국가정보원 2차장과 만나 '언론 전반에 걸친 대화'를 나눈 사실이 드러나도 되술래잡는다. 중립을 지켜야 할 방송통신위원장이 청와대 대변인, 한나라당 문광위 간사와 만나 '방송통신 정책'을 논의하는 게 당연하다는 깜냥이다. 국정원 고위간부의 참석 또한 문제일 수 없단다. 황당한 배짱 아니면 놀라운 무지다. 그 상황에서 장관 유인촌은 차라리 정직한 게 아닐까?

방송사 사장도 멋대로 바꾸는데 방송기자들이 우습게 보이지 않겠는가. 신문사 사주와 '돈독'한데 기자들이 얼마나 허투로 보이겠는가.

하지만 저들이 착각하는 게 있다. 방송사 사장이 바뀐다고 방송 기자들 생각이 모두 바뀌는 게 아니다. 신문 기자는《조선일보》《동아일보》《중앙일보》에만 있는 게 아니다. 더구나 제도언론만이 아니다. 보라. 인터넷을 풍요롭게 일궈가는 저 날카로운 '국민 기자'의 글들을.

물론, 이명박 정권의 '그릇'에 미루어 국정원과 검경을 동원해 인터넷 또한 통제할 수 있다고 판단할 법하다. 그래서다. 이명박 정권에 권한다. 어디 갈 데까지 가보라. 이미 언론소비자주권운동을 펴는 민주시민까지 줄줄이 잡아가지 않았던가. 그렇다면 어디 반말로 욕해 보라.

"글 쓰지마! XX, 쓰지마! 성질이 뻗쳐서 정말, XX, 쓰지마!"

_ 2008년 10월 27일

김용철 변호사 안녕이 참 신비롭다

참으로 생게망게한 일이다. 내 깜냥으로는 도통 이해할 수 없다. 지금 대한민국에서 벌어지고 있는 일이다. 설명할 수 있는 사람 있다면, 댓글로 나의 우둔함을 깨우쳐주기 바란다.

옹근 1년 전이다, 2007년 10월 29일, 삼성그룹 법무팀장을 지낸 김용철 변호사가 천주교정의구현사제단과 함께 삼성그룹의 비자금을 공론화했다. 김 변호사에 따르면 삼성그룹은 천문학적 비자금으로 대한민국에서 방귀깨나 뀌는 사람들을 뇌물로 포섭했다.

그뒤 1년이 흐른 오늘, 삼성그룹 이건희 전 회장의 재판은 마무리되고 있다. 여기서 새삼 이건희 전 회장에 내린 집행유예 선고를 따따부따할 생각은 없다. 그가 판결 직후 드러냈다는 엷은 미소도 접어두자. 그게 새삼 생게망게한 일은 아니다. 이건희가 감옥에 가지 않으리라고 우리 모두 '확신'하지 않았던가.

납득할 수 없는 일은 김용철 변호사가 안녕한 데 있다. 더구나 변호사로 개업해 활동하고 있다. 《오마이뉴스》와 인터뷰에서 그는 "개업 4개월째지만 파리만 날리고 있다"고 헛웃음을 보였다.

정말 이해할 수 없는 일이다. '법조계 찬밥신세'라는 김 변호사에게는 미안한 이야기이지만 나는 그가 어떻게 무사할 수 있는지 몹시 궁금하다. 돌이켜보라. 그는 삼성그룹이 정기적으로 뇌물을 건넨 사람들의 명단을 발표했다. 물론, 당사자들은 곧장 부정했다. 하지만 거기서 그칠 일이 아니다. 김 변호사가 삼성의 검은 돈을 받은 사람으로 공개한 사람들의 면면을 톺아보라.

먼저 김성호 국가정보원장이 있다. 요즘 국가정보원은 '언론대책회의'까지 오지랖을 넓히며 '눈부신 활동'을 벌이고 있다. 그만이 아니다. 임채진 검찰총장도 거명됐다. 이종찬 전 청와대 민정수석은 물론, 이귀남 대구고검장의 이름도 나왔다.

그들은 김 변호사가 거명했을 때 발끈하고 완강했다. 김 변호사에게 법적 책임을 묻겠다고 서슬 푸른 모습을 보이기도 했다. 과문한 탓인가? 나는 아직 법적 대응 소식을 듣지 못했다.

참으로 궁금하지 않은가? 대한민국 국가정보원장과 검찰총장이 누구인가? 뇌물을 받지 않았는데도 검은 돈을, 그것도 정기적으로 받았다고 공언한 사람을 왜 그냥 두고 있을까? 그만큼 관대해서일까? 아량이 그토록 넓단 말인가? 최근 공안정국을 주도하는 국정원과 검찰을 보면 그렇게 보기엔 아무래도 어렵다.

그래서다. 묻고 싶다. 그런 발언 정도로는 자신들의 명예가 훼손되었다고 생각하지 않는 걸까? 김 변호사가 서운하지 않기 바란다. 그가 명예훼손 혐의로 감옥에 가길 바라서가 전혀 아니다. 정반대다. 그의 외롭고 고통스러운 결단이 아무런 열매 없이 끝나가고 있어서다. 되레 삼성에 '면죄부'를 주는 풍경이 기가 막혀서다.

대체 대한민국은 지금 어디로 가고 있는가? 그 물음과 더불어 김 변호사의 안녕에 담긴 '신비'를 같은 시대를 살아가는 모든 사람과 나누고 싶어서다. _ 2008년 10월 29일

'‌MB사전'에서 노사=노동자 사냥?

이명박 대통령은 11월 3일 아침 라디오 연설에서 새삼 내수 시장을 강조했다. 중소기업의 중요성도 뒤늦게 부각했다. 물론 중소기업 대책도 구체적 정책은 보이지 않았다. 더 결정적 문제가 있다. 바로 노사문제다. 그에게 내수 시장과 노동자는 여전히 별개의 문제다.

보라. 지난 주말에 대통령은 "노사문제는 앞으로 달라질 것"이라고 엄포를 놓았다. 최근 한미 재계회의에 참석한 두 나라 대표단을 청와대로 초청한 자리였다. 대통령은 "위법이나 불법 사례가 발생하면 오히려 기업보다 정부가 문제 삼을 것"이라고 살천스레 다짐했다.

처음이 아니다. 이 대통령은 그보다 하루 앞서 열린 국가경쟁력강화위원회 회의에서 "경제상황이 어려운 이때를 노사문화 선진화의 기회로 삼았으면 좋겠다"고 말했다.

대통령은 "외국의 한 보고서에 보면 대한민국 브랜드 가치가 실제보다 떨어진 이유로 첫째 노사문제, 둘째 불법시위, 셋째 북한 김정일 문제를 꼽았는데 앞의 두 가지는 우리가 노력하면 된다"고 주장했다. 노사문제는 그의 일관되고 집요한 문제의식이다.

그런데 생게망게한 일이다. 그에게 노사문제의 뜻은 다르다. 그만의 '사전'을 별도로 갖고 있는 걸까? 누구나 알고 있는 상식이지만 '노사문제'는 노동자와 사용자의 문제다. 앞서 국회 시정연설에서 그는 "지금이야말로 국익을 먼저 생각할 때"라며 "이 시점에서 노와 사의 화합만큼 더 소중한 것도 없다"고 옳게 강조했다.

만일 화합을 참으로 바란다면, 노사관계를 말 그대로 노와 사의 문제로 보는 상식의 틀을 지녀야 옳다. 그가 라디오 연설에서 강조한 내수 진작을 위해서라도 노사문제에 대한 바른 인식은 절실하다. 내수의 주체가 다름아닌 노동자들이기 때문이다.

바람직한 노사관계는 일방적으로 노동자가 꼭뒤 눌리거나 참고 지내는 게 아니다. 노사문제가 '노동자 사냥' 문제는 더더욱 아니다. 하물며 노사문제에 기업보다 정부가 먼저 나서겠다는 대통령의 시퍼런 서슬은 '선진화'와 무관하다. 아니, 정반대다. 묻고 싶다. 대체 어느 선진국에서 비정규직 여성노동자들의 1000일이 넘는 싸움을 모르쇠 하며 짓밟는가? 대체 어느 선진국에서 비정규직 노동자의 비율이 절반을 넘어섰는가? 대체 어느 선진국에서 노동운동에 마녀사냥을 하는 언론이 버젓이 '신문'을 자처하는가?

노동운동에 사실상 '선전포고'한 이 대통령은 미국 재계 인사들을 "진정 믿을 수 있는 친구"라고 무람없이 표현했다. 이어 그 '친구들' 앞에서 제 나라의 노동자들에게 전투적 결기를 보였다.

그렇다. 당선 직후부터 당당하게 '기업 프렌들리'를 자임한 대통령과 그의 친구들이 벌일 사냥이 다가오고 있다. 저 멀리서 이미 거품을 문 사냥개 소리도 들린다. 금융기관과 대기업의 짝짓기를 권장하고, 튼실한 공공기관을 외국에 팔아넘길 이른바 '공기업 선진화'에 걸림돌

될 노동운동을 사냥하겠다는 깜냥이다.

하지만 노동자 사냥은 거꾸로 우리에게 시민사회와 네티즌이 노동운동 엄호에 나설 때임을 일깨워주고 있다. 미국의 경제 위기에 눈 감고 오직 미국을 추종하는 저 불도저 앞에서 시민운동과 노동운동, 네티즌과 노동운동이 서로 만날 때다. 경제위기를 넘어서기 위해서라도 마음을 열고 서로 거듭날 때다. _ 2008년 11월 3일

이명박 대통령 '대안'이 박근혜?

　이명박 대통령으로서선 기막힐 일이다. 임기 초반임에도 자신의 '대안'으로 박근혜가 으밀아밀 논의되고 있기 때문이다. 이명박 대통령의 국정 지지도는 낮아도 한나라당 지지율은 여전히 높은 까닭도 여기 있다. 실제로 이 대통령이 실패하더라도 한나라당에는 박근혜가 있다는 '믿음'이 제법 퍼져있다. 최근 대구에 갔을 때다. 50대 택시 운수노동자는 무람없이 대통령을 원색적으로 비난했다. 곧바로 "박근혜가 대통령이 되었어야 했다"고 분통을 터뜨렸다.

　그래서일까. 박근혜 전 대표와 그의 측근들은 당론과 조금은 다른 목소리를 솔솔 흘리고 있다. 가령 홍사덕 의원은 공개적으로 한미자유무역협정 비준에 '신중론'을 제기하며 야당과 관계 개선을 촉구했다. 그는 홍준표 원내대표를 겨냥해 "200~300개 법안을 처리한다고 하면 대야기조도 바꿔야 한다"면서 현재 상황에서 "무슨 수로 공기업을 매각할 수 있느냐?"고 추궁했다.

　어떤가. 사뭇 '차별성'을 부각하려는 깜냥이 드러나지만, 박근혜 쪽 또한 공기업 매각이나 규제 완화 법안 자체에 반대하고 있지 않다. 다만 방법이 다를 뿐이다.

그래서다. 우리 모두 냉철하게 새삼 확인할 일이 있다. 이명박 정권은 결코 이명박 개인의 정권이 아니다. 엄연히 '한나라당 정권'이다. 현재 청와대와 한나라당은 뗄 수 없는 관계다.

문제는 이명박 대통령에 여론이 등 돌리면서 마치 이명박과 한나라당이, 특히 박근혜가 별개처럼 인식되는 데 있다. 하지만 정치인 박근혜와 이명박은 과연 얼마나 다를까. 한나라당 대선 후보 경선 때 확인했듯이 이명박과 박근혜의 정책은 어금버금하다. 경제정책은 더 그렇다.

박근혜의 슬로건인 '줄푸세'를 보라. 세금 줄이고, 규제 풀고, 법질서를 바로 세우자는 박근혜의 '비전'과 '정책'을 이명박 후보가 그대로 넘겨받지 않았던가. 실제로 대통령이 되어서 줄푸세를 저돌적으로 '실천'하고 있지 않은가. 이 대통령에 대한 여론이 차가운 가장 큰 원인 가운데 하나가 바로 '줄푸세'다.

따라서 이명박 정권의 경제정책이 불신받는다면, 그 책임은 마땅히 박근혜가 나눠가져야 한다. 한나라당의 주요 정치인으로서 박근혜는 이명박의 경제정책에 자신의 의견을 명백히 밝혀야 한다.

그럼에도 보라. 박근혜는 침묵만 지켜왔다. 어부지리를 얻겠다는 속셈 아닐까? 그것이 아니라면 묻지 않을 수 없다. 박근혜의 경제정책은 지금 이명박 정권의 신자유주의 정책, 아니 '줄푸세 정책'과 얼마나 다른가?

이명박의 대안이 박근혜라는 주장은 조지 부시의 대안이 버락 오바마가 아니라 존 매케인이라는 우스개와 다를 바 없다. 거듭 강조하지만 이명박─박근혜 두 사람의 경제정책은 같다. 이명박 정권의 대안이 결코 박근혜일 수 없는 까닭이다.

그래서다. 이명박 정권을 앞으로 '한나라당 정권'으로 이야기해갈 때다. '친이'든 '친박'이든 저들은 모두 노골적인 신자유주의자들이다. 한나라당 정권의 진실을 우리 이웃과 벅벅이 확인해갈 때다. 또다른 환상을 갖기엔 경제 현실이 너무 차갑다. _ 2008년 11월 13일

취업 – 실업 한파 '줄푸세'로 푼다?

한파가 엄습했다. 옷깃을 파고드는 칼바람이 매섭다. 올 겨울 내내 국민 대다수인 민중에게 '경제 혹한'이 몰아칠 전망이다. 새해 봄이 오더라도 물러가지 않을 기세다.

미국 금융위기가 실물 경제로 퍼져가면서 대외의존도 높은 한국경제가 휘청거리고 있다. 당장 금융권이 칼바람을 맞았다. '희망퇴직'이라는 이름의 해고를 저지르고 있다. 비단 금융권만이 아니다. 건설업만도 아니다. 제조업 전반에 걸쳐 대량실업 사태가 예고되고 있다. 졸업 앞둔 대학가도 취업 찬바람이 불고 있다.

그런데 어떤가. 이명박 정권은, 한나라당 정권은, 어떻게 대처하고 있는가. 여전히 장밋빛만 늘어놓는다. 내년 우리 경제가 3퍼센트 안팎의 저성장에, 일자리는 12만 내지 13만 개 늘어날 전망이지만, 대규모로 재정을 투입해서 4퍼센트 안팎의 경제성장에 일자리 20만 개를 늘리겠단다.

이명박 정권에 현실 판단력이 과연 있는지 거듭 의문을 던질 수밖에 없는 이유다. 이 정권의 장밋빛 전망에 대다수 경제 전문가들 반응은 차갑다. 우리 경제가 처한 현실과 동떨어져 있기 때문이다. 국책연구기관인 한국개발연구원조차 내년 성장률을 3.3퍼센트로 전망하면서도 일자리는 10만 개 안팎으로 떨어지고 심지어 만 단위로 떨어질 가능성을 내다봤다.

명토박아둔다. 이명박 정권의 경제정책을 줄기차게 비판하는 까닭은 결코 '발목'을 잡으려는 데 있지 않다. 위기가 커져가는데도 정권의 판단력이 도통 미덥지 않아서다. 차분히 톺아볼 일이다. '경제 살리기'를 내세운 이명박 대통령은 후보시절 해마다 일자리 60만 개를 창출해 2012년에는 총 300만 개를 만들겠다고 공약했다. 하지만 집권 직후인 지난 3월, 일자리 창출 목표를 슬그머니 35만 개로 줄였다. 성장률이 떨어지자 다시 7월에는 일자리 창출 목표를 20만 개로 사부자기 낮췄다.

문제의 핵심은 정권이 끝없이 목표를 낮춘 데 있지 않다. 실제 고용 창출이 훨씬 낮은 수준이라는 데 있다. 10월에는 마침내 10만 명 아래로 추락했다. 가장이 실업자인 백수가정도 가파르게 늘어나고 있다. 통계청에 따르면 가구주가 무직인 가구 비중이 15퍼센트에 이른다.

그렇다. 장밋빛 전망 따위로 언구럭부릴 때가 아니다. 일자리 창출 목표를 줄여왔는데도 왜 달성하지 못했는지 뼈저리게 반성할 때다. 원인은 명백하다. 다만 대통령에게 올곧게 일러줄 사람이 없을 따름이다. 바로 줄푸세 정책 때문이다. 세금 줄이고 규제 풀고 법질서 세우자는 줄푸세는 이명박 대통령과 한나라당 정권의 '공식 노선'이다. 물론 그 '원조'는 박근혜 의원이다. 재벌 규제 완화와 부자들의 감세정책, 서슬 푸른 공권력으로 실업과 취업 한파에 대처한다? 경제학의 상식에도 어긋날뿐더러 현실과도 맞지 않다.

　현재의 정책 틀, 줄푸세를 고집하면서 일자리 늘리기가 불가능하다는 사실은 이미 확인되었다. 같은 잘못을 더는 되풀이할 수 없다. 그렇게 하기엔 우리 경제 사정, 일자리 상황, 민중의 살림이 무장 악화되고 있다. 언죽번죽 입으로만 '실용주의'를 부르댈 만큼 한가한 때가 아니다. 줄푸세는 결코 답일 수 없다. 경제를 되레 죽일 뿐이다.

　'줄푸세 정권'에 들을 귀 있을지 회의적이지만 쓴다. 자본 중심의 경제정책을 노동 중심으로 바꿔라. 일자리에 국한해 다시 쓴다. 사회적 일자리 대대적 확산, 노동시간 단축을 통한 일자리 나누기에 나서라. 더 늦기 전에 추진하라. _ 2008년 11월 17일

이명박 대통령과 박근혜 의원의 '차이'

침묵하던 한나라당 박근혜 의원이 마침내 입을 열었다. 경제 담당 기자들과 점심 먹는 자리였다. 박 의원은 경제 위기와 관련해 "이 부처, 저 부처로 나눠져 조율이 안 되는 것 같다"며 "적어도 국제금융이나 최근 국내외 상황을 종합 컨트롤할 수 있는 타워가 필요하지 않겠느냐"고 말했다. 박 의원은 또 "최고로 잘할 사람이라는 평가를 받는 인사라면 전 정부의 인사라도 쓸 수 있어야 한다"고 강조했단다.

경제 위기와 관련한 박 의원의 발언은 일단 주목할 만하다. 최근 경제 위기가 커져가고 있는 데는 이명박 정권이 강행하는 '줄푸세 정책'이 큰 몫을 차지하고 있기 때문이다. 두 사람의 경제 정책에 어떤 차이가 있는지를 추궁한 칼럼 〈이명박 대통령의 대안이 박근혜?〉에 응답을 들은 셈이다.

박 의원의 발언은 이 대통령과 분명 차이가 있다. 《조선일보》《동아일보》《중앙일보》가 부각했듯이 '전 정부 인사 중용론'이 그렇다. "경제부총리가 필요하다고 하는데 대부분의 선진국에는 경제부총리가 없다"고 말한 대통령의 발언과도 차이를 드러냈다.

그런데 묻고 싶다. 과연 그것이 '경제 정책'의 차이일까? 문제의 핵심은 어떤 정책으로 오늘의 민생 위기를 해결해나갈 것인가에 있다. 물론, 줄푸세 정책에 대해서도 박 의원은 차이가 있음을 은근히 강조했다. 가령 "무조건 푼다고 좋은 것은 아니고 분명한 원칙과 기준이 있어야 한다"며 "시장경제가 공정하게 돌아가기 위한 감독과 규제는 철저히 하고 시장의 발목을 잡는 것은 풀어야 한다"고 지적했다. 아울러 "이번 미국 금융위기 파장도 원칙을 안 지켰기 때문 아니냐"고 말했다.

하지만 '원칙'을 강조하는 원칙론으로 사부자기 넘어갈 문제가 아니다. 미국 금융위기가 원칙을 지키지 않아서 일어났다는 박 의원의 인식에선 여전히 시장 만능주의자들의 사고가 묻어나기 때문만은 아니다. 박 의원의 수도권 규제완화 비판은 영남 출신 한나라당 의원들의 요구와 이어져 있기에 그것을 규제 완화의 '원칙'으로 이해하기 어려워서만도 아니다. 박 의원의 '공정한 시장경제' 원칙이 모호해서다.

그래서다. 곧장 묻는다. 부자들의 세금을 대폭 줄이는 종부세 개편을 박 의원은 어떻게 보는가. 중소기업의 절박한 요구를 들어주지 않은 채 말로만 '중소기업 지원'을 부르대는 대통령과 자신의 중소기업 정책은 어떻게 다른가. 비정규직 양산과 탄압을 어떻게 보는가. 한미자유무역협정 비준만이 우리 경제의 살길처럼 저돌적으로 나선 대통령과 무엇이 다른가. '분명한 원칙'을 밝혀야 한다. 정작 핵심 문제에 언급 없이 차별성을 부각하는 모습은 책임 있는 정치인답지 않다.

박 의원이 경제 담당 기자들과 만난 날, 이 대통령은 워싱턴 특파원들과 만났다. 대통령은 오바마의 FTA재협상론과 관련해 "선거 때 무슨 이야기를 못하나. 그렇지 않은가. 표가 나온다면 뭐든 얘기하는 것 아닌가. 세계 어느 나라든지"라고 언죽번죽 말했단다.

솔직한 미덕으로 박수를 쳐야 옳을까, 유권자인 국민을 낮춰보는 악덕을 질타해야 옳을까. 새삼 궁금하다. 차별성을 애써 부각하고 나선 박 의원은 이 대통령과 과연 얼마나 차이가 있을까. _ 2008년 11월 18일

부시처럼 MB를 사랑할 수 없는 이유

페루 리마. 이명박 대통령, 조지 부시 미국 대통령, 아소 다로 일본 총리가 모였다. 그 자리에서 이 대통령은 김대중—노무현 전 대통령을 언급하며 "대북 정책은 진정성과 일관성을 갖고 해나가야 한다"고 주장했다. 그러자 부시가 맞장구를 쳤다. "그게 바로 내가 당신을 사랑하는 이유다That's why I love you." 이명박MB 대통령 또한 부시의 '리더십'을 찬양했다.

부시가 MB를 사랑하는 '진실'을 처음 알았다. 그러고 보니 두 사람은 어금버금하다. 비록 이 대통령은 자신이 버락 오바마 당선자와 닮았다고 주장하지만 경제정책도 대북정책도 부시와 쌍둥이에 가깝다. 부시가 밝힌 '사랑하는 이유'가 증거다. 하지만 대한민국 국민의 한 사람으로서 나는 부시는 물론, MB를 사랑할 수 없다. 사랑하지 않는 이유는 바로 부시가 사랑하는 이유에 있다.

부시와 MB가 서로 추어올리며 사랑을 나눌 때다. 북쪽의 대남기구인 조국평화통일위원회(조평통)는 이명박 대통령에게 분노를 터트렸다. 조평통은 대변인 담화에서 이 대통령이 "역사적인 6.15남북공동선

언과 10.4선언을 부정하는 단계를 넘어 이제는 국제무대에서까지 북침
전쟁을 '최후목표'로 선포"했다고 비판했다.

남쪽에서 듣기엔 '북침전쟁'은 과장으로 판단할 수 있다. 그러나 이
정권 들어 일부 탈북단체와 민간단체가 제작한 자극적인 '삐라'가 사
실상 정권의 '비호'아래 북쪽으로 대량 살포되고 있는 현실은 어떻게
읽어야 옳을까. 적어도 이명박 정권이 남북 기본합의서의 '상호 비방
과 중상 금지' 원칙조차 지킬 의지가 없음은 확인된 셈이다.

북쪽만이 아니다. 이 정권의 대북정책은 남쪽에서도 세찬 비판을 받
고 있다. 사회 각계 원로들이 발기인으로 참여한 '남북관계 정상화를
위한 시국회의'는 기자회견을 열어 이명박 정권이 남북관계를 위기로
몰아간다고 비판했다. 심지어 조용기 순복음교회 목사를 비롯한 보수
적 기독교인들까지 나섰다. 개신교계 103명 이름으로 낸 성명은 "북한
의 내부 변화를 목표로 하는 대결 유발적 정책을 강행하기보다 북핵 폐
기와 북미·북일 수교, 경제협력과 평화체제 정착 등 좀더 유연하고 포
괄적인 접근을 균형적으로 추진해나갈 것"을 촉구했다.

문제는 여기서 그치지 않는다. 부시의 사랑을 받는 MB의 사고는 대
단히 위험한 수준이다. 청와대 외교안보정책 조정회의에서 "북한이 내
욕을 계속하는데 왜 가만히 있느냐" 다그치고 "남북관계가 악화한다
고 해서 (남북) 긴장이 고조돼 우리 경제에 악영향을 준다는 생각을 버
려라"는 취지로 발언했다는《한겨레》보도를 처음 읽었을 때 고백하거
니와 나는 충격을 받았다. 설마 대통령의 사고가 그처럼 허접할까 싶었
기 때문이다. 그런데 기사를 쓴 취재기자에 따르면 청와대는 곧장 부인
했으면서도 '발설자'를 색출한다며 강도 높은 '보안조사'를 벌이고 있
단다.

어떤가. 그렇다면 사부자기 넘길 문제가 결코 아니지 않은가. 주권자인 국민이 이명박 대통령의 실체를 새삼 직시할 때다. '북한이 내 욕을 하는데 왜 가만히 있느냐'라는 언구럭은 '위험한 치기'로 묻어둔다고 하자. 하지만 남북관계 악화가 경제에 악영향 준다는 생각을 버리라는 대통령의 말은 오늘의 민생 위기와 너무 동떨어져 있지 않은가.

그래서다. 부시의 사랑 받는 대통령을 조금도 축하할 수 없다. 아니, 이 나라 대한민국 모든 국민에게 옷깃을 여미며 묻고 싶다. 케케묵은 냉전논리에 찌든 부시보다 더 나간 이명박 대통령, 경제 위기조차 살천스레 아랑곳하지 않는 대통령을 과연 우리 언제까지 인내해야 옳은가.

_ 2008년 11월 24일

목숨 건 대통령, 목숨 위기 한국경제

목숨을 건단다. 이명박 대통령의 '결기'다. 그 말을 처음 접했을 때, 반가웠다. 한나라당 지도부와 아침 밥 먹는 자리여서 더 그랬다. 〈논어〉 헌문憲問편의 '견위수명見危授命'(나라가 어려울 때 목숨을 바친다)을 들어 경제 위기를 극복하자고 강조했단다.

뒤늦게나마 이 대통령이 경제 위기 심각성에 정신을 차렸나 싶었다. 집권당과 서둘러 대책 세우기에 나섰나 싶었다. 지금 주식 사면 1년 뒤 부자 된다는 식의 천박한 사고에서 벗어났나 싶었다. 비로소 대통령답게 한국경제 전반을 책임지려는 자세를 갖추려나 싶었다.

하지만 그 어느 것도 아니다. 대통령 발언은 엉뚱한 곳을 조준하고 있다. 그는 10년 전 외환위기 때를 들었다. 노동법과 금융개혁법을 제대로 처리하지 못해 해외 투자자들의 불신을 샀단다. 이어 지금 여러 나라가 한국을 주시하고 있어 규제개혁 법안들이 꼭 통과될 수 있도록 해야 한다고 부르댔다.

기막힌 일이다. 노동법과 금융개혁법을 제대로 처리 못한 게 문제란다. 대체 노동법과 금융개혁법을 어떻게 처리했어야 옳았다는 말인가.

못토박아둔다. 오늘 민생 위기가 무장 가중되는 상황은 당시 노동법으로 정리해고가 도입되고 비정규직이 양산되었기 때문이다. 김대중 정권이 대다수 금융기관을 외국 투자자들의 손에 열어놓고, 노무현 정권이 '금융 허브'를 추진해서다.

그 결과다. 미국 금융 위기로 한국 금융 기관들이 곧장 흔들리고, 과잉 구조조정과 더불어 비정규직 노동자들의 급증으로 국민 대다수의 경제 생활이 고단해졌다. 한국경제의 선순환구조가 아예 붕괴된 이유가 바로 그곳에 있다.

따라서 세계적 경제 위기를 맞아 지금 한국경제의 당면 과제는 가능한 최선을 다해 선순환 구조를 형성하는 데 있다. 내수 구조를 튼실하게 만들어야 할 시점에 대통령은 정반대로 치닫는 셈이다. 여전히 상황을 잘못 판단하고 있다는 증거다.

문제는 더 심각하다. 그럼에도 대통령 자신이 '개혁적 대통령'으로 '오해'하고 있기 때문이다. 보라. 그는 "이렇게 어려울 때 개혁을 해야 한다"며 언죽번죽 덧붙였다. 어떤 정책이 인기가 있는지, 없는지 다 알고 있단다. 심지어 "그러나 국가 미래를 위해서는 인기가 없고 비판을 받더라도 해야 한다"고 주장했다. 사뭇 비장감마저 느껴지는 말이다. 그런데 실소가 터져 나오는 것은 왜 그럴까? 나만 그런 걸까?

하지만 실소에 그칠 수 없다. 다가오는 경제 위기로 얼마나 많은 이 땅의 국민이 고통 받겠는가? 그래서다. 위기를 더 증폭시킬 게 분명한 정책을 좌시할 수 없다.

그가 말한 '선비의 도리'란 기실 선비에 대한 모욕이 아니던가.

신자유주의가 논리적으로 파산하고 세계 여러 나라가 새로운 경제 정책을 구상하는 상황에서 대한민국 대통령은 신자유주의 강화에 목숨 건단다. 울뚝밸을 삭이며 자칭 'CEO 대통령'에게 묻는다. 참으로 한국경제를 '현대건설 꼴' 만들 셈인가. 한국경제의 목숨이 위태로운 오늘이다. _ 2008년 11월 28일

흰소리군 김영삼과 이명박의 공통점

"김대중이라고 하는 사람에게 제일 좋은 방법은 이북에 보내는 것이다."

김영삼이라고 하는 사람의 말이다. 《중앙일보》 일요판 인터뷰에서 그는 강조했다. "이북에 가서 살도록 하는 게 최선"이라고. 그렇다. 그게 김영삼의 실체다. 한때는 '민주인사'로 불렸던 그는 대통령 취임사(1993년)에서 '어느 동맹국도 민족보다 나을 수 없다'고 한 자신의 발언을 실수라고 '해명'했다. 김영삼의 흰소리는 예서 그치지 않았다. 그는 "외환위기에 책임을 지라면 김대중이 최소한 60퍼센트는 져야 한다"고 부르댔다. 그가 얼마나 황당한 사람인가를 스스로 폭로한 셈이다.

전직 대통령까지 칼럼에 들먹일 여유는 없다. 아무 권력도 없는 자연인 김영삼에 대해 쓸 만큼 이 나라가 한가하지 않아서다. 문제는 그의 흰소리를 꼭 빼어 닮은 사람이다. 누구일까? 한나라당 박희태 대표를 보라. 그는 개성공단이 파탄으로 치닫는데도 언죽번죽 말했다. "우리 쪽에도 그 정도 공단은 수백 개가 있다." 이어 반문했다. "그거 하나가 우리 경제에 무슨 큰 악영향을 미치겠느냐?"

그는 민주당, 민주노동당, 창조한국당 3당 대표가 공동으로 대북정책 수정을 요구하자 살천스레 주장했다. '종북주의적 태도'와 그에 대한 맹신을 경계해야 한단다. 잘못된 정책 비판과 종북주의가 대체 무슨 관계란 말인가. 전형적인 '국가보안법 발상'이다. 그의 흰소리 뒤에는 이명박 대통령이 있다. 《조선일보》《동아일보》《중앙일보》가 모르쇠하고 있지만, 《한겨레》가 보도한 대통령 발언은 놀랍다. 미국이 북을 '테러지원국'에서 해제한 게 '북쪽 위협에 굴복한 잘못된 대응'이라는 대통령, 북이 자신을 욕하는 데 왜 가만히 있느냐고 힐난하는 대통령을 보라. 그 아래서 한자리씩 차지한 사람들이 무엇을 하겠는가.

그렇다. 흰소리군 김영삼과 이명박 대통령은 어금버금하다. 책임 전가도 그렇다. 1997년 구제금융 사태를 부른 큰 원인 가운데 하나가 김영삼의 무분별한 '금융개방'임은 누구나 아는 사실이다. 그럼에도 책임의 60퍼센트를 당시 야당 대표에게 돌리는 김영삼을 보라.

오늘 남북관계의 파탄이 남북공동선언까지 부정하는 이명박 정권에 있음은 누구나 아는 사실이다. 그럼에도 대통령과 집권당 대표는, 수구신문들은 남북관계 파탄마저 북의 책임이라고 되술래잡는다. 대북 '삐라살포'도 정부가 단속할만한 법적 근거가 없단다. 대체 저들은 국민을 무엇으로 알기에 저런 언구럭을 서슴지 않는 걸까.

공통점은 더 있다. 김영삼은 임기 내내 '선진국'을 노래했다. 금융을 개방했다. 그 결과는 구제금융과 대량 실직사태다. 지금도 선진국 타령인 이명박 정권의 '금융선진화' 부르대기는 그 닮은꼴이다. 기어이 마지막까지 닮고 싶은 걸까. 아니다. 그럴 수는 없다. 그가 실패한 대통령이 되는 것은 자유이지만, 그로 빚어지는 국민 대다수의 고통은 결코 그의 자유일 수 없기 때문이다. _ 2008년 12월 1일

'체제 위협세력'은 청와대 안에 있다

"내년 2월이 오면 대졸 실업자가 쏟아진다. 3월과 4월이 되면 많은 중소기업이 부도 날 가능성이 높다."

들머리의 두 문장은 《경향신문》이 보도한 정정길 대통령 실장의 말이다. '진보의 싱크탱크'인 새로운사회를여는연구원(새사연)이 오래 전에 내놓은 전망과 비로소 가까워졌다.

늦었지만 청와대가 위기를 바로 인식했다는 신호로 받아들일 만하다. 이명박 대통령의 인식도 사뭇 달라 보인다. 대통령은 12월 2일 '무역의 날' 축사에서 "금융시장 불안이 실물 경제로 확산되면서 내년에 대다수 선진국의 마이너스 성장이 예상되고, 호황을 누리던 개발도상국들도 성장이 크게 둔화될 것"이라며 내년 상반기가 가장 어려울 것이라고 말했다. 그 또한 새사연의 진단과 같다. 하지만 정확히 거기까지다. 위기 인식만 동일한 수준에 이르렀을 뿐이다.

대응 방향과 정책 대안은 정반대다. 보라. 정 실장의 발언을. 그는 대졸 실업자와 중소기업 부도 줄도산 가능성을 말한 뒤 곧장 말했다.

"이들이 (상황을) 구조적 문제로 돌리게 되면 현 정부나 체제에 대한 위협세력이 될 수 있다.”

상황 논리로 전혀 이해 못할 바는 아니다. 한나라당의 ‘박근혜 파벌’ 국회의원 6명과 점심을 먹는 자리였기 때문이다. ‘협조’를 구하려는 차원이라고 볼 수 있다. 하지만 그렇게만 보기 어려운 이유가 명확하게 있다. 결국 정 실장이 그들에게 당부한 게 정부가 내놓은 예산안과 법안 통과였기 때문이다.

문제의 핵심은 정부가 위기를 인식하면서도 여전히 부자만 더 부자 되게 하는 ‘부자 법안’을 고집하는 데 있다. 대졸 실업자들과 중소기업을 배려한 예산도 아예 없거나 턱없이 부족하다. 더구나 대통령은 무역의 날 축사에 이어 국무회의에선 공기업 구조 조정을 독려했다. 그 결과는 무엇일까. 경제 위기 심화다. 기실 이명박 정권이 지금까지 해온 것은 대기업과 금융 규제 완화에 더해 대통령 자신을 포함한 ‘큰 부자’들만을 위한 감세 아니던가. 그것을 빨리 통과시켜달라며 그 이유로 경제 위기를, 아니 더 정확히는 ‘체제 위협세력’을 들먹이는 이 정권을 어떻게 이해해야 옳은가. 게다가 구조 조정을 살천스레 독려하는 대통령을 보라.

말로만 대기업과 중소기업 상생, 노사 상생을 언죽번죽 강조할 때가 아니다. 경제 위기가 무장 심화될 게 분명해지고 있는데도, 부자들을 위한 정책과 법안 처리를 강행한다면, 구조 조정에 정부가 앞장서겠다면, 그러면서도 ‘체제 위협세력’을 염두에 둔 법질서 강화만 부르댈 깜냥이라면, 명토박아 묻는다.

과연 누가 체제 위협세력일까? 부자 정권인 이명박 정권, 바로 그 자신이야말로 대한민국 체제의 위협세력 아닌가.

국민 대다수에 벅벅이 고통을 불러올 경제 위기 해결보다 기득권 늘리기와 정권 지키기에만 몰입한다면, 그 정권은 '위협'받아 마땅하다. 대한민국은 모든 권력이 국민으로부터 나오는 민주주의 체제이기 때문이다. 그 체제를 지키는 일은 국민의 거룩한 의무이기 때문이다.

_ 2008년 12월 2일

방송 쿠데타 나선 '나경원 법안'

저 암울한 시대의 '전설' 같은 이야기다. 쿠데타에 나선 군부는 권력의 핵심부와 동시에 지상파 방송을 장악했다. 이유는 단순하다. 국민 여론을 제멋대로 조작하기 위해서다. 쿠데타로 잡은 권력을 정당화하기 위해서다.

대한민국 이 땅에서 군부 쿠데타는 이제 불가능하다. 수많은 민주시민이 피를 흘리며 민주주의를 여기까지 전진시켜왔다.

그러나 보라. 공황과 다름없는 경제 위기의 엄습으로 국민 대다수가 불안감에 사로잡혀 있는 지금, 전직 대통령의 친형 구속에 국민적 관심이 쏠리고 있는 틈을 타, 공영 방송을 장악하려는 '쿠데타'가 버젓이 자행되고 있다. 한나라당이 내놓은 방송법 개정안이 그것이다.

한나라당 개정안에 따르면 신문권력은 물론, 삼성을 비롯한 재벌들이 지상파 방송을 장악할 수 있다. 그 개정안은 방송통신위원회가 최근 대기업의 지상파 방송 진출 허용 기준을 10조 원 미만으로 확대하려는 시도와 견주어보더라도 제한 규정을 아예 없애는 쿠데타적 발상이다.

맨 앞에 총대를 맨 인물은 누구일까? 한나라당 제6조정위원장 나경원이다. 야만적인 '방송 쿠데타'를 호도할 적격이라고 생각한 걸까?

하지만 그렇다고 해서 방송 쿠데타의 추한 몰골이 가려지는 것은 결코 아니다. '나경원 법안'은 방통위의 '최시중 체제'가 추진해온 규제 완화 수준을 단숨에 뛰어넘었다. 아예 규제를 없애겠다는 발상이다. 오죽하면 방통위조차 "한나라당이 그렇게 할 리 없다"며 당혹감을 보이겠는가?

그렇다. 지금 나경원 법안이 추구하는 것은 여론을 의식해 가식으로나마 재벌 진입은 안 된다고 주장해왔던 '최시중 체제'와 달리 아예 노골적이고 원색적으로 재벌과 신문권력에 지상파 공영 방송을 팔겠다는 '선언'이다. 20퍼센트 제한을 두었다고 언구럭부릴지 모르지만, 그 지분만으로도 얼마든지 경영권을 장악할 수 있다는 사실은 누구나 알고 있다. 나경원은 한국방송KBS 사장 해임 당시에 청와대 대변인과 국가정보원의 국내정보 책임자까지 참여한 '대책 회의'에도 참석해 말썽을 빚은 바 있다. 그의 개정안이 청와대와 사전 협의 없이 만들어졌다고 보기 어려운 이유다.

이미 한나라당은 KBS를 분리해 2TV를 '민영화'하고 MBC도 '민영화'하겠다는 검은 속셈을 솔솔 흘려왔다.

결국 이명박 정권의 노림수는 무엇일까? '민영화'란 이름으로 포장하고 있지만, 삼성을 비롯한 재벌과 《조선일보》《동아일보》《중앙일보》에게 KBS 2TV와 MBC를 넘기겠다는 '야욕' 아닐까? 나경원 법안을 방송 쿠데타로 규정하는 이유다. 만일 나경원 법안이 한나라당이 장악한 국회에서 통과되면 어떻게 될까? 우리는 재벌과 수구신문이 경영은 물론, 보도까지 장악하는 '재벌 방송'과 '조중동 방송'을 하릴없이 바라볼 수밖에 없다.

그렇다. 대낮에 저들은 지금 쿠데타를 모의하고 있다. 전두환 정권
도, 노태우 정권도 감히 꿈꾸지 못한 쿠데타다. 저 쿠데타를 그저 지켜
만 보아야 옳은가? 대한민국의 민주시민에게 묻는다. _ 2008년 12월 5일

4.19가 데모? 이명박 대통령 뜻인가

　4.19가 데모란다. 이명박 정권이 '건국 60년 기념사업'으로 만든 영상물에 그렇게 규정되었다. 교육과학기술부가 전국 초중등학교에 배포한 영상물 〈기적의 역사〉는 4.19혁명의 의미에 대해 전혀 언급이 없다. 《한겨레》 보도에 따르면 이승만 찬양 일색이다.

　무릇 역사를 보는 관점은 얼마든지 다를 수 있다. 실제로 사관에 따라 같은 현상을 달리 보기도 한다. 하지만 거기에도 지켜야 할 게 있다. 가령 아무도 노예제도를 찬양하지 않는다. 물론, 우리 역사를 바라보는 눈은 오래전부터 뒤틀려왔다. 일제 강점기에 '근대화'를 이뤘다는 이른바 '식민지근대화론'자들이 국립대학인 서울대학에 똬리 틀고 꾸준히 세력화해왔다. 심지어 저 윤똑똑이들은 마치 자신들만이 역사의 진실을 담보한 듯 행세하고 있다. 수량으로만 경제사를 바라보고 그것을 역사 전반에 걸쳐 해석하는 만용을 아무런 성찰 없이 저질러왔다.

　마침내 저들은 갈 곳까지 가고 있다. 저들이 이승만을 찬양하든 말든 자유다. 하지만 이승만이 독재정권이었고 그 독재정권에 맞선 게 4월 혁명임은 누구도 부정할 수 없는 사실이요, 진실이다.

그런데 4.19가 데모다? 국립대학에 몸담은 '일본 유학파'들이 식민지근대화론을 부르댔던 식민사관의 연장선이다. 이미 그들은 '세미나' 형식을 빌려 4.19를 폄하한 바 있다. 하지만 국립대학 윤똑똑이 교수들 몇몇의 주장과 정부 공식 영상물은 차원이 다르다. 그래서다. 이명박 대통령에게 곧장 묻는다. 4.19가 데모라는 게 대통령 뜻인가?

청와대는 명토박아 국민 앞에 답하기 바란다. 교과부 관계자는 4.19를 부정하자는 게 아니라 1960년대 당시 '대한뉴스'의 표현을 그대로 쓴 것일 뿐이라고 언구럭부렸다. 국민을 우롱할 셈인가? 우물쭈물 할 일이 아니다. 명토박아 '데모'인지 혁명인지를 밝힐 때다.

이른바 〈기적의 역사〉에 생게망게한 일은 더 있다. 5월항쟁도 6월항쟁도 없다. 백번 양보해서 경제성장에 집중했다고 할 수도 있다. 하지만 그렇다면 제목을 바꿨어야 옳다. 더구나 경제성장의 튼실한 밑절미였던 국민을 제대로 조명했어야 옳다. 지난 광복절 기념사에서 모시한복 입고 나와 '기적의 역사'를 언급하며 주인공은 '국민'이라고 말한 대통령 발언은 한낱 가식이었던가?

4월혁명을 '데모'로 업수이 여기고, 5월항쟁도 6월항쟁도 남북정상회담도 아예 없는 일이고, 인공 청계천엔 찬가를 읊어대는 영상물을 초중등학생들에게 가르치라? 어떤가? 정권의 깜냥이 스스로 부끄럽지 않은가? 독재와 부정선거로 쫓겨난 이승만을, 자신의 고향 대구—경북의 민주인사들을 줄줄이 사법 살인한 박정희를, 광주 민주시민을 대량 학살한 전두환을 찬양하는 영상물을 버젓이 만들어 배포하는 이명박 정권에 묻는다.

구렁이 담 넘어가듯 언죽번죽 넘길 일이 결코 아니다. 정직하게 자신의 생각을 밝혀라. 4.19는 데모인가?_ 2008년 12월 8일

천국과 지옥 [3]

천국이 아닐까, 인간 이명박에게 오늘은. 기실 그는 세칭 '성공시대'의 대명사다. 새벽 거리의 청소부로 애면글면 학비를 마련하던 대학생 이명박을 떠올려볼 일이다. 현대건설 신입사원으로 들어가 서른다섯 살에 사장 자리에 올랐다. 현대건설 회장을 거쳐 국회의원과 서울시장을 누렸다. 무일푼이던 20대 이명박의 재산은 '공식' 집계만으로도 수백억 원이다. 어느새 1년 전이다. 그가 대통령에 당선된 날은 예순여섯번째 생일이었다.

그렇다. 인간 이명박은 '축복'받은 인물이다. 더구나 교회 장로로서 얼마나 '돈독' 한가. 산사의 눈 깊은 선승마저 거리로 나서서 종교 차별을 비판할 정도다. 장로로서 그의 '천국행'은 이미 보장받았다고 볼 수

---

3 이 글은 《한겨레》 2008년 12월13일자에 손석춘 칼럼으로 게재되었다. 이명박 대통령은 다음날인 12월 14일 절대빈곤층 대책을 세우라고 강조했다. 하지만 부자 중심의 정책과 법안을 강행처리하는 이 정권이 절대빈곤층 대책을 운운하는 것은 정치적 수사에 지나지 않는다.

있다. 아니, 부와 권력을 거머쥔 그에게 천국은 이미 강림하지 않았을까.

인간 이명박의 '성공'을 여기서 시뻐할 뜻은 없다. 초고속 출세 뒤에는 박정희와 정주영이 있었다거나, 국회의원직을 불명예스럽게 사퇴했다거나, 자녀 위장취업이 불거지고 'BBK 설립자'를 스스로 밝혔던 사건들도 덮어두자. 분명 그는 대한민국에 태어나 모든 것을 가졌고 지금 이 순간도 누리고 있다.

바로 그래서다. 대통령 아닌 인간 이명박에게 성찰을 촉구한다. 과연 그의 미래도 그럴까? 명토박아 말한다. 아니다. 장로로서 예수의 가르침을 정면 위배하고 있어서다.

찬찬히 톺아볼 일이다. 대통령 당선 이후 그는 줄곧 극소수 부자들만 대변해왔다. 종부세의 사실상 폐지가 상징적인 보기다. 법인세와 상속세도 마구 내린다. 재벌 편향을 무람없이 강행한다. 하지만 어떤가. 예수의 가르침은. 부자가 천국에 들어가기는 낙타가 바늘구멍에 들어가기보다 어렵다고 곰비임비 이르지 않았던가. 부자 대통령인 그가 부자신문과 볼맞아 부자들 축재에 앞장서는 모습은 예수의 가르침과 어긋난다. 게다가 그는 대한민국을 분열과 갈등의 늪으로 몰아가고 있다. 보라, 이 정권이 으밀아밀 부추기는 이른바 '뉴라이트'들을. 저들은 살천스레 '척결'을 부르댄다. 가령 자칭 한 '우익 인사'는 주장한다. "촛불시위는 오프닝 게임에 불과하다. 내년 봄 광란의 폭동을 척결하려면 국정원법을 비롯해 안보 관련 법을 개정해야 한다." 내년 봄에 광란의 폭동이 일어난단다. 그들을 척결해야 한단다. 그 말에 큰 박수가 터져 나왔단다. 한나라당 최고위원 공성진은 "동지들"이라고 연설했다. 국회의원 전여옥도, 심재철도 '찬가'를 불렀다.

부자 정책과 '좌파 척결'은 이어져 있다. 저들이 기다리는 '내년 봄

광란의 폭동'은 무엇인가. 다름 아닌 대통령실장 정정길의 발언에서 확인할 수 있다. 대통령실장은 내년 2월이 오면 대졸 실업자가 쏟아지고, 3월과 4월이 되면 많은 중소기업이 부도날 가능성이 높다고 진단했다. 이어 한나라당 의원들에게 법안 처리를 당부하며 언죽번죽 말했다. "이들이 (상황을) 구조적 문제로 돌리게 되면 현 정부나 체제에 대한 위협세력이 될 수 있다."

그렇다. 저들은 부자 편향 정책을 펴며 생존권 요구에 나설 민중을 상대로 지금 이 순간 '척결의 칼'을 갈고 있다. 핏빛 갈등 막으려 고심할 섬에 전열을 정비하는 셈이다. 과연 그래도 좋은가. 그게 공화국의 대통령 깜냥인가. 아니, 장로 이명박에게 정색을 하고 묻는다. 예수의 가르침이 무엇인가. 그 고갱이는 사랑 아니던가.

만일 이명박 정권이 벅벅이 부자만을 위한 정책을 고집하고 그에 항의하는 국민을 척결하겠다는 망상에서 벗어나지 않는다면, 과연 어디일까, 인간 이명박에게 내일은. 지옥이 아닐까. _ 2008년 12월 15일

'이명박 법안'이 민생법안? 소가 웃을 일

"전대미문의 경제위기로 처리가 시급한 민생법안을 언제까지 외면하려 하는 것인지 도저히 납득이 안 된다."

2008년 12월 18일자 《중앙일보》 사설이다. 말만 보면 틀린 게 없다. 경제 위기로 민생법안이 다급한 것도 사실이다. 그것을 외면한다면 도저히 납득할 수 없을 터다. 그런데 맥락을 살펴보면 전혀 다르다. 《중앙일보》 사설이 '민생 법안'으로 주장하는 것은 '이명박 법안'이다.

이명박 정권의 정책이 민생과 거리가 멀다는 사실은 새삼 말할 나위가 없다. 국회에 남은 법안도 부자만을 위한 정책을 현실화하려는 악법들이 대다수다. 부익부빈익빈을 심화시킬 게 분명하다. 《중앙일보》 주장처럼 '전대미문의 경제위기'를 맞았기에, 그 정책과 법안으로는 국민 대다수인 민중의 생존권마저 지키기 어렵다.

그래서다. 참으로 궁금하다. 이명박 법안이 민생법안이라는, 말살에 쇠살인 주장은 과연 어디서 나온 걸까? 그 사설을 낸 논설위원실의 공통된 '신념'일까? 아니면, 그렇지 않다는 사실을 알면서도 그렇게 쓰는 걸까? 어느쪽이든 문제가 심각하다. 전자는 머리가 비었고, 후자는 양심이 비었기 때문이다. 물론,《중앙일보》만이 아니다.

하루 앞서《조선일보》도 제목부터 사뭇 비장한 사설을 내보냈다. 〈나라가 먼저라는 매케인, 나라는 뒷전인 우리 정치〉 사설의 내용은 미국 대선에서 패한 존 매케인이 방송 인터뷰에서 "경제위기와 이라크전 등이 겹친 지금은 힘든 도전의 시기이므로 오바마 대통령 당선자를 도와 건설적으로 함께 일해야 할 때"라고 말한 사실에서 출발한다. 이어 사설이 겨냥하는 과녁은 한국의 민주당이다. "경제 살리기에 여야가 없다고 했던 민주당 지도부가 모든 국회 일정을 거부하고 나섰다"고 되술래잡는다. 들머리에 소개한《중앙일보》사절 제목도 〈민주당, 더 이상 국민을 실망시키지 말라〉이다.

매케인과 경제위기를 들어 야당을 비판하는《조선일보》사설 또한 전형적인 혹세무민이다. '전대미문의 경제 위기'를 맞아 신자유주의 논리를 벗어나 대응해나가는 오바마의 정책과 신자유주의로 치닫는 이명박의 그것은 전혀 닮은꼴이 아니다. 이명박 대통령 본인은 닮았다고 언죽번죽 주장하지만, 그 말이 우스개가 된 지 오래다. 그럼에도《조선일보》사설은 그 우스개를 논리적으로 전제하고 있다.

경제 위기 앞에서 지금 이명박 정권이 추구하는 대응 방향은 결코 '민생'이 아니다. 정반대다. 민생은커녕 민중 죽이기다. 미국의 금융위기를 보면서도 아무런 성찰 없이 자유무역협정 비준을 강행하겠다는 저들을 보라. 부자들을 위한 정책을 추진하며 공안통치를 합법화하려는 저들을 보라.

저들의 반민주적이고 반민중적인 법안에 반대하고 있는 야당들을 겨냥해 살천스레 비난하는 언론, 바로 그들이야말로 이명박 정권과 꼭 닮은꼴이다. 결코 오바마와 닮은 게 아니다. _ 2008년 12월 18일

민주당은 정권과 국회를 왜 잃었나

"여러분들이 이런 행동을 했기 때문에 서민과 중산층이 여러분을 외면해서 정권을 잃게 한 겁니다."

한나라당 국회의원 이사철이 국회에서 몸싸움을 벌이며 부르댄 말이다. 날치기를 막으려는 민주당 의원들을 겨냥했다. 한국방송KBS은 이사철의 말을 주말 '9시 뉴스'에 생생한 목소리로 녹취해 방송했다. '이병순 체제'가 들어선 뒤 뉴스가 어떻게 달라지고 있는가를 보여주는 상징적 보기다.

그뿐이 아니다. "국민을 걱정시키는 여야의 몸싸움 정치"라는 말로 시작한 보도에서 마지막 인용은 한나라당 대변인 차명진의 말이다.

"내년 상반기가 경제 회생의 놓칠 수 없는 시기입니다. 경제살리기, 민생법안 반드시 금년에 통과시켜야 합니다."

어떤가. 이사철의 첫 녹취와 차명진의 마지막 녹취까지 KBS 뉴스를 보면, 민주당이 경제 살리기나 민생법안에 반대한다고 시청자가 판단하기 십상이다. 바로 그래서 정권을 잃었다는 인식을 하기 쉽다.

비단 텔레비전 뉴스만이 아니다. 부자신문들은 다수결에 승복하라고 민주당을 압박하고 있다. 난장판 국회라고 사뭇 개탄한다.

그래서다. 분명히 밝혀둘 필요가 있다. 저 부자신문과 '이명박 방송'의 파상 공세에 혹 민주당이 주눅 들지 않을까 싶어서다. 공연한 노파심이 아니다. 민주당은 정권을 지닐 때조차도, 국회 과반의석을 지닐 때조차도, 부자신문의 비난에 주춤거리지 않았던가.

왜 민주당은 청와대 권력도, 의회 권력도 잃었을까. 이사철의 부르대기처럼 국회에서 몸싸움을 벌여서일까? 전혀 아니다. 정반대다. 몸싸움과 같은 치열한 투지를 보이지 않았기 때문이다. 차분히 톺아보지 않아도 다 아는 일이다. 청와대와 국회를 다 거머쥐고도 저들은 국가보안법 하나 폐기시키지 못했다. 수많은 민주시민이 국회 앞에서 칼바람 맞으며 밤샘 지원을 해주었어도 그랬다. 입으로만 개혁을 들먹였을 뿐, 한나라당에 곰비임비 밀리고 부자신문에 슬금슬금 눈 맞췄다.

현재의 국회 몸싸움도 그렇다. 몸싸움의 계기는 다름 아닌 한미자유무역협정이다. 지난 주 외교통상통일위가 한미FTA 비준안을 한나라당 의원들만 모여 상정했기 때문이다. 얼마나 희극인가.

한미FTA를 체결한 자가 대체 누구였던가. 눈맑은 허세욱 열사가 온몸을 불사르며 반대했는데도 보란 듯이 곧바로 노무현은 체결했다. 얼마나 숱한 민주시민이 반대했던가. 그럼에도 국민이 낸 혈세 수십억 원을 투입해 노 정권의 국정홍보처는 한미FTA를 홍보했다.

새삼 그 황당한 이야기를 적시하는 까닭은 명백하다. 열린우리당, 곧 지금 민주당이 정권을 잃은 이유는 민주시민들이 폐지하라는 국가보안법이나 노동악법 앞에선 우물쭈물하고, 제발 하지 말라는 한미FTA나 이라크 파병은 살천스레 강행했기 때문이다.

오해없기 바란다. 지금 상황에서 노무현이나 민주당을 희화화할 뜻은 전혀 없다. 뒤늦게나마 노 정권의 신자유주의 정책과 차별성을 부각하려는 민주당의 최근 모습은 평가할 만하다. 다만, 치열함과 투지가 아직은 미덥지 못하다. 저들의 언구력에 넘어갈까 내심 걱정하는 까닭이다. 하여, 민주당에 간곡히 촉구한다. 아니, 강력히 경고한다. 여기서 밀리면, 민주당의 미래는 없다. 겨우 5석으로 지금까지 온 몸을 던져 싸워온 민주노동당과 벅벅이 손잡을 때다. 더는 민주시민을 배신하지 말 일이다. _ 2008년 12월 22일

이명박 대통령을 어떻게 부를까

보라. 250여 명의 '서민'을 청와대 영빈관으로 초청했다. 함께 점심을 먹는 자리에서 말했다. "내년이 더 힘들 것 같아 (국민 여러분께) 송구스럽다."

대통령은 이어 "끝까지 희망을 잃지 않고 최선을 다하면 내년 한해가 지나고 나서 웃을 일이 있지 않겠느냐"며 경제 위기 극복을 위한 국민의 노력을 당부했다.

그의 발언에서 무엇보다 먼저 주시할 대목은 내년이 더 힘들 것 같다는 인식이다. 대통령이 내년 경제를 어떻게 생각하고 있는가를 단적으로 드러내준다. 주식 사면 부자된다라는 말과 또렷이 대비된다.

문제는 대통령이 내년 경제가 더 힘들 것으로 전망하면서도 대책을 세우기는커녕 소모적 갈등을 앞장서서 선동하는 데 있다. 대통령은 "미국의 실업자가 230만 명인데, 내년에는 100만 명이 더 생길 거라고 하는 등 미국이나 유럽, 일본 등이 우리보다 더 어려워 아무리 좋은 물건을 만들어도 내다 팔 데가 없다"고 주장했다. 딱히 틀린 말은 아니다. 하지만 경제가 더 어려워지는 상황을 모두 미국 탓으로 돌리는 태도는 옳지 못하다. 그 위기에 대처해가라고 이 나라에 정부가 있고, 그 정부의 책임자가 바로 대통령 자신이기 때문이다.

물론 그도 대책이란 것을 내놓기는 했다. "이럴 때 가장 중요한 것은 서로가 서로를 위하는 것"이란다. 가족끼리, 이웃끼리 서로 서로 위해야겠단다. 얼마나 한가한 말인가. 그는 대한민국을 교회로 생각하는 걸까? 기껏 장로의 깜냥만 지니고 있는 걸까?

무엇보다 심각한 문제는 경제가 더 어려워진다는 대통령이 여전히 낡은 색깔몰이에 골몰하는 데 있다. 대선후보 시절에 자신을 도운 사람들과 만난 자리에서 대통령은 '국가정체성 확립'을 살천스레 부르댔다. 그의 발언에 대해 청와대 대변인의 풀이는 더욱 생게망게하다. 대변인은 대통령의 발언에 대해 "대한민국의 헌법적 가치에 반하는 일이 실제로 자주 벌어져왔으며, 이를 지적한 것"이라고 설명했다.

대변인이 국가정체성 훼손의 보기로 '좌편향 역사교과서' 제자리 찾기를 든 것은 황당함의 극치다. 대체 어쩌자는 걸까? 4월혁명을 데모로 폄하하고, 대한민국의 모태를 임시정부 아닌 미군정에 두는 저들이 '헌법적 가치'를 들먹이는 행태를 어떻게 읽어야 옳을까? 대한민국 헌법 전문을 대체 읽기라도 한 걸까?

그렇다. 대한민국의 헌법적 가치를 오늘 부정하는 자는, 국가정체성을 훼손하는 자는, 바로 임시정부와 4월혁명의 헌법적 가치를 시들방귀로 여기는 이명박 정권이다. 저들은 지금 이 순간도 공안기관을 강화하고, 공영방송을 재벌과 부자신문에 넘기려고 국회를 난장판 만들고 있다. 전교조 교사를 터무니없는 이유로 해직하고 줄줄이 구속하면서 교육 현장까지 갈등으로 내몰고 있다. 그러면서도 언죽번죽 말한다. 내년 경제가 더 힘들 것 같아 국민에게 송구스럽단다.

명토박아둔다. 송구스럽다는 말에 조금이라도 진정성이 있다면, 서민 경제가 더 힘들어지지 않도록 정책을 펴라. 말로만 중소기업을 위한다고 부르댈 게 아니라 중소기업 납품단가 연동제를 실시하라. 공공기관 구조조정을 부추기지 말라. 전교조를 비롯한 노동조합 탄압을 즉각 중단하라. 부자만을 위한 경제 입법을 날치기 처리하지 않겠다고 약속하라.

그런 노력은커녕 정반대로 행동하면서 국민 앞에 송구스럽다고 한다면, 게다가 희망을 가지라고 언구럭부린다면, 세상 사람들에 묻고 싶다. 우리 그 사람을 무엇이라 불러야 할까?_ 2008년 12월 24일

'수구 영혼'으로 글로벌 미디어 만든다?

기어이 방송 쿠데타를 강행할 태세다. 문화방송MBC을 비롯한 방송인들과 일부 신문이 파업에 나설 수밖에 없는 상황이다. 공영 방송까지 재벌과 신문권력에 넘기겠다는 '한나라당 정권' 앞에 침묵은 쿠데타에 동조하는 일이다(왜 쿠데타인가는 앞선 칼럼 〈방송 쿠데타 나선 나경원 법안〉 참고. 2008년 12월 5일).

모든 쿠데타 주모자들이 그렇듯이 저들도 언죽번죽 화려한 명분을 내걸었다. 동시에, 모든 쿠데타 명분이 그렇듯이 화려한 이면에 천박한 야욕이 드러난다.

보라. 저들은 글로벌 미디어를 위해 방송 쿠데타에 나선단다. 마치 쿠데타에 반대하는 사람들은 세계정세를 모른다는 듯이 행세하는 꼴은 더 가관이다. 저들의 부르대기를 삼성과 관련 깊은 재벌신문은 적극 비호한다. 신문재벌도 쌍수 든다. 글로벌 미디어를 만들자고 합창한다.

대체 저들은 글로벌 미디어의 개념조차 알고 있는 걸까? 이른바 '글로벌 미디어'는 신자유주의의 전도사다. 주권국가의 국경을 넘어 더 많은 이윤만 추구하는 자본의 논리를 뒷받침하기 위한 미디어 체제다. 따라서 그 어떤 글로벌 미디어도 자본주의 국가로서 '국력' 없이 성장하지 못한다. 더구나 미국의 금융위기로 시작한 신자유주의의 논리적 파산은 글로벌 미디어의 기초를 붕괴시키고 있다. 실제로 미국의 글로벌 미디어들이 이미 파산보호 신청을 했거나 구조조정에 들어갔다.

그럼에도 글로벌 미디어가 목표라는 한나라당 의원들을 어떻게 읽어야 할까? 역주행하는 이명박 대통령과 닮은꼴이라고 넘기기엔 이 나라의 미래가 너무 암담하지 않은가? 글로벌 미디어가 경제를 살리고 일자리를 창출한다는 쿠데타의 명분 또한 언구럭에 지나지 않는다. 글로벌 미디어들 자체가 일자리를 줄이는 상황이다. 재벌과 부자신문이 방송을 장악할 때, 살아남을 것은 공룡 매체뿐이다. 수많은 방송 채널과 지역 신문은 경영 위기를 맞을 수밖에 없다.

더구나 왜곡을 일삼는 신문권력의 타락한 영혼으로 글로벌 미디어를 만든다는 논리는 말살에 쇠살이다. 청소년들이 든 촛불이 처음 타오른 바로 다음날에 곧장 색깔공세를 펴는 부자신문들이 만드는 방송이 21세기 글로벌 미디어를 꿈꾼다? 우물 속 개구리의 오만이다. 명분은 글로벌 미디어이지만 이면을 들여다보면 수구신문의 권력 욕구가 짙게 깔려 있다. 최근《조선일보》방상훈 사장은 한나라당 법안이 통과될 것을 기정사실화하면서 "《조선일보》의 명성과 영향력을 지켜가자"고 공언했다. 이명박 정권이 벌이는 방송 쿠데타의 진실을 폭로하는 대목이다. 낡은 색깔몰이에 앞장서고, 무엇보다 부익부빈익빈을 불러온 신자유주의를 앞장서서 부르대온 저들이 재벌과 더불어 지상파 방송까지 장악한다면, 우리는 영원히 '부자들의, 부자들을 위한, 부자들에 의한 정권' 치하에서 살아가야 할지 모른다. 방송 쿠데타 저지에 나선 방송인들을 우리가 엄호해야 할 절실한 이유다. _ 2008년 12월 26일

대한민국 ‘브랜드’ 누가 추락시켰나

세밑이다. 새해 첫날에 견주어 나라가 무장 암울하다. 이명박 대통령 스스로 대한민국의 ‘국가브랜드’가 한 유명 대기업의 브랜드보다도 못하다고 개탄했다. 법무부, 법제처, 국민권익위원회 세 부처의 업무보고를 듣는 자리였다. 이 대통령은 마무리 발언에서 국가브랜드가 낮은 이유를 세 가지로 꼽았다. 첫째는 준법의식 미약, 둘째는 노사문제, 셋째는 ‘북한’이란다.

청와대 대변인은 “미약한 준법의식이라는 것은 시위문화를 얘기한 것”이라고 덧붙였다. 대통령은 법질서에 대한 인식을 바꾸려면 사회 전반적인 인식의 대전환이 있어야 한다면서 ‘선결 과제’를 제시했다. “힘 있는 사람, 가진 사람, 공직자들이 먼저 법을 지키고 공정하게 한다는 인식”을 국민들에게 주어야 한단다.

대변인은 대통령이 “법질서 준수의 중요성과 당위성에 대해서 여러 차례 강조”한 사실을 거듭 강조했다. 실제로 대통령 발언 가운데는 “도덕적으로 어떤 약점도 없이 출범한 정권인 만큼 공직자들이 법을 공정하고 엄정하게 집행해주기를 바란다”는 당부도 있다.

어떤가? 대통령 발언을 한낱 희극으로 넘길 문제가 아니다. 법무부와 검찰 책임자들 앞에서 국회 대치 국면과 방송사 파업을 겨냥한 발언이라고 판단하는 게 옳지 않을까? 대통령이 문제의 발언을 한 날 아침 부자신문들은 국회가 '난장판'이 되었음을 한 목소리로 비난했다. 가령《중앙일보》는 사설(12월 29일자)에서 "광우병 촛불 같은 혼란을 또 치를 셈인가"라고 자극적으로 물었다. 같은 날《조선일보》김대중 고문은 "국회의원이라고 해서 무슨 짓을 해도 괜찮고 어떤 폭력을 휘둘러도 누구도 처벌받지 않는 '국회의원 만능'의 시대는 여기서 막을 내려야 한다"고 부르댔다.

텔레비전 진출을 호시탐탐 노리는 부자신문들이 자신의 이해관계가 걸려 있는 법안에 대해 노골적으로 개입하면서도 사뭇 중립을 가장하는 모습을 어떻게 읽어야 할까? 국회 날치기로 비롯된 상황을 왜곡해 보도하며 '법치'를 강조하는 저들의 '여론 몰이'를 배경으로 이명박 대통령은 준법을 강조했다. 국회만의 문제가 아니다. 검찰은 전국언론노조의 파업을 '불법'으로 규정하고 '엄정 대처'하겠다고 밝혔다.

그래서다. 대한민국의 브랜드를 누가 떨어뜨리고 있는지 진지하게 자문해볼 때다. 경제 위기는 더 깊어가는데 나라 전체를 낡은 색깔공세로 분열시키고 '법치'를 부르대는 대통령과 국가 브랜드는 어떤 관계일까? 아니, 세밑을 맞아 이명박 정권이 들어선 뒤 1년을 톺아볼 일이다. 세계 여러 나라가 경제위기 대책 세우기에 급급한데, 주식사면 1년 뒤에 부자 된다는 대통령을 둔 나라의 브랜드는 어떨까? 선거 때 무슨 말을 못하냐며 오바마 미국 대통령 당선인의 공약에 대해 폄하를 서슴지 않는 대통령은 국가 브랜드와 무관할까? 미국산 쇠고기 협상에서 보여준 졸속은 얼마나 국가브랜드에 모욕적인가. 인터넷까지 통제하려는 법안도 서슴지 않는다.

그뿐인가. 대통령 자신이 취임 이래 줄곧 노사관계를 악화시키고 남북관계에 갈등을 더 심화시키면서 '노사문제와 북한'이 국가 브랜드를 떨어뜨린다고 개탄하는 판단력을 우리는 어떻게 읽어야 옳은가? 기실 오늘 국회와 방송가에서 불거지고 있는 갈등 또한 그 연장선이 아니던가?

그렇다면 문제는 더 명료해진다. 2008년 내내 누가 국가브랜드를 떨어뜨려 왔는가? 그럼에도 누가 누구에게 되술래잡고 있는가? 대한민국 국가 브랜드를 더는 떨어뜨리지 않으려면 지금 무엇을 해야 옳은가. 차분한 성찰이 절실한 세밑이다. _ 2008년 12월 30일

3부

학습하라, 토론하라, 연대하라

민중의 슬기가 희망이다 [1]

이 땅에 희망은 있는가. 새해 첫날 아침, 조용히 묻는다. 이 나라 골골샅샅에서 국민 대다수인 민중의 고통이 무장 커져가고 있어서다. 미국의 탐욕스런 금융자본을 숙주로 출현한 공황의 악령은 지구촌으로 퍼져가며 이 땅의 민중에게도 음산하게 다가오고 있다. 그럼에도 이명박 정권은 그 악령을 '천사'로 믿으며 신자유주의 외길로 미친 듯이 달려간다.

그래서다. 언제나 그렇듯이 희망의 근거는 고통받는 민중일 수밖에 없다. 부자정권—부자신문과 이해관계가 볼맞는 이들은 굳이 '희망'을 떠올릴 아무런 이유가 없기 때문이다. 그들의 살천스러움과 정반대로 고통에 잠긴 민중은 얼마나 다사로운가.

물론, '민중'이란 말에 들씌운 편견을 모르지 않는다. 방귀깨나 뀌는 자들에게 민중이란 말이 여전히 불편하거나 불온해서가 아니다. 진보

적 지식인 가운데도 '민중'을 낡은 시대의 표상쯤으로 여기는 이들이 시나브로 늘어났기 때문이다.

하지만 보라. 세계경제 위기 속에서 민중은 새롭게 떠오르고 있다. 아무런 선입견 없이 찬찬히 톺아볼 일이다. 신자유주의로 고통 받는 노동자, 농민, 빈민, 영세 자영업인을 아우를 말이 또 있는가. '민중'이 가장 적실한 호명 아닌가. 다름 아닌 우리가 민중 아닌가.

민중이란 말의 죽음은 오랜 세월 그 말을 사갈시했던 부자신문이 여론시장을 독과점해온 데서 비롯한다. 그래서다. 그 말은 아직 온새미로 부활하진 않았다. 하지만 살에 피가 도는 민중은 일어서고 있다. 역설이지만 공황의 악령이 민중을 불러오고 있다.

민중만 살아나고 있지 않다. 자본주의를 날카롭게 분석한 마르크스도 부활하고 있다. 지구 곳곳에서 마르크스에 곰비임비 귀 기울이는 까닭도 여기 있다. 서울대 경제학과 교수진에 '식민지근대화론' 따위의 '뉴라이트'가 화장걸음 걷고, 마르크스 경제학은 명맥이 끊긴 상황은 이 땅의 퇴행일 뿐이다.

물론, 19세기 마르크스 정치경제학이 곧장 21세기 오늘의 대안일 수는 없다. 마르크스가 언제나 강조한 새로운 사회의 희망을 유념해야 할 까닭이다. 마르크스는 새로운 사회의 가능성을 결코 노동자들에 두지 않았다. 정확히 마르크스를 이해할 필요가 있다. 마르크스가 새로운 사회를 구현할 때 전적으로 기댔던 희망은 노동자들이 아니라 '노동자들의 지적 발전'이었다. 여기서 '지적 발전'은 가방끈의 학력이 아니다. 있는 그대로의 현실 인식이다.

그렇다면 21세기인 오늘, 마르크스 사상의 지적 발전 또한 절실하다. 신자유주의로 빚어진 고통은 비단 노동자들만의 짐이 아니다. 농민은 물론, 영세 자영업인과 빈민, 실업자, 갈수록 미래가 어두운 청년 학생들을 포함해야 옳다. 더구나 이 땅에서 민중의 꼭뒤를 짓누르는 자는 신자유주의가 부른 악령만이 아니다. 분단체제 또한 남과 북의 질곡이다. 바로 그렇기에 민중의 지적 발전은 더 절실하다. 지적 발전에 밑절미를 둔 실천과 행동이 새로운 역사를 창조할 수 있다. 국민 대다수인 민중의 지적 발전, 바로 그곳에 희망이 있다. 희망을 찾는 게 아니라, 만들어야 할 이유다.

우리 자신부터 신자유주의의 대안이 무엇인가를, 분단체제를 어떻게 넘어설 것인가를, 지며리 학습하고 동시대인과 그 희망을 벅벅이 나눠야 옳다. 자신도 책임질 수 없는 버거운 '이상'을 완고하게 고집할 때가 아니다. 실사구시의 자세로 현실에 다가서는 게 먼저다. 이상은 싸목싸목 구현해가도 충분하다. 아니 그게 슬기로운 자세다.

주권자인 민중 스스로 희망 만들기, 어두운 새해의 화두다.

‘새로운 사회’를 학습하고 희망을 나눌 때 [2]

2009년 새해입니다. 하지만 새해가 새롭게 다가오지 않습니다. 그 어느 때보다 암울한 한 해가 전망되는 까닭입니다.

미국 금융위기에서 비롯한 세계경제 위기는 한국경제에 갈수록 더 큰 타격을 줄 게 명확합니다. 그럼에도 이명박 정권은 신자유주의로 치닫는 역주행을 서슴지 않고 있습니다.

그 결과 또한 불을 보듯 명료합니다. 국민 대다수인 민중 개개인의 삶 앞에 2009년 새해는 고통과 눈물의 해가 될 수밖에 없습니다.

옹근 1년 전 오늘, 저는 “경제주권의 깨끗한 희망 함께 키워갑시다”라고 제안했습니다. 저 ‘이명박식 경제 살리기’에 맞서 ‘경제주권 찾기’에 힘을 모을 때라고 강조했습니다. 유감스럽게도 우리가 전망한 이명박 정권의 모습은 정확히 맞아 떨어졌습니다. 그는 시장 만능주의와 부익부빈익빈의 신자유주의 정책을 노골적으로 강행해왔습니다.

---

2   새로운사회를여는연구원 회원들에게 보낸 신년사(2009년 1월 1일).

그래서입니다. 어느새 우리가 잊어가고 있습니다만 이명박식 경제 살리기에 맞선 '경제주권 찾기'도 힘차게 타올랐습니다. 5월 2일 서울 청계천 광장에서 불붙어 100일 넘도록 대한민국의 골골샅샅에서 여울여울 타올랐던 촛불이 그것입니다.

많은 민주시민이 식량 주권과 검역 주권을 넘어 신자유주의 체제를 광장의 촛불 아래서 조명했습니다.

물론, 표면적으로는 아무런 성과도 없습니다. 되레 이명박 정권의 살천스런 공세는 무장 커져가고 있습니다. 하지만 그것이 절망할 근거라고 판단하지는 않습니다. 저는 '경제주권 찾기'가 주춤거린 가장 큰 이유가 민주시민 앞에 또렷한 대안이 보이지 않았기 때문이라고 생각합니다. 더러는 대안이 되는 정치세력의 부재를 개탄했고, 더러는 정치 비전의 부재를 한탄했습니다. 하지만 저는 두 진단이 동전의 양면이라고 생각합니다.

우리가 이미 강조해왔듯이 실현가능한 사회의 비전을 공유하는 일 자체가 '국민 직접정치'의 출발점이기 때문입니다.

적잖은 사람들이 '새로운 사회'의 대안이 없다고 합니다. 하지만 아닙니다. 새사연이 제시한 '노동중심경제'와 '통일민족경제'는 신자유주의가 논리적 위기를 맞은 오늘 어느 때보다 적실하게 다가오고 있습니다.

그래서입니다. 새해를 맞아 간곡히 호소합니다. 새로운 사회의 대안을 학습하고 우리 이웃들에게 열정을 다해 알려갑시다.

가령 '새로운사회를여는연구원'이 제안한 '노동중심경제'를 신자유주의로 고통 받는 민중에게 대안으로, '통일민족경제'를 이명박 정권의 대북정책에 새로운 대안으로, 지역의 이웃이나 일터의 동료들과 더불어 학습하고 토론해나갈 때라고 저는 생각합니다.

　물론 노동중심경제와 통일민족경제에는 더 구체화해가야 할 과제들이 아직 남아 있습니다. 하지만 그것은 한계가 아닙니다. 오히려 가능성입니다. 아니, 희망입니다. 지역과 일터에서 학습과 토론 과정을 통해 정책의 구체화를 구현해나가는 게 바로 주권운동의 고갱이입니다.

　우리가 지역이나 일터에서 새로운 사회를 함께 학습해나갈 때, 바로 그만큼 우리는 새로운 사회를 구현하는 '주권혁명'에 한 발 더 다가설 수 있습니다. 대안이 없다며, 탈출구가 없다며 좌절감에 잠긴 많은 분들께 희망을 알려갑시다. 절망스런 이 나라에 깨끗한 희망이 있다는 진실을 나눠갑시다. _ 2008년 12월 31일

'허언필망' 적중 명진스님의 화두는?

허언필망.

옹근 1년 전이다. 이명박 대통령 당선자가 2008년 새해를 맞아 '시화연풍時和年豐'을 내걸었을 때다. 서울 강남 한복판에 자리한 봉은사 주지 명진스님은 '허언필망虛言必亡'으로 응수했다. "헛된 말은 필히 망한다"는 뜻이다. 당시 당선자가 기세 좋게 내세운 시화연풍은 "나라가 태평하고 해마다 풍년이 든다"는 뜻이다.

그뒤 1년이 흘렀다. 2008년 한 해가 '시화연풍'이었는지, '허언필망'이었는지는 굳이 판단할 필요가 없을 터다. 시화연풍이라는 말 자체가 허언이 되었다.

명진 스님은 봉은사 주지를 맡기 직전까지 오랜 세월 선방에 몸담아온 선승이다. 주지로 취임하면서도 곧장 하루 천배씩 천일기도에 들어갔다. 지금 이 순간까지 단 하루도 거르지 않았다. 봉은사가 재정을 전격 공개하고 신도 중심의 사찰로 거듭나는 데는 스님의 치열한 수행이 튼실한 밑절미로 깔려 있다.

2009년 새해를 맞아 봉은사로 명진 스님을 찾았다. 스님은 세계 경제 위기 속에서 중생(국민)의 고통이 더 커져가리라고 우려했다. 경제가 무장 어려워지는 상황이기에 자연스레 '허언필망' 이야기가 나왔다. 이명박 대통령이 내건 '747공약'은 명백하게 허언이 되었다. 하지만 과연 망하기도 한 것일까? 오히려 권력의 서슬은 더 시퍼렇지 않은가? 스님께 물었다. 스님의 답은 거침없다.

"그 정도면 이미 망한 것 아닙니까?"

문제는 그 사실을 대통령 스스로 모르는 데 있다고 스님은 덧붙였다. 선승의 혜안이 묻어났다. 기실 이 대통령이 정책을 전환하려는 조짐은 전혀 보이지 않는다. 아니, 막무가내다.

청와대는 2009년 새해를 맞아 '부위정경扶危定傾'을 내세웠다. "위기를 바로잡고, 나라를 바로 세운다"는 뜻이다. 그 말 자체로 굳이 흠잡을 뜻은 없다. 하지만 묘하다. 청와대 스스로 밝혔듯이, 부위정경은 〈주서周書〉에 나오는 말이다. 문제는 그 말 뒤에 이어지는 게 '위권진주威權震主'라는 데 있다. 위기 상황에서 나라를 안정시킴으로써 '위엄과 권세'의 서슬이 시퍼렇다는 뜻이다. 청와대가 바라는 것은 위권, 곧 위엄과 권세일까? 묻지 않을 수 없다. 새해 화두를 〈민중의 슬기가 희망이다〉로 제안(2009년 1월 1일자 《한겨레》)한 내 생각과 대척점에 있기 때문이다.

그렇다면 명진 스님에게 새해는 무엇일까? 스님은 단아하게 말했다.

"우보천리."

우보천리牛步千里. 말 그대로다. 소걸음으로 천리를 간다는 뜻이다. 소의 해를 맞아서일까. 우보천리는 외교통상부와 통일부에서도 곰비임비 내걸었다. 유명환 외교통상부 장관은 "올해가 소의 해인데 우보천리라는 말처럼 원칙과 방향성을 가지고 전진해간다면 결실을 볼 것"

이라고 밝혔다. 김하중 통일부 장관도 시무식에서 "남북관계나 통일업무 과정에서 때로 앞으로 갈 길이 보이지 않을 때가 많지만 좌절하거나 실망할 필요는 없다"며 우보천리를 제시했다.

하지만 두 장관의 우보천리는 소에 대한 모욕이 아닐까? 이명박 정권의 대외정책과 통일정책은 전혀 소걸음이 아니다. 이 또한 여우에 대한 결례일지 모르지만, 여우의 행보에 가깝다. 오죽하면 '영혼이 없는 관료'라는 말이 세간에 파다하겠는가.

명진 스님의 우보천리는 두 장관의 그것과 정반대다. 국민 대다수의 우직한 걸음이다. 스님은 '우보천리'에 오직 한 마디만 더했다.

"암벽을 만나도 소는 갈 길을 갑니다." _ 2009년 1월 5일

747보다 더한 '국민사기극'

지금은 누구에게도 우스개가 된 구호다. 747. '7퍼센트 경제성장, 1인당 국민소득 4만 달러, 세계 7대 강국'을 장담했다. 당시 이명박 후보의 공약은 '경제 살리기'의 마술처럼 다가왔다.

그가 대선 공약으로 내걸었을 때도 그것이 불가능하다는 사실을 밝혔지만, 747이 국민사기극이라는 진실은 당선 뒤 이 대통령 발언에서 묻어났다. 미국 대선이 끝난 뒤 이명박 대통령은 오바마 선거공약에 대해 무람없이 논평했다.

"선거 때 무슨 이야기를 못하느냐."

이명박 정권과 볼맞아 이권 추구에 눈 뻘건 부자신문들이 모르쇠로 넘어갔지만, 대통령의 그 말은 자신의 선거공약을 스스로 어떻게 생각하고 있는지를 폭로해주었다.

미루어 짐작컨대 이명박 후보는 747을 공약하면서, 경제 살리기를 내걸면서, 내심 '선거 때 무슨 이야기를 못할까' 미소 짓지 않았을까.

물론, 그 또한 국민 책임일 수 있다. 실현 불가능한 공약에 유혹당해 표를 던진 국민이 많았던 것도 엄연한 사실이기 때문이다. 그렇다고 해서 정직하지 못한 공약을 언죽번죽 제시한 정치인이 면죄부를 얻어도 될까? 결코 아니다. 아무런 해명이나 사과도 없다면 더 그렇다. 문제는 국민사기극을 다시 버젓이 자행하는 데 있다. 747보다 더 위험한 사기극이다. 보라. 이명박 정권은 '선진일류국가'를 부르대고 나섰다. 대한상공회의소 신년모임에 참석한 이 대통령은 "선진일류국가의 꿈을 달성하기 위해서는 경제성장뿐 아니라 우리 사회 모든 부분이 세계적 수준으로 높아져야 한다"며 조건을 제시했다.

'경제 성장'조차 허언으로 만들어놓은 그가 '경제성장 뿐 아니라'는 표현을 쓰는 모습은 얼마나 무책임한가. 더 황당한 일은 그가 제시한 '선진일류국가를 만들기 위한 조건'이다. 그 가운데 '정치인 단결'이 있다.

정치인 단결? 참으로 경악스런 일 아닌가. 대체 그는 어떤 나라를 꿈꾸는 것일까? 정치인이 단결하는 나라는 독재체제 아닌가? 독재를 펴겠다는 노골적 선언인가?

여기서 그치지 않는다. '사회지도층 솔선수범'과 '대기업의 자율적 투명경영'이 조건이란다. 솔선수범과 자율적 투명경영은 하나마나한 소리다. 하지만 그 뒤의 조건은 다르다 '법치주의'와 '노사관계의 근본적 변화'다. 사회지도층과 대기업에는 솔선과 자율을, 국민과 국민의 대다수인 노동자들에게는 법치를 강조한다. 더구나 그 법이란 무엇인가. 재벌과 부자신문에 방송을 팔아넘길 악법을, 재벌이 금융까지 장악할 수 있는 악법을, 재벌의 문어발식 확대를 보장해주는 악법을 날치기라도 입법하려는 저 한나라당의 정치모리배들을 보라.

그렇다. 더는 저들의 국민사기극에 놀아날 수 없다. 착각할 때가 아니다. 선거 때 무슨 이야기를 못하느냐는 대통령과 우리는 마주하고 있다. 747에 해명은커녕 경제 위기 상황에서 공영방송을 재벌과 부자신문에 팔아넘기고, 부자들의 배만 불리려는 악법을 만들며 살천스레 법치를 부르대는 정권과 마주하고 있다. 그러면서도 그것을 일러 '선진 일류국가'로 포장한다. 그렇다. 747보다 위험한 저들의 국민사기극을 꿰뚫어볼 때다. 아직도 이명박 정권이 경제를 살리리라고 기대하는 사람들에게 곰비임비 진실을 알려갈 때다.

저 국민사기극의 진실에 온 국민이 눈뜨지 못할 때, 대한민국은 선진국이 아니라 벅벅이 독재의 나락으로 떨어질 수밖에 없다.

_ 2009년 1월 6일

'저잣거리 잡배', 강기갑인가 《조선일보》인가

신문권력의 패악상은 하루 이틀이 아니다. 문제는 시간이 갈수록 저들의 행태가 무장 흉악해지는 데 있다. 보라. 《조선일보》《동아일보》《중앙일보》는 한 목소리로 입법부를 비난하며 민주노동당 강기갑 대표를 살천스레 비난했다.

《조선일보》는 "국회에서 난동 피는 저 의원 선거구가 어딘가"라고 묻고 나섰다. 마치 강기갑 대표를 고발이라도 하는듯이 "경남 사천"임을 사설의 들머리에서부터 못박으며 '저잣거리 잡배'라고 표현했다. 사설의 마지막도 서슬 푸르다. "대한민국 국회 무법사태의 궁극적 책임은 수준 미달의 후보에게 표를 모아줘 국회의원을 만들어 여의도로 보낸 선거구민이 져야 한다"고 으름장이다.

경남 사천의 유권자들을 갖고 놀겠다는 언구럭이다. 여기서 짚고 넘어가자. 세 신문이 국회를 비판하고 강 대표를 비난하는 데는 자신들의 이해관계가 짙게 깔려 있다. 공영방송을 신문에게 주겠다는 법안이 통과되지 못하고 연기되었기 때문이다.

가령 《중앙일보》 사설 〈난장판 국회 사태가 남긴 최악의 기록〉은

'민노당 대표의 격투기'을 비아냥거리며 "그나마 미디어 관련법 6건은
시한조차 정하지 못했다"고 흥분한다. "협의해서 안 되면 표결 처리하
는 거지, 합의 처리라는 이상한 용어는 무엇인가" 되묻는다. 부끄럽지
않은가? 과연 그래도 좋은가? 자신들의 이해관계가 분명한 법안을 놓
고 앞장서서 두남둬도 좋은가? 더구나 시민사회에서 반대하고 여론조
사에서도 반대가 많지 않은가?

제 이해관계에 눈 어두워 신문을 만드는 저 부라퀴들을 우리가 언론
인이라 불러도 좋은가? 저들이 방송마저 장악했을 때 이 나라가 어디
로 갈지 또렷하게 드러나고 있지 않은가.

《조선일보》사설은 사뭇 다수결을 강조한다. 하지만 국회에서 다수당
이 되었다고 해서 모든 게 용인되는 것은 아니다. 시민사회가 있다. 4년
만에 한 번씩 선거하고 국민은 그냥 지켜만 보라는 발상은 '성숙한 민주
주의'가 아니다. 더구나 한나라당 정권처럼 후안무치의 정권이라면 더
그렇다. 국민은 결코 무지렁이가 아니다. 헌법이 명시한 주권자다.

심지어《동아일보》는〈그가 대한민국 국회의원이라는 게 부끄럽다〉
에서 다음과 같이 썼다.

"강 의원의 추태를 보면서 국민으로서 낯 뜨겁고 외국인들이 볼까
봐 겁난다. 의사당 폭력사태에 대해 중학생까지도 "싸우려면 폭력배나
되지 뭐 하러 국회의원이 됐나"라고 개탄하고 있다. 강 의원 같은 사람
에게 세비와 의정활동비를 주고, 민노당 같은 정당에 국가보조금을 주
기 위해 세금을 내야 하는 국민이 불쌍하다. 국회는 국민을 대신해 강
의원에게 책임을 엄하게 물어야 한다."

《동아일보》에 묻는다. 대체 어떤 '중학생'이 그렇게 말했는가. 중학
생 일반을 모욕하지 말기 바란다. 게다가 국민이 불쌍하다? 함부로 국

민을 들먹이지 말기 바란다. 물론《동아일보》를 아직도 '민족지'로 여기는 국민이 보기엔 그렇게 생각할 수 있다. 하지만 명토박아둔다. 불쌍한 것은 바로 그 신문의 사설을 '금과옥조'로 읽는 독자다.

그래서다. 강 대표의 모든 행위에 공감하지 않는다. 하지만 겨우 5석의 민주노동당 의석으로 악법들의 날치기 통과를 막아낸 강기갑 대표가 나는 자랑스럽다. 그를 뽑아준 경남 사천의 유권자들은 더 자랑스럽다.

하여, 묻는다. 저잣거리 잡배는 제 이익에 눈 어두운 저 부자신문의 논설위원들인가? 아니면 국민 대다수인 민중의 이익을 위해 몸을 던진 민주노동당의 강기갑 대표와 이정희 의원인가. _ 2009년 1월 7일

미네르바 '전문대-백수'여서 더 훌륭하다

"미네르바의 올빼미는 황혼이 찾아 들면 비로소 날기 시작한다."

독일 철학자 헤겔의 말이다. 서양 신화에 나오는 지혜의 여신 미네르바 옆에 늘 올빼미가 있는 데서 착안했다. 한 시대를 차분하게 성찰하고 어둠을 꿰뚫어보는 철학정신, 슬기로운 눈을 상징한다.

인터넷에서 활발하게 글을 올렸던 '미네르바'를 검찰이 전격 체포했다. 그가 체포되자 부자신문들은 '미네르바'를 겨냥해 노골적으로 빈정거리고 나섰다. 아니, 미네르바만이 아니다. 미네르바를 좋아하던 네티즌들까지 싸잡아 조롱한다.

가령 《중앙일보》는 '실체 드러난 '경제 대통령' 가짜에 놀아난 대한민국' 제하의 기사에서 '미네르바'가 "31세 무직자"이며 "전문대" 출신임을 부각했다.

검찰이 미네르바를 체포하며 살천스레 내건 이유는 '허위사실 유포'다. 그가 2008년 12월 29일 인터넷에 올린 '주요 7대 금융기관 및 수출입 관련 주요 기업에게 달러 매수를 금지할 것을 긴급 공문 전송. ─정부 긴급 업무 명령 1호─'글이 그렇단다. 만일 기획재정부 주장처럼 전혀 사실무근이라면, 또 그가 그 글을 쓴 게 사실이라면 체포의 빌미를 준 셈이다.

하지만 누가 보더라도 그의 체포는 정치적이고 감정적이다. 더구나 미네르바가 '무직자'이며 '전문대 출신'임을 강조하는 검찰과 언론의 행태에는 다른 의도가 깔려 있다.

"사이버 공간의 신뢰 위기가 '일그러진 인터넷 영웅' 만들었다" 는 이어령의 분석(《중앙일보》)이 대표적 보기다.

명토박아 묻자. 미네르바를 미네르바로 만든 게 과연 사이버 공간의 신뢰위기인가. 천만의 말씀이다. 이명박 정권의 경제정책이 전혀 신뢰를 주지 못했기 때문이다. 지금 주식사면 1년 뒤 부자 된다는 식의 대통령 발언에 비해 미네르바의 적중한 '예측'이 미더웠기 때문이다. 경제대통령이란 말도 그 연장선이다.

검찰 발표처럼 그가 미네르바라는 전제에서 거듭 묻는다. 대체 그가 무직이라는 게, 전문대 출신이라는 게, 무슨 문제인가. 파산한 미국 금융기관을 인수하라고 부추긴 부자신문에 비해, 경제학을 독학으로 공부해 파산을 예측한 미네르바는 얼마나 자랑스러운가.

미네르바를 보는 눈에도 《조선일보》의 시각은 독특하다. '허무맹랑한 주장'이라는 표제에 바로 이어 '기득권층 비난한 글 많아'를 편집했다. 《조선일보》 기사는 "그가 했던 예측 중에는 부유층과 기득권에 대한 반감이 역력히 묻어 있었다" 며 "종부세 무력화 판결과 관련, 헌법재판소도 권력의 시녀가 되어 국민에 반하고 부동산 재벌과 소수 가진자를 대변한다고 비난했다. 대기업 중심의 경제구조는 허상일 뿐이며, 이는 중산층·서민층의 부富와는 동떨어진 얘기라고 지적했다"고 썼다. 미네르바가 불편한 이유가 정직하게 드러나고 있다.

물론, 미네르바의 전망이 모두 맞은 것은 아니다. 가령 새로운사회를여는연구원(새사연)은 미네르바의 예측이 지닌 문제점을 지적한 바 있다. 그가 스태그플레이션을 우려했지만 세계 경제는 이미 디플레이션 국면에 접어들었다고 보았기 때문이다. 하지만 새사연은 대안마저 미네르바에게 요구할 수는 없다고 밝혔다. 미네르바 앞에 부끄러워 해야 할 사람들은 '전문대 출신'이나 '무직자'가 아니라 허무맹랑한 분석과 예측을 일삼았던 대통령, 장관, 부자신문, 부자신문과 연결된 재벌 연구소들, 신자유주의에 앞장선 경제학 교수들이다.

그렇다. 독학으로 경제학을 공부한 전문대 출신의 젊은이는 우리에게 '민중의 슬기'를 새삼 확인시켜준다.

현재 세계 경제를 정확하게 예측할 석학은 지구에 없다. 미네르바가 틀린 분석을 내놓을 수도 있다. 우리가 미네르바에게 배울 고갱이는 독학으로 지머리 공부한 민중의 전형적 모습이다. 현재의 경제위기를 넘어설, 아니 저 캄캄한 '이명박 시대'를 넘어설 새로운 사회의 미래도 바로 국민 대다수인 민중의 슬기에 달려 있기 때문이다. 황혼을 지나 밤을 맞고 있는 오늘 수많은 미네르바 올빼미의 날개짓이 우리에게 절실하다. _ 2009년 1월 9일

'미네르바 구속' 대한민국이 국가인가

국가 신인도를 추락시켰단다. 대한민국 검찰과 법원이 인터넷 논객 미네르바를 기어이 구속하면서 내건 명분이다.

서울중앙지법 영장전담 판사는 사뭇 엄숙하게 밝혔다. "범죄사실에 대한 충분한 소명이 있고, 외환시장 및 국가 신인도에 대한 영향을 미친 사안으로서, 그 성격 및 중대성에 비춰 구속 수사 필요성이 인정된다."

영장을 발부받은 검찰의 서슬은 더 시퍼렇다. 곧장 미네르바를 감옥에 가뒀다. 공범이 있는지 추가 수사를 벌인단다.

저들이 미네르바를 구속 수감한 법적 근거는 인터넷상에서 허위사실을 유포한 혐의(전기통신기본법 위반)다. 물론, 빌미는 있다. 미네르바가 2008년 12월 29일 포털사이트 다음의 토론방 아고라에 올린 "정부가 금융기관의 달러 매수를 금지하는 명령을 내렸다"는 게시물이 허위라는 판단이다. 묻고 싶다. 과연 그 글이 아고라에 올라서 대한민국의 신인도가 얼마나 떨어졌는가? 떨어진 게 객관적으로 드러났는가?

심지어 검찰은 미네르바가 2008년 7월 30일 '드디어 외환보유고가 터지는구나'라는 제목으로 게시한 글도 범죄사실에 포함했다.

6개월 전에 올린 미네르바의 그 글이 대한민국의 신인도를 추락시켰다는 주장이다. 소가 웃을 일이다. 참으로 대단하지 않은가.

그렇다면 어떤가, "내년 2월이 오면 대졸 실업자가 쏟아진다. 3월과 4월이 되면 많은 중소기업이 부도 날 가능성이 높다"라는 발언은. 그 발언을 한 사람은 거기서 멈추지 않았다. "이들이 (상황을) 구조적 문제로 돌리게 되면 현 정부나 체제에 대한 위협세력이 될 수 있다."

누구일까. 지난해 12월 초《경향신문》에 보도된 청와대 정정길 대통령실장 발언이다. 그렇다. 대통령실장의 그 전망과 인터넷 논객 미네르바의 글 가운데 과연 어떤 게 국가신인도를 떨어뜨렸을까?

아직 가슴이 남아있다면, 손을 얹고 성찰하기 바란다. 아니, 더 명토 박아 말하자. 나 또한 내년 한국경제의 위기 가능성을 줄기차게 경고해왔다. 검찰에서 미네르바가 진술한 새해 경제 전망, 중소기업과 자영업이 어려워질 것이라는 분석은 '새로운사회를여는연구원'이 내놓은 전망들과 맥을 같이 한다.

재벌 연구소들이, 국책기관들이 이명박 대통령과 더불어 '747 찬가'를 읊어댈 때부터 지적해왔다. 거듭 묻는 까닭이다. 경제 위기를 인터넷 논객이나 정권 비판세력의 책임으로 돌릴 깜냥인가?

장담한다. 만일 그렇다면 경제 위기는 무장 커질 수밖에 없다. 인터넷 논객의 주장에 국가신인도가 추락한다며 감옥에 가두는 대한민국을 과연 다른 나라들은 어떻게 볼까? 미네르바를 구속하는 이명박 정권을 보며 대한민국에 신뢰가 높아진다고 할까? 참으로 부끄럽다.

이명박 정권이 미네르바를 구속한 바로 오늘, 마침 중국 베이징의 유명 대학 초빙교수로 활동하는 재미동포를 만났을 때 오간 문답을 저 엄숙한 부라퀴들에게 들려주고 싶다.

"중국 사회과학 교수들은 이명박 정권 들어선 뒤 한국을 어떻게 보던가요?"

"창피해서 말을 못하겠어요. 대한민국은 국가도 아닌 것 같다더군요." _ 2009년 1월 10일

'지도자 복' 없는 '미네르바 국민'

지도자 복이 없단다.《조선일보》김대중 고문의 주장이다. 인터넷에서 칼럼 제목을 우연히 발견하고 놀라웠다. 처음으로 그와 내가 생각이 일치했기 때문이다.

제목 또한 '지도자 복 없는 국민'이다. 단순한 지도자 복 문제가 아니다. 현실 인식도 같다. 가령 김대중은 다음과 같이 쓴다.

"지금 대한민국은 위기다. 세계가 무한경쟁에 나서서 기존의 체제가 흔들리고 있고 국민의 살림살이가 크게 쪼들려서 위기다. 그런데 국민과 나라를 위기에서 구할 빛이 보이지 않는다. 지도자다운 지도자가 없기 때문이다." 내가 그동안 써온 칼럼의 현실 인식과 어금버금하다.

그뿐이 아니다. "우리는 이처럼 지도자 복福 없는 국민인가? 세상이 어렵고 미래가 불투명할수록 믿고 의지할 지도자가 절실한 법"이라고 개탄한다. 숱한 네티즌의 현실 인식과 표현마저 비슷하지 않은가?

심지어 그는 부르댄다. "기존의 정치지도자들을 우리 미래의 항로지도에서 지워버리고 새로운 지도자 또는 지도자그룹을 떠올려야 한다. 미국이 오바마를 만들어낸 것처럼 말이다."

　그렇다. 전혀 김대중 칼럼 답지 않다. 오바마를 만들어낸 것처럼 새로운 지도자를 만들어낸다는 주장은 놀랍기도 하다.

　하지만 오해나 방심은 금물이다. 김대중 고문이 '개과천선'하거나 '전향'한 게 결코 아니기 때문이다. 그가 이명박 대통령에게 실망한 이유를 보면 확연히 드러난다. 김대중 고문은 이명박 대통령이 "매가리가 없다"고 한탄한다. "쇠고기파동 이후 그는 과단성과 결단력을 잃었고 국민은 그에 대한 신뢰를 잃었으며 야당과 좌파는 그를 깔보기 시작했다"는 논리다. 국회 폭력사태도 거기에 연유한단다.

　과연 그러한가. 정반대 아닌가. 오늘의 위기는 이 대통령이 과단성과 결단력을 잃어서가 아니라 무모하게 반민주적법안을 강행처리하려고 저돌적으로 나서서가 아닌가. 전교조 교사들과 미네르바까지 줄줄이 잡아들이는 공안정국 때문 아닌가. 저 수구논객이 여당의 지도부를 비판하는 이유도 법안을 통과시키지 못했기 때문이다. 그래서다. "국회를 손보는 일에 착수해야 한다"는 게 김대중의 결론이다. 그의 노림수가 무엇인지 드러난다.

　진정 지도자 복 없는 국민이 새로운 지도자를 만들려면 무엇을 해야 할까? '영웅'을 기다릴 게 아니라 스스로 나서야 한다. 왜 우리가 지금 고통을 받고 있는지 현실을 정확히 파악하기 위해 학습하고 적극 글쓰기에 나서야 한다. 인터넷광장으로 나가 토론해야 한다. 바로 그 점에서 미네르바는 상징적 존재다.

　비록 '긴급공문'이라는 단정적 표현이 빌미를 줘 구속 수감 되었지만, 이명박 정권의 의도는 누가 보더라도 명백하다. 인터넷 통제다. 네티즌이 학습하고 글 쓰는 일을 통제하려는 행태다. 이명박 대통령을 중심으로 '한나라당 정권'이 공영방송과 인터넷 죽이기 법안에 살천스레 나선 이유도 바로 그곳에 있다.

그렇다. 지도자 복 없는 국민들 스스로 지머리 학습하고 글을 쓰고 토론을 통해 지도자를 아래로부터 만들어가야 한다. 미네르바 구속에 네티즌들이 위축되어선 안 될 이유다. 아니, 더 활발하게 글 올리고 댓글 쓰며 학습하고 같은 시대 사람들과 토론에 나서야 할 이유다.

정권이 북치고, 수구 논객이 장구치는 저들의 언구력에 맞서 더 많은 미네르바들이 인터넷 공론장을 꿋꿋하게 지켜야 할 때다. 바로 그게 지도자 복 없는 우리가 벅벅이 복을 누릴 길이다. 수많은 미네르바들 속에서, 수많은 미네르바들의 연대를 통해 참신한 대안을 만들어가야 할 때다. _ 2009년 1월 12일

미네르바는 태어나선 안 될 동물?

미네르바 현상을 둘러싼 논의가 끊어지지 않는다. 비단 네티즌 사이에서만이 아니다. 부자신문들이 집요하게 '미네르바 죽이기'에 나서고 있다. 아니, 비단 미네르바만 조롱하는 게 아니다. '좌파 지식인, 좌파 언론인'을 싸잡아 비야냥댄다. 가령 《중앙일보》의 한 논설위원은 부자가 된 사람에게 배 아픈 나머지 미워하는 상징으로 미네르바를 희화화했다. 하지만 아무래도 대표적 보기는 《조선일보》 사설이다. 사설 제목은 '미네르바를 다시 생각한다'이다.

《조선일보》가 사설에 새로운 시각이라도 담았을까? 전혀 아니다. 기존의 시각에서 더 한쪽으로만 나아갔다. '다시 생각한다'가 아니라 '확인사살 한다'가 정직한 표현이다. 그렇다면 왜 부자신문들이 미네르바 확인사살에 나섰을까? 다름아닌 사설의 문장들이 폭로해준다.

사설은 부르댄다. "그(미네르바)의 글은 '가진 자들'이란 표현이 수도 없이 등장하는 데서 드러나듯 이 사회에서 성공한 사람이나 대기업에 대한 욕설과 저주, 증오로 가득하다." 같은 날 《중앙일보》 논설위원 글에서도 묻어나듯이 부자신문의 언론인들이 왜 그를 싫어하는지 짐작할 수 있는 대목이다.

《조선일보》는 이어 "박씨가 30대 무직의 비非경제전문가라는 사실이 알려지기 전까지만 해도 그를 국민 경제의 스승으로 떠받들어왔던 좌파 경제학자, 좌파 언론인"이라고 언구럭부린다. 이어 "좌파 지식인들은 박씨의 논리나 예측의 정확성 여부보다 그가 구사하는 이 나라와 가진 자들을 향한 저주詛呪의 수사학에 더 끌렸다"고 호도한다. 거기서 그치지도 않는다. "냉철한 지적知的 판단 능력을 갖춘 진짜 경제학자, 진짜 언론인, 진짜 지식인이라면 박씨가 구사하는 허점투성이의 논리, 말세론末世論적 극단주의, 부정확한 경제 지식과 경제 상식을 뚫어 봤을 것이다. 그러나 그런 사람은 드물었다."

민망스럽게도 결국 자신들이 진짜 언론인, 진짜 지식인이라는 논리다. 마침내 사설은 마지막 문장에서 "미네르바라는 눈먼 동물"은 "태어나선 안 될 것"이 태어난 것이라고 살천스레 단언한다.

참으로 《조선일보》스럽지 않은가. 이 신문이 빌미삼아 연일 강조하는 경제학자는 미네르바를 높이 평가한 김 아무개 교수다. 하지만 그는 결코 '좌파 경제학자'가 아니다. 그 사실을 《조선일보》 논설위원들이 모른다면, 그들의 지적 깊이가 얼마나 천박한가를 드러내주는 증거다. 만일 알고도 그렇게 거짓의 글을 써대는 것이라면 그들이 더는 언론인이 아님을 드러내주는 증거다.

《조선일보》를 비롯한 윤똑똑이들에게 분명히 말한다. 이 땅의 좌파 지식인 가운데 이미 공황이 다가오고 있음을 '예측'한 사람들이 적지 않다. 서울대에서 정년퇴임한 김수행 교수와 김세균 교수의 날카로운 분석들이 있다. 그밖에도 정성진 교수를 비롯해 마르크스경제학을 올곧게 지켜온 지식인들이 세계 경제 위기에 대해 예측해왔다. '새로운 사회를여는연구원'도 일찌감치 신자유주의의 어두운 미래를 전망하며 대안을 제시해왔다. 그 분석들을 모르쇠해온 것은, 이명박 정권의 '747 공약'을 앞장서 전파한 것은, 바로《조선일보》를 비롯한 이 나라의 언론인들이다. 진보세력과 국민 사이에 틈날 때마다 불신감을 심어오지 않았던가.

거듭 명토박아둔다. 미네르바가 훌륭한 까닭은《조선일보》의 윤똑똑이들보다 더 경제분석이 적중했다는 엄연한 사실에 있다.《조선일보》가 아무리 미네르바의 잘못된 예측을 나열하더라도, 파산된 투자은행을 인수하라고 주장했던 자신의 치부가 감추어지지 않는다. 지금 이 순간도 신자유주의를 신처럼 받드는 이명박 정권과 그에 부닐고 있는 저 숱한 경제학 교수, 사회학 교수, 정치학 교수, 언론인들보다 '30대 독학'의 미네르바가 더 훌륭했다는 진실이 가려지지 않는다. 말이 나온 참에 분명히 해두자. 태어나선 안 될 눈 먼 동물은 '미네르바'가 아니다. 친일세력이 창간한 바로《조선일보》다. _ 2009년 1월 14일

생떼 엄벌? 이명박 정권의 생떼

'떼법 지수'를 개발한단다. 검찰 발표다. 대검 공안부는 '2009년 공안부 운영방침'을 발표하고 이른바 '불법 집단행동'의 주동자와 배후 세력을 끝까지 추적해 엄벌하겠다고 살천스레 밝혔다. 아울러 '떼법지수'라고 이름붙인 '법질서 확립지수'를 만든다. 여기에는 불법시위·파업 건수, 참가인원이 두루 포함된다. 최고 20년까지 구형한다. 서슬이 시퍼렇다 못해 등등하다.

검찰은 '형량이 들쭉날쭉' 되는 일을 막기 위해서라 주장하고, 일부 언론은 '고무줄 형량'이 줄어들 것으로 긍정적 평가를 내렸지만, 누가 보더라도 의도는 분명하다. 공안 정국에 본격 돌입하겠다는 으름장이다. 검찰 스스로 밝히고 있지 않은가. 국민 경제에 심각한 영향을 끼치는 정치파업에 대해 고소·고발 없이 수사에 착수한단다. 이미 검찰의 막강한 조직은 공안 중심으로 재편되었으며, 공안 담당 부서도 더 늘릴 계획이다.

대검 공안부의 주장에서도 묻어나듯이, 공안 정국은 경제 위기와 맞물려 있다. 서로 동떨어져 있는 현상처럼 다가오지만 결코 아니다. 청와대의 인식과 볼맞고 있기 때문이다. 경제 위기가 심각해지면, 체제 위협세력이 등장할 수 있다는 청와대 대통령실장의 우려가 그것이다.

두루 알다시피 '떼법'은 국어사전에 없는 말이다. 법을 무시하고 집단이나 개인이 '생떼'를 쓰는 행태를 가리키는 신조어다. 가령 한나라당이 만들겠다고 나선 '불법 집단행위에 관한 집단소송법'은 공공연히 '떼법 방지법'이라고 불렸다. '떼'는 '부당한 요구나 청을 들어 달라고 고집하는 짓'이다. 생떼는 억지로 쓰는 떼다.

그래서다. 대한민국 검찰에게 정말 차분히 성찰해볼 것을 촉구한다. 경제 위기를 맞아 생존권을 요구하는 게 과연 생떼인가. 결코 생떼가 아니다. 만일 국민 대다수가 경제 위기 앞에 부닥치고 있는데도 경제를 살리겠다는 공약으로 당선된 대통령이 아랑곳없이 부자 중심의 정책만 고집한다면, 그때 국민은 어떻게 해야 옳은가. 부자 중심의 경제정책 강행, 바로 그것이야말로 주권자인 국민에 대한 권력의 생떼 아닌가?

거듭 냉정히 짚어보길 권한다. 아무리 지하벙커에서 비상경제회의를 하더라도 대졸초임을 낮춰 고용을 늘리자는 수준의 논의만 한다면, 그야말로 생떼가 아닌가? 대졸 초임이 높아 '마이너스 고용'으로 치닫고 있는 게 결코 아니기 때문이다.

검찰에 성찰을 권하는 까닭은 이 나라에도 양심적 검사들이 있다고 믿기 때문이다. 가령 'PD수첩' 수사를 맡았던 임수빈 부장검사가 사표를 던진 모습은 모든 검사가 권력에 부닐고 있지 않다는 진실을 새삼 깨우쳐주었다. 문제는 올곧은 검사들이 설 땅이 점점 좁아지는 데 있다. 양심적 부장검사가 스스로 옷을 벗고 검찰 조직이 '공안 체제'로 걷잡을 수 없이 흘러가는데도, 기개 있는 젊은 검사들이 침묵만 해도 과연 좋은 걸까. 미네르바 구속처럼 졸렬한 행태를 앞으로도 되풀이할 셈인가?

명토박아둔다. 권력의 생떼를 비판하는 민주시민을, 경제 위기를 맞아 일방적 구조조정을 강요하는 자본의 생떼에 맞서는 노동자들을, 떼법의 이름으로 엄벌하겠다는 발상이야말로 민주주의에 역행하는 전형적 생떼다.

무장 심화되는 경제위기에 실효성 있는 대책을 전혀 내놓지 못하면서 국민 여론에 귀 막은 채 끝없이 생떼만 쓰는 정권 앞에 대한민국의 주권자인 국민은 무엇을 해야 옳은가? 민주시민 모두에게 피할 수 없는 물음으로 벅벅이 다가오고 있다. _ 2009년 1월 16일

'이병순을 '애도'한다

대한민국을 '대표'하는 방송. 이름 그대로 한국방송KBS이다. KBS는 그동안 단 한 차례도 KBS 출신 사장을 맞지 못했었다. 언제나 밖에서 왔다. 그래서다. 이병순, 그가 'KBS 출신 첫 사장'이 되었을 때 스스로 뿌듯함을 느꼈을 법하다. 더구나 KBS 내부 구성원 가운데 그가 KBS 출신 첫 사장이 되리라 전망한 사람은 드물었다. KBS에 들어와 유럽에서 특파원 생활을 했지만, '핵심 보직'을 맡았던 경험은 없기 때문이다. 썰렁한 우스개이지만, 그는 이명박 후보의 특보를 지낸 경험도 없다. 당시 KBS노조가 낙하산으로 규정하지 않은 '명분'이었다. 바로 그 점에서 YTN의 구본홍과 차이가 있다.

하지만 KBS 사장 자리에 순조롭게 앉은 그는 곧장 '보복 인사'를 단행했다. 애면글면 노무현 정권을 감시해온 프로듀서와 기자들까지 '한직'으로 내몰았다. 당시 노조 집행부는 그 졸렬한 인사를 정당한 인사권 행사로 사부자기 눈감아주었다.

그 결과는 무엇인가. '화합'인가? 전혀 아니다. 보라. 이병순 체제는 마침내 'KBS 사원행동' 대표 양승동 프로듀서와 대변인 김현석 기자를 파면했다. 해임과 정직, 감봉의 칼도 마구 휘둘렀다.

KBS 안팎에서는 이명박 정권을 '배후'로 지목했다. 한나라당이 연기된 '미디어 관련 개악법안'들을 강행 처리하려는 사전 포석이라고 풀이한다. 파면당한 양승동 피디가 새로 구성된 KBS 노조에서 '공영방송 수호 특별위원회' 위원장을 맡는 걸 막기 위해서라는 분석이다.

문제는 더 심각하다. 이병순 체제는 주요 징계사유로 '근무기강 문란'을 들었다. 다섯 달도 더 지난 일로 파면과 해임에 나선 이유가 되기엔 궁색해보이기도 한다. 하지만 과연 그럴까? KBS 출신 사장으로서 KBS의 '기강'을 확실히 세우겠다는 신호 아닐까?

물론, 어느 조직이든 '기강'은 필요하다. 다만 어떤 기강인가에 있다. 그렇지 않아도 약했던 KBS의 권력 감시 기능은 이병순 체제가 들어선 뒤 더 떨어졌다. 그럼에도 해임과 파면의 칼을 휘두르는 까닭은 이른바 '근무 기강'의 서슬로 노골적인 '땡이 뉴스'를 만들 속셈 아닐까? 정연주 전 사장의 잔여 임기로 취임한 이병순 사장으로선 연임의 문제가 걸려 있기에 더 그렇다.

바로 그래서다. 방송인 이병순 앞에 차라리 연민마저 느끼는 까닭은. 들머리에 이야기했듯이 그는 KBS 출신 첫 사장이다. 그것만으로도 '행운'을 거머쥔 셈이다. 얼마든지 후배들의 존경받을 일을 할 수도 있었다. 하지만 그가 지금 걸어가는 길은 어떤가. 정반대다. KBS 내부에 진정으로 방송을, KBS를 사랑하는 후배들을 한직으로 내치고 그것도 모자라 파면과 해임에 나섰다. 자신에게 비판적이라는 이유로 후배의 목을 치는 행태는 KBS를 죽이는 짓이다. 대체 어떤 기강을 세우겠다는 말인가. 시키는 대로 방송하는 KBS인가? 그가 KBS에 들어와 평기자로 활동할 때의 그 KBS가, 그 땡전 뉴스가 그리운가?

명토박아둔다. 자신의 권위나 자리 따위를 지키려고 유망한 후배들을 자르는 행태는 그 조직을 망치는 가장 혐오스런 짓이다. 2006년에 입사한 한 프로듀서는 대책 모임에 나와 울먹이며 "이 눈물을 잊지 않고 기억할 것"이라고 말했단다. 그보다 30년 남짓 일찍 들어온 선배 이병순은 지금 무엇을 하고 있는가? 기개 있는 후배들 목을 치면서도 사장 자리를 연임하고 싶은가? 자신이 30년 넘게 몸담아온 KBS를 죽일 정도로 탐나는가? 인간 이병순은 지금 구본홍의 길로 치닫고 있다. 그 둘의 행태는 정확히 닮은꼴이다. 구본홍을 닮았다는 게 아니다. 거울을 들여다보라. 탐욕스런 '이명박 정권'이 살천스레 나타나지 않는가. 방송인 이병순에게 삼가 애도를 표하는 까닭이다.

KBS죽이기는 결코 KBS만의 문제가 아니다. '국가 기간방송' KBS의 미래는 곧장 대한민국의 미래와 직결되기 때문이다. KBS 출신 사장의 KBS죽이기에 KBS인들은 물론, 시민사회가 방관만 해선 안 될 이유다.

_ 2009년 1월 19일

생존권 요구한 국민 누가 죽었나

참혹한 주검이 되었다. 오늘 아침까지도 애면글면 살려고 안간힘을 쓰던 그들이다. 그들은 지금 싸늘한 주검으로 우리 앞에 놓여 있다.

서울 용산구 한강로 2가 재개발 지역. 철거 반대 농성을 벌이던 철거민들이 경찰 특공대 진압 과정에서 불에 타 숨졌다.

사건이 일어나기 바로 전날에도 경찰과 철거민 사이에 격렬한 충돌이 있었다. 바로 그날 법무부 차관에 새로 임명된 이귀남은 살천스레 말했다.

"불법 집단행동을 통해 의사를 관철하거나 목적을 달성하려는 시도는 법에 따라 엄단, 절대 용납되지 않는다는 인식을 정착시켜야 한다."

이명박 정권의 실세 차관으로 언론에 소개된 그의 말을 경찰이 어떻게 받아들였을까? 미루어 짐작할 일 아닌가. 실제로 다음날 경찰의 모습은 전날과 확실히 달랐다. 살수차 3대를 동원했다. 경찰 병력이 들어간 컨테이너 박스를 기중기로 건물 옥상에 끌어올리며 가혹하게 진압 작전을 벌였다. 이 정권의 실세차관인 신임 법무차관의 발언을 충실하게 수행했다고 자부할 만하다.

그러나 그 결과는 무엇인가. 먹고 살려고 발버둥 치던 영세자영업자들의 참혹한 주검이다.

그래서다. 냉철하게 쓴다. 대다수 신문과 방송이 넘어갔지만, 이귀남 차관이 누구인가? 김용철 변호사가 삼성그룹으로부터 정기적인 떡값을 받았다고 공개적으로 지목한 인물 가운데 하나다.

묻고 싶다. 단순한 우연일까? 용산 재개발 현장의 참사가 일어난 곳의 시공사는 다름아닌 삼성건설이다. 이를 어떻게 보아야 옳은가?

살아가는 데 아무 불편이 없는 사람들은 철거민들이 너무 심했다고 눈흘길 수도 있다. 철거민들의 투쟁에 대해 '부당한 요구'라고 예단할 수도 있다. 하지만 누가 감히 생존권 요구를 부당하다고 주장할 수 있을까. 아니 더 찬찬하게 짚어볼 일이다. 전국철거민연합 관계자가 밝혔듯이, 참혹하게 죽은 철거민들은 재개발 자체를 부정한 게 결코 아니었다. 다만, 지금까지 그곳에서 살아온 사람들에게 시공사가 최소한의 생존권은 보장해달라는 하소연이었다. 철거민들은 시공사인 삼성건설과 재개발 조합, 관할 용산구청이 철거민대책위와 함께 대책 마련에 나설 것을 요구했다.

생각해보라. 지금까지 장사를 하며 먹고 살았던 터전이 사라진다면 당사자는 어떨까? 더구나 경제 위기가 무장 심화되고 있는 상황 아닌가? 강제로 철거하기 전에 상인들의 임시 주거와 생계를 위한 임시 시장을 마련해달라는 주장이 과연 억지인가? 함께 모여 논의할 의제조차 되지 못하는가?

그렇다. 단순한 우연처럼 보이지만 전혀 아니다. 먹고 살자고 아우성치던 자영업자들의 참혹한 죽음은 이명박 정권의 재벌중심 정책과 법대로 하겠다는 공안통치가 낳은 필연이다.

비참하게 숨진 민중들의 영전 앞에 삼가 옷깃을 여미며 눈 부릅뜨고
묻는 까닭이다. 누가 애면글면 먹고 살게 해달라고 요구해온 국민을 참
혹한 주검으로 만들었는가? _ 2009년 1월 20일

국민 죽여놓고 대한민국 국민 아니다?

치미는 분노를 최대한 삭이며 쓴다. 생존권을 요구하던 국민을 다섯 명이나 죽여놓고도 무람없이 '도심테러세력'을 들먹이는 저들을 보라.

경찰 특공대 투입을 정당화하려는 한나라당 국회의원들의 작태다. 국회의원이라는 게 무슨 대단한 '벼슬'이라도 되는 듯 오만이 뚝뚝 묻어난다. 참사를 당해 열린 국회 행정안전위원회에서 언죽번죽 '반국가단체'를 운운한다.

심지어 용산 참사로 숨진 철거민들을 겨냥해 대한민국 국민인가를 살천스레 의심하는 발언도 서슴지 않았다. 그뿐인가. '고의적 방화' 가능성을 제기하는 정치모리배도 있다.

대체 대한민국은 어디로 가고 있는가. 새삼 부라퀴들은 비단 국회에서만 설치지 않는다. 참사 직후에 청와대 부대변인은 "과격시위의 악순환이 계속될 수 있는데 이번 사고가 그런 악순환을 끊는 계기가 됐으면 좋겠다"고 말했다. 프랑스대혁명 때의 마리 앙트와네트를 떠올리게 한다.

물론, 차이는 크다. 앙트와네트는 '베르사이유의 요정'으로 불릴 만큼 미모였기 때문이 아니다. 텔레비전 뉴스로 알려진 '경력'으로 고작 이명박 정권의 부대변인을 맡은 자가 악순환 끊는 계기가 됐으면 좋겠단다. 국회나 청와대로 들어간 모리배들만이 아니다. 언론계의 부라퀴들도 뒤뚱뒤뚱 나섰다. 사뭇 근엄한 목소리로 부르댄다. 보라. "용산 참사 배후세력 '전철연'에 단호히 대응해야" 한단다. 《조선일보》 사설이다. '용산 참사' 배후세력이 전국철거민연합이란다.

대체 저들은 '배후'의 뜻도 모르며 사설을 쓰는가? '용산 참사의 배후'란 무엇을 의미하는가. 참사가 일어나게 한 세력이다. 과연 전국철거민연합이 참사를 일어나게 모의를 했단 말인가. 고의적 방화 가능성을 주장한 한나라당 국회의원 신지호와 볼맞는 논리다.

이미 사건 바로 다음날, 《동아일보》 사설은 "전국철거민연합이 이번 과격 시위에서 어떤 역할을 했는지" 밝혀내야 한다고 부르댔다. "이들 지도부가 선의의 빈민운동을 벌이는 것인지, 아니면 폭력 선동을 통해 사회혼란을 꾀하는 것인지 규명할 필요가 있다"는 논리다.

"이 사고를 구실로 사회갈등을 부추기거나 제2의 촛불로 확산시키려는 세력이 있다면 의도가 불순하다"는 주장까지 했다. 촛불 추모가 시작되기도 전에 의도의 불순성을 따지는 저들을 대체 어떻게 보아야 옳은가.

명토박아둔다. 생존권을 요구한 국민을 죽여놓고 배후를 들먹이는 언론계와 정계의 부라퀴들은 새겨듣기 바란다. '용산 참사'에 배후가 있다면, 그 배후는 가진자 중심의 '법대로'를 강행해온 이명박 정권이다. 국민의 죽음 앞에 '악순환'을 운운한 청와대의 윤똑똑이에게도 분명히 말한다. 악순환을 끊겠다면 청와대를 '사령부'로 한 '공안통치'부터 끊어야 옳다.

생존권을 요구하다 숨진 철거민들에게 '대한민국 국민'이 아니라거나 '도심테러세력'이라고 주장하는 자들, 그들은 숨진 철거민들을 다시 죽이는 범법자들이다. 아니, 그들이야말로 대한민국 국민이 아니다. 그들의 작태야말로 참혹하게 숨진 분들에 대한 용서할 수 없는 테러다.

_ 2009년 1월 22일

저 긴 '죽음의 행렬'을 보라

어디까지 갈 셈인가. 이명박 대통령에 묻는다. 먹고살게 해달라고 절규하던 철거민 다섯 명이 새까맣게 불타 숨졌는데도 진솔한 반성은 보이지 않는다. 철거민 단체 탓이라며 되술래잡는다. 비극적 참사 앞에서 '고의 방화' 가능성을 들먹인 국회의원이나 그 또래를 새삼 거론하고 싶진 않다. 사람이라면 마땅히 갖춰야 할 기본조차 없는 정치 모리배가 국회의사당에 들끓은 지 오래이기 때문만은 아니다. 문제의 핵심이 더 어둔 곳에 똬리 틀고 있어서다. 바로 청와대다.

임기가 아직 4년 남은 대통령이 입만 열면 '법치'를 부르댈 때, 이미 한자리씩 꿰차고 앉은 출세주의자들이 무슨 일을 꾀할지 충분히 짐작할 수 있다. 더 높은 감투를 쓰려는 부라퀴들의 과잉 충성도 눈에 선하다. 대통령 눈에 들면 언제든 장관에 발탁될 상황에서 한나라당 국회의원들이 잔혹한 '공권력'을 어떻게 두남두며 언구럭부릴까도 미루어 알수 있다.

기실 국민을 시들방귀로 여기는 대한민국 '공권력'의 문제점은 뿌리가 '친일'까지 닿아 있다. 심지어 노무현 정권에서도 비정규직 노동자와 농민을 대낮에 때려죽인 전과가 있지 않은가. 그들에게 이명박 정권의 등장은 무엇이었을까? 그나마 눈치 살필 수고 없이 마구 휘둘러도 된다는 보증 아니었을까?

그래서다. 무엇보다 심각한 문제는 처참한 죽음의 행렬이 결코 끝나지 않았다는 데 있다. 프랑스 사르코지 정권처럼 세계적으로 소문난 우파마저 신자유주의를 벗어나려는 판에 금산분리 완화, 방송 사영화, 비정규직 확산 따위의 신자유주의 법안을 언죽번죽 '경제 살리기'로 호도하는 저들을 보라. 앞으로도 얼마나 많은 비정규직 노동자와 농민, 영세 자영업자들과 그 가족이 피와 눈물을 쏟아야 하는가.

비단 신자유주의 악령만이 아니다. 철거민 참사로 묻히고 말았지만, 서해에서 남과 북의 군사적 충돌 가능성이 무장 높아가고 있다. 이미 북쪽은 "빈말이 아니다"라며 일촉즉발의 위기 사태라고 공언했다. 봄이 오면 서해의 풍부한 꽃게를 남과 북이 웃으며 함께 잡자는 합리적 논의는 실종되고, 근거도 모호한 '국경선'을 외마디처럼 질러대며 일방적이고 자극적 선동으로 군사 충돌을 부추길 때, 또다시 남과 북의 애먼 젊은이들이 목숨 잃을 가능성은 커질 수밖에 없다. 게다가 경제공황을 맞은 미국이 탈출구로 전쟁을 선택할 수 있다는 진단마저 솔솔 나오는 상황이다. 버락 오바마 정권이 들어섰다고 마음을 모두 놓기엔 미국 경제가 뿌리째 흔들리고 있다.

그럼에도 부익부빈익빈의 신자유주의 정책을 노골적으로 강행하고 남북 대결주의로 무람없이 치닫는 이명박 정권 아래서 죽음의 행렬은 꼬리가 보이지 않는다. 종교 갈등마저 곰비임비 불거질 만큼 신앙에 '독실'하다는 이명박 장로에게 죽음의 행렬에서 죽은 사람을 다시 살리는 누가복음은 쇠귀에 경읽기일까. 성경과 정반대로 되레 국민의 생때같은 목숨을 빼앗고 있지 않은가.

찬찬히 저 긴 죽음의 행렬을 보라. 비참하게 죽은 원혼들만의 행렬이 아니다. 아직 살아 있는 사람들의 행렬을 직시할 때다. 줄 이은 행렬에 저들의 살붙이는 전혀 없다. 저들이 끼리끼리 볼맞아 희희낙락 즐길 때 차가운 죽음의 문은 노동자, 농민, 빈민, 영세 자영업자들 행렬 앞으로 성큼성큼 다가설 수밖에 없다. 저들이 제 동족과 대화보다 대결을 즐길 때, 죽음의 악령은 저들의 자식들과 달리 '국방의 의무'로 군에 온 애먼 젊은이들 꼭뒤를 벅벅이 덮쳐올 수밖에 없다.

저 멀리 들려오는 곡성의 흐느낌 담아 이명박 정권에 다시 묻는다. 줄 선 행렬에도 눈 슴벅이며 묻는다. 어디까지 갈 셈인가.

_ 2009년 1월 29일

대한민국에 지천으로 깔린 사이코패스

"언변은 청산유수고, 매력적인 데다가 자신만만하며, 어떤 상황에서도 태연하고, 압력에도 의연하며 거짓말이 탄로 날 위기가 닥쳐도 전혀 당황하지 않는다. 더구나 한 치의 양보도 없이 냉혹하다."

누구를 이름일까? 선입견 없이 맞춰보기 바란다. 선뜻 떠오르는 사람이 있지 않은가? 짐작이 되지 않는다면 조금 더 정보를 줄 수도 있다. 양심이 없다. 다른 사람의 상처나 고통을 전혀 공감하지 못하기 때문에 자신이 누구에게 어떤 끔찍한 일을 저질렀든 개의치 않는다.

그런데 앞의 인용은 서울 용산의 철거민들이 불에 타 숨졌는데도 그 처참한 주검 앞에서 언죽번죽 '고의 방화'나 '테러리스트' 따위를 들먹인 한나라당 국회의원 무리를 두고 한 말은 아니다. 오늘 이 순간까지 어떤 문책도 하지 않는 청와대를 겨냥한 말도 아니다. 얼렁뚱땅 넘기려는 정권을 비판은커녕 되레 철거민단체를 살천스레 '극렬좌파'로 사냥하는 자칭 '언론인'들을 두고 한 말도 아니다. 세계적 범죄학 전문가 로버트 헤어 박사가 25년 동안의 임상 연구 결과를 바탕으로 정의한 사이코패스의 전형적 특징이다.

두루 알다시피 사이코패스psychopath는 '겉은 멀쩡하면서도 끔찍한 범죄를 저지르는 반사회적 성격장애자'를 일컫는다. 사이코패스의 정신병질은 내부에 잠재해 있다가 범행으로만 드러나기 때문에 전혀 알아차리지 못한다.

흔히 사이코패스를 흉악범죄자로만 여긴다. 실제로 대한민국 경찰이 공식적으로 사이코패스로 규정한 인물이 유영철이다. 이웃에 일 열심히 하는 사람으로 알려졌던 강호순이 파묻은 시신들의 처참한 주검은 그가 사이코패스임을 증언해주었다.

하지만 사이코패스는 범죄자에게만 국한된 개념이 아니다. 마침 한나라당 국회의원이 민주당과 민주노동당 의원들을 겨냥해 '사이코패스 정치인'이라고 몰아세웠다. 사이코패스의 정확한 뜻을 알고 그런 말을 했는지 모르겠지만, 실소가 나오는 건 왜일까.

보라. 서울 용산의 참사를. 참혹하게 국민 5명이 숨졌는데, 죽인 사람은 아무도 없다는 '태연함'을 보이는 자 누구인가. 심지어 화염병 또는 신나가 죽였다는 생게망게한 발상까지 나온다. 화염병과 신나가 저스스로 사람을 죽였다는 망상을 자신만만하게 늘어놓는 저 '멀쩡한 사람들'의 정체는 대체 무엇일까. 그 기상천외한 논리가 부자신문들을 통해 대량 유포되면서 경찰특공대와 철거민 모두 잘못이라는 양비론도 한몫하고 있다. 국민을 죽여놓고 아무 문책도 없는 정권 앞에서 대체 양비론은 어떤 의미일까.

그래서다. 다시 이 칼럼의 들머리에 소개한 인용을 전제로 묻고 싶다. 정치계와 언론계에서 자신만만하게 '한 치의 양보도 없는' 저들을 우리 무엇이라 불러야 할까. 건강한 상식을 갖춘 독자들의 판단에 맡긴다.

행여 지나친 왜곡이라고 눈 흘기지 말기 바란다. 사이코패스 개념에 견주어 똑떨어지는 사람들을 일러 그렇다고 이야기하는 게 왜곡이 아니다. 정반대로 사이코패스들이 멀쩡하게 '정장'을 입고 있다고 해서 호감 갖는 게 왜곡이다.

그렇다. 철거민들은 참혹한 주검으로 이 나라 곳곳에서 방귀깨나 뀌고 있는 자들의 정체를 확연하게 드러내주었다.

문제는 사이코패스에게 어떻게 대처할 것인가다. 헤어 박사에 따르면, 사이코패스는 자신의 잘못을 인정하지 않기에 양심에 호소하는 방법으로는 효과를 볼 수 없다. 사이코패스치료는 그들이 그런 행동을 통해서는 아무것도 얻을 수 없다는 점을 깨닫게 하고, 그들의 욕망을 다른 방식으로 충족시킬 수 있게 다른 길을 제시해야 한단다.

대한민국 정계와 언론계에 지천으로 깔려있는 저 부라퀴들의 욕망을 어떤 방식으로 충족시켜줄 수 있을지 여전히 문제는 남는다. 하지만 저들의 병명이 무엇인지를 철거민들의 처참한 주검이 증언해주었다는 사실만으로도 이 땅의 역사는 한걸음 더 나아가고 있는 게 아닐까.

_ 2009년 2월 2일

누가 대한민국 경찰을 모욕하고 있는가

김석기 경찰청장 내정자가 참사가 일어난 지 20일이 넘어 사퇴했다. 그는 기자회견을 열어 사퇴의사를 밝히면서 "조직의 상사로서 (숨진 경사를) 끝까지 지켜주지 못해 가슴이 미어진다"고 말했다. 사뭇 숙연했다. 그는 이어 서울 용산 철거민 참사 때 숨진 김남훈 경사의 묘역이 있는 국립 대전현충원을 찾았다.

그래서일까. 부자신문들은 김석기 내정자를 자극적으로 비호하고 나섰다. 가령 《중앙일보》 사설은 "경찰 등 공권력 집행기관은 다시 정체성에 대한 회의와 사기저하를 겪게 됐다"고 개탄했다.

《동아일보》 사설은 더 나간다. "정부가 경찰 총수를 '정국 안정의 제물'로 삼다 보면 경찰은 불법폭력 시위 앞에서 나약한 존재로 전락하고 만다"고 부르댔다.

경찰이 부글부글 끓는다는 보도도 부각된다. 경찰청 내부게시판에 김석기 사퇴의 비통함을 토로하는 100여 건 넘는 글이 올라왔단다. 게시글 대부분에는 김 내정자가 '정치적인 희생양'으로 사표를 낸 것이기에, 사표는 반려돼야 한다는 주장이 담겨 있다고 한다.

더러는 "지렁이도 밟으면 꿈틀거린다는데 왜 우리는 바보처럼 소리도 못 내고 있느냐"라든가 "경찰이 왜 항상 이렇게 대접받지 못하고 살아야 하는지 모르겠다"는 울분도 올렸다.

그래서다. 대한민국 경찰은 지금 어디에 있는가를 묻는다. 아니, 지금 이순간도 박봉에 꼬박 날밤 세우며 치안에 전념하고 있는 수많은 경찰들과 더불어 허심탄회하게 나누고 싶은 생각이 있다.

무엇보다 차분히 상황을 직시했으면 한다. 김 내정자는 사퇴회견에서 "경찰의 엄정한 법 집행이 강경과 과잉으로 매도당했다"고 주장했다. 과연 그런가? 아니다. 김석기는 경찰 내부에서도 오래전부터 '강경파'로 분류되지 않았던가?

보라. 그는 서슴없이 말한다. "시민을 지키기 위해 목숨을 잃은 경찰의 죽음과 그런 경찰을 향해 화염병을 던지다 사망한 시위대의 죽음은 그 의미가 다르다."

곧장 그에게 묻고 싶다. 생존권을 요구하며 칼바람 각오하고 농성에 들어간 철거민들은 시민이 아니란 말인가? 더구나 경찰의 죽음은 무리한 진압작전을 결정한 바로 자신의 책임 아닌가. 강경파로 소문난 그가 이명박 정권에 과잉충성하려는 무모한 작전이 바로 꽃다운 나이의 경찰을 숨지게 하고, 철거민들을 참혹한 주검으로 만들지 않았던가.

만일 그때 경찰특공대 투입을 결정한 자리에 김석기가 아니라 다른 '경찰 선배'가 있었다면, 경찰이 죽는 일이, 철거민 5명의 참사가 일어났겠는가?

김석기가 사퇴하면서 철거민들을 테러범과 동렬에 놓은 모습은 경악스럽다. 그가 숨진 경찰을 애도하며 자신의 잘못을 전혀 시인하지 않는 모습은 더 충격적이다. 바로 그가 '경찰 동지'와 '경찰 후배'를 들먹이는 모습을 어떻게 보아야 할까?

그래서다. 다시 애면글면 치안에 날밤 세우는 현장의 경찰들에게 진솔하게 제안하고 싶다. 제발 훌륭한 경찰 선배로 커가기를. 자신의 욕망 때문에 후배들을 사지로 몰아넣는 선배가 되지 말기를.

지금 김석기를 비호하는 저 권력과 그에 부닐고 있는 신문들이야말로 경찰을 모욕하고 망치는 자들임을, 그들이야말로 모든 경찰을 벅벅이 '권력의 희생양'으로 삼으려는 자들임을, 이 나라 대한민국의 '서민경찰'들이 꿰뚫어보길 간곡히 바란다. _ 2009년 2월 11일

이명박 정권의 정체, 지지세력에 묻는다

대한민국에는 스스로 보수라고 여기는 사람들이 있다. 바로 그들에게 정중하게 묻고 싶다. 이명박 정권은 보수정권인가?

옹근 1년 전, 이명박 정권이 들어설 때다. 군사독재나 그 잔재가 아닌 보수정권의 등장이라는 정치평론이 많았다. 한나라당 후보 경선 때부터 '수구세력'을 대표하는 박근혜와 달리 이명박을 합리적 보수로 분석하기도 했다. 그가 당선되자 '신보수'라는 말이 나돌고, '여의도 정치'의 구태를 벗어나리라는 전망까지 나왔다. 실제로 이명박 정권은 출범하며 '실용주의'를 내걸었다. 대통령 자신이 보수와 진보의 구분을 넘어서자고 부르대기도 했다.

하지만 어떤가. 1년이 지난 오늘 이명박 정권을 둘러싸고 있던 안개는 말끔히 걷혔다. 정권의 정체가 또렷하게 드러났다. 무엇보다 서울 용산에서 참혹하게 숨진 철거민들의 주검이 정권의 정체를 투명하게 비춰준 새맑은 거울이었다. 이 정권의 그 누구도 오늘 이 순간까지 철거민들의 죽음 앞에 진솔한 사과가 없어서만이 아니다. 경찰청장 내정자 김석기의 도도한 사임 기자회견 때문만도 아니다.

아무런 선입견 없이 이 땅의 보수세력, 더 구체적으로 이명박 후보에 투표한 사람들 스스로 가슴에 손을 얹고 짚어보기 바란다. 철거민들의 망루 농성에 동의하느냐 반대하느냐 이전의 도덕적이고 인간적 문제다.

김석기의 사퇴를 두고 이 대통령의 반응은 "괜히 아까운 사람 나간다"로 보도됐다. 과연 그래도 좋은가? 김석기 사퇴에 사뭇 '울분'을 드러낸 한나라당 국회의원 신지호는 참사 직후 '고의방화 가능성'을 들먹였다. 그는 국회의원 되기 전에 이른바 '뉴라이트'로 활동했다.

무릇 세계 정치사에서 보수는 언제나 자신들의 인간성과 도덕성을 미덕으로 자부해왔다. 사회 구조를 바꾸는 일보다 개개인의 인간성이 더 중요하다며 도덕과 관습을 강조하는 게 보수의 정체성이다. 이 땅의 자칭 '보수세력'이 즐겨 쓰는 '글로벌 스탠더드'를 들이댄다면 더 그렇다. 냉철하게 성찰해볼 일이다. 생존권을 요구하던 철거민 세입자 다섯 명이 경찰특공대 투입과정에서 처참하게 숨겼는데도 살천스레 '고의방화'나 '테러범'을 들먹이는 자들을 과연 '보수'라 할 수 있을까?

더 놀라운 일은 부녀자들을 대상으로 한 흉악한 연쇄살인범을 이용해 철거민 참사에 비판적 여론을 무마하라고 청와대가 지시한 사실이다. 청와대 행정관은 경찰청 홍보담당관에게 이메일을 보내 철거민 참사를 연쇄살인범 검거로 덮으라며 구체적 방법까지 적시했다. "증거물 사진 등 추가정보 공개, 드라마 CSI와 경찰청 과학수사팀의 비교" 따위가 그것이다.

이명박 정권의 경악스러운 모습은 여기서 그치지 않았다. 처음에는 시치미를 뗐다. 마침내 증거가 드러나자 담당 행정관의 개인적 메일이라며 '구두 경고'했단다. 아무런 뉘우침도, 부끄러움도 없다. 청와대 행정관이 경찰청 홍보담당관에게 보낸 메일이 '개인 메일'이란다. 그 말을 국민에게 믿으라는 저들이 과연 제 정신인가? 보수를 자임하는 사람들에게 거듭 묻는다.

적어도 보수를 자처하려면 최소한의 품격이 있어야 옳지 않은가. 보라. 지금 이명박 정권의 청와대와 집권여당에 어떤 품격이 있는가. 그럼에도 저들을 언제나 비호하는《조선일보》《동아일보》《중앙일보》가 결코 보수언론이 아니듯이, 이 정권 또한 '보수'가 아니다. 양심 있는 보수세력에게 이명박 정권을 묻는 까닭이다. 언제나 진보세력에게 '패륜'을 들먹이는 도덕주의자들과 보수주의자들에게 진지하게 묻는다. 지금 이순간도 이명박을 지지하는 사람들에게 거듭 묻는다. 과연 오늘의 이명박 정권을 무엇이라 불러야 옳은가? 아니, 그 물음에 정직하게 답할 진정한 보수세력이 대체 대한민국에 존재하는지부터 성찰해야 옳을까? _ 2009년 2월 16일

'지푸라기'로 판명된 '경제대통령'

한 중소건설업체 사장을 만났을 때다. 건설 경기가 어려울 게 분명하기에, 인사치레로나마 건설업계에서는 '4대강 정비사업'을 환영하겠다고 '덕담'을 건넸다.

이명박 후보에 투표했을 게 거의 확실한 그 사장은 전혀 뜻밖으로 대답했다. 그렇지 않다며 손사래를 쳤다. 4대강 정비사업을 해도 그 공사를 맡을 대기업만 좋은 일이지, 대다수 중소건설업체는 아무 것도 돌아오는 게 없단다.

이명박 정권의 경제정책이 철저하게 '재벌 중심'이라는 사실을 새삼 확인할 수 있었다. 비단 건설업계만이 아니다. 말로만 중소기업 살리기를 강조할 뿐, 재벌과 중소기업 사이의 구조적 불균형을 해결하겠다는 의지는 보이지 않는다. 더구나 중소기업 도산이 줄 이으리라고 청와대 스스로 분석하고 있으면서도, '체제 전복세력'에 대처 방안만 고심하고 있는 게 이명박 정권의 감출 수 없는 모습이다.

여기서 이명박 정권의 경제정책을 진보적 시각에서 비판할 뜻은 전혀 없다. 그가 애초부터 '진보'를 내걸거나 '분배'를 강조한 게 결코 아니기 때문이다. 다만, 그가 대통령이 되겠다고 나섰을 때 자신 있게 내세운 '공약'에 근거해 짚어보는 일은 반드시 필요한 일이다. 이 정권의 경제정책 평가 또한 대선 때 이명박을 지지했던 사람들에게 묻고 싶은 이유이기도 하다.

대선 후보 이명박은 '경제대통령'을 자임했다. 그는 연 7퍼센트 경제성장과 국민소득 4만 달러, 7대강국이라는 장밋빛 청사진으로 유권자들을 '유혹'했다. 그가 내건 '경제 살리기'나 '국민 성공시대'의 선거 구호는 대선 정국을 깊숙이 파고들었다.

그랬다. 김대중—노무현 정권 10년 동안 진행된 신자유주의 경제정책으로 고통 받던 비정규직 노동자와 영세 자영업인들이 '지푸라기'라도 잡고 싶은 심경으로 이명박 후보에 표를 던졌다.

당시 《오마이뉴스》에 기고한 칼럼들에서 그의 경제 공약이 실현 불가능한 환상임을 줄기차게 썼지만, 경제적 어려움에 부닥친 사람들에게 이명박의 '경제 살리기' 공약은 실낱같은 희망으로 다가왔던 게 엄연한 사실이다.

바로 그 점에서 이명박 집권 1년은 소중한 경험이었다. 지푸라기라도 잡고 싶은 간절함으로 이명박에게 투표했던 사람들은 말 그대로 그가 한낱 '지푸라기'에 지나지 않는다는 사실을 고통스럽게 확인했다.

대통령 이명박은 경제적으로 고통 받는 사람들의 경제를 살릴 의지도 능력도 없음이 또렷하게 드러났다. 재벌 규제를 풀고 공공부문을 사영화하고 재벌과 부동산 부자들의 세금을 줄여 경제를 살리겠다는 망상에 여전히 사로잡혀 있다. 심지어 그 정책의 '원조'인 미국의 신자유주의 체제가 이미 거덜나고 있는데도 그 벼랑으로 줄달음질치는 꼴이다.

국민 대다수인 민중의 경제가 죽어가는 상황에서 되레 비정규직을 늘리고 최저임금을 줄이겠다는 저 살천스러움을 보라. 대규모 일자리 창출은커녕 고용이 되레 줄어들고 있음에도 지금 이 순간까지 공공부문 구조조정을 '독려'하는 저 황당한 '경제대통령'을 보라.

바로 그래서다. 앞으로 4년, 우리 국민 대다수는 더 혹독한 시련을 겪을 수밖에 없다. 다만 '개혁'을 자임한 세력 이상으로 이 땅의 '보수'를 자처하는 세력이 경제 살리기에 얼마나 무능한가를 절감할 수 있다면, 그것은 거쳐야 할 뼈저린 교훈이 될 수 있다.

김대중-노무현 정권의 시장 중심 경제정책이나 이명박 정권의 재벌 중심 경제정책과 다른 진보적 경제정책이 얼마든지 실현 가능하고, 시장이나 재벌이 아니라 노동을 중심에 둔 경제정책만이 참으로 경제 살리기에 성공할 수 있다는 진실을, 저 '지푸라기 정권'이 우리에게 중언해주고 있는 오늘이다. _ 2009년 2월 19일

진보세력에 대안이 없다?

이명박 정권, 누가 막을까? 갈수록 거침없다. 궁금하지 않은가? 대체 뭘 믿는 걸까? 언제나 자신을 두남두는 《조선일보》《동아일보》《중앙일보》일까. 이미 장악했거나 길들이고 있는 방송일까. 똘똘 뭉친 부라퀴들일까.

그게 다는 아닐 터다. 더 중요한 이유가 있다. 이명박 정권의 대안이 잘 보이지 않아서다. 수백만 명이 촛불을 밝혀도 정치적 구심점이 없다는 사실을 꿰뚫어서다. 그렇다면 진보세력은 왜 구심점이 없을까. 동어반복이더라도 명토박아둔다. 조각조각 갈라져서다. 한 줌이면서도 뺄셈을 즐겨서다.

비단 분열된 진보정당만의 문제가 아니다. 지식인들은 어떤가. 고백하거니와 진보의 위기를 말하기 민망스럽다. 언론노동운동에 몸담아온 나 또한 자유롭지 못해서다. 그럼에도 누군가 꼭 짚을 문제이기에 쓴다.

진보의 위기로 흔히 대안이 없다고 개탄한다. 대안에는 두 가지가 있다. 정책 대안과 정치세력 대안이다. 물론 두 대안은 별개가 아니다.

정책 대안이 없다는 게 언론이 진보세력을 홀대하며 내세우는 큰 이유다. 기실 진보에 대안이 없다는 말은 '개혁'을 자처한 세력이 집권했을 때 자신을 비판하는 이들을 '쇄국'으로 몰아세우던 논리였다. 그렇더라도 진보정치를 실현하려 애면글면 일하는 사람들이 모인 자리라면 얼마든지 성찰해볼 문제임에 틀림없다. 고통받는 민중이 진보세력에 던지는 추궁이라면 더 겸허할 일이다.

하지만 정교한 대안이 없다는 비판을 진보를 자처하는 일부 교수들이 일삼는 풍경은 생게망게하다. 공개적으로 진보세력을 겨냥할 때는 당혹스럽기도 하다. 더러는 그런 주장이 수구신문에 실리기도 하고 아예 그런 글을 기고도 한다.

그래서다. 묻고 싶다. 정책 대안을 만드는 일, 바로 진보 교수들이 할 본분 아닌가? 진보정당 활동가나 진보언론 기자보다 일차적으로 진보 교수가 할 일 아닌가? 왜 스스로 정책 대안을 연구해 제안할 생각은 않고 지청구를 되풀이하는가? 왜 교수가 자신의 현장인 학생들 속으로 들어가기보다 대외활동에 더 분주한가? 그 결과 아닌가? 이 땅의 대학은 저 부자신문 못지않은 '신자유주의 본산'으로 전락하고 있다.

바로 그 문맥에서 진보언론도 진보정당의 한계를 지적하기 앞서 자신을 냉철히 돌아볼 필요가 있다. 진보언론은 대안 취재와 의제 설정에 얼마나 최선을 다해 왔는가?

진보정당을 두둔하거나 누구를 탓하자는 게 결코 아니다. 다만, 대학이나 언론사에 소속된 지식인들도 짚어보자는 뜻이다. 혹 자신이 할 일은 제대로 않고 현장에서 활동하는 이들에게 율랑율랑 '훈수'해 오진 않았던가. 더러는 되레 뺄셈과 나눗셈에 앞장서지 않았던가.

거듭 성찰을 제안한다. 진보정당, 진보언론, 진보학계, 모두 이 땅에선 한 줌이다. 그럼에도 뺄셈 즐기기까지 닮았다. 서로 힘 보태며 정계와 언론계, 학계의 주류를 만들어갈 섶에 흠잡거나 배제에 익숙하다. 그 결과는 무엇일까? 자신은 물론, 진보세력 전체가 정계, 학계, 언론계에서 시나브로 가라앉거나 제자리에 머물고 있다.

기실 구체적 정책 대안이 없다는 비판도 사실과 다르다. 게으름의 자기폭로다. 이미 여러 현장에서 대안이 곰비임비 나오고 있다. 대안이 완벽하지 못하다는 말은 옳을 수 있다. 하지만 그 또한 진보적 지식인들이 남 이야기하듯 던질 말은 아니다.

정책 대안을 더 구체적이고 정교하게 가다듬고 소통하는 일, 힘을 모아야 가능하다. 덧셈으로 정책 대안을 만들고 널리 알려갈 때, 바로 그때 대안을 실현해나갈 주체로서 정치세력의 대안도 벅벅이 형성할 수 있다. 또다른 '이명박'을 막을 수 있다. _ 2009년 2월 24일

넘쳐나는 사랑, 퍼져가는 증오

사랑이 넘쳐난다. 김수환 추기경의 '서로 사랑하세요'라는 유언이 낳은 효과다. 고마운 일이다. 무엇보다 신문과 방송이 앞장섰다.《조선일보》《동아일보》《중앙일보》의 지면에 그 어느 때보다 사랑이 넘쳤다. 텔레비전 방송 뉴스시간에도 사랑이 넘실댔다.

어떤 언론은 '사랑의 바이러스'로 표현하기도 했다. 종교의 가치를 새삼 확인할 수 있는 기회였다.

기실 사랑의 바이러스가 급속도로 전염되는 오늘은 그만큼 우리 사회가 각박했다는 증거이기도 하다. 바로 그래서다. 누군가는 차분히 현실을 직시해야 옳다. 설령 그것이 시류를 역행하더라도, 지금 일어나고 있는 일을 알리는 과제가 저널리즘에 주어져 있다. 바로 그것이 종교인과 언론인에 주어진 소임의 차이 아닐까.

냉철히 톺아보라. 이명박 정권 옹근 1년을 맞은 우리 현실을. 사랑은 넘쳐나고 있지만, 실제로 퍼져가는 것은 증오다. 아니 더 정확히 말하자면, 지금 넘쳐나는 것은 사랑이 아니라 '사랑'이란 말이다. 안구 기증이나 입양이 늘어나는 현실을 몰라서가 아니다. 사랑의 바이러스를 부정할 생각도 전혀 없다.

하지만 그 작은 사랑을 압도할 증오의 먹구름이 시커멓게 하늘을 뒤 덮고 있다. 기실 사랑이란 말은 지난 1년 동안 청와대에서 유난히 많이 흘러나왔다. 소망교회 장로여서일까. 이명박 대통령 스스로 사랑을 이 야기해왔다. 서울 용산에서 철거민들이 참혹하게 숨졌을 때도, 대통령 은 설날연휴 '가족사랑'을 언죽번죽 들먹였다.

그렇다. 문제는 차가운 현실이다. 철거민 참사가 입증해주는 오늘은 결코 '사랑'이 아니다. 철거민단체를 조준해 살천스레 퍼부었던 이 나 라 부자신문과 부자정당, 부자정권의 마녀사냥은 단연 증오다. 하지만 보라. 검찰이 솔솔 흘리고 부자신문이 증오 담아 대서특필한 철거민단 체 대표의 '검은 돈 의혹'은 전혀 사실 무근으로 밝혀졌다.

과도하고 잔인한 '공권력' 행사로 국민 5명이 참혹하게 숨졌는데도 부자신문은 대통령 취임 1년을 맞아 쓴 사설에서 법치가 부족하다고 다그친다. 가령 《동아일보》는 "지금 우리 사회에 법과 질서가 확립돼 가고 있다고 느끼는 국민은 많지 않다"며 다음과 같이 부르댄다.

"경찰이 좌파와 불법폭력세력에 폭행당하는 일이 비일비재하고 불 법시위에 대한 엄정한 대처는 말뿐이었다."

대체 어떻게 해야 '말뿐'이 아니란 말인가. 철거민들을 죽이고 영정 을 부수고 유족을 폭행해도 아직도 부족하다는 저들을 보라. 바로 전날 까지만 해도 사랑의 바이러스를 부르짖던 저들이 아니던가. 부자신문 의 지면에서 추기경이 이명박 대통령에게 한 당부가 '양극화 해소'였 다는 사실은 찾아볼 수 없다.

그뿐인가. 김 추기경이 생전에 우려하고 저 부자신문들이 대서특필 한 '친북반미세력'의 문제는 냉엄한 현실에서 이명박 정권 1년을 거치며 남북대결 양상으로 나타나고 있다. 우리 대다수가 둔감해져 있지만 서해 연평도에서 긴장은 높아가고 있다.

이명박 정권이 지난 1년 동안 보여준 대북정책에 전혀 변화가 없다면, 연평도에서 '충돌'이 불거질 가능성은 대단히 높다. 남이든 북이든 이 땅의 젊은이들이 생명을 잃을 게 분명하다.

과연 그래도 좋은가. 그럼에도 남북대결을 부채질하는 저 수구신문들을 보라. 저들이 아무리 '사랑의 바이러스'로 지면을 도배질하더라도 실제로 더 크게 퍼져가고 있는 것은 증오임을 나는 분명히 기록해둔다. 이명박 정권의 1년이 그랬듯이 앞으로 4년도 신자유주의와 분단체제는 무장 강화될 전망이다. 흔히 대안이 없다고 한다. 하지만 아니다. 대안은 없는 게 아니라, 단지 소통되지 않고 있을 따름이다(칼럼 〈진보세력에 대안이 없다〉 참조).

그래서다. 지금 우리는 넘쳐나는 증오 앞에서 어떻게 사랑을 퍼트릴까 고심할 때다. 바로 그게 진정으로 '서로 사랑'하는 길이 아닐까.

_ 2009년 2월 25일

미디어악법 부르대는 '개구리'들

우물 안 개구리. 우리 속담이다. 새겨볼 때마다 새삼 감탄한다. 쉬운 말로 민중의 슬기를 고스란히 담아서다.

최근 '미디어악법'을 강행하려는 청와대와 한나라당을 지켜보며 '우물 안 개구리'에 가장 적합한 보기가 한나라당 정권임을 확인했다.

한때 노무현 전 대통령을 수구신문들이 '개구리'로 그렸지만 다분히 인신공격이었다. 하지만 우물 안 개구리는 다르다. 제가 알고 있는 세상이 전부라고 생각한다. 지금 국회에서 미디어악법을 처리하겠다고 서슬 푸른 한나라당의 모습, 완연한 우물 안 개구리다.

보라. 저들은 신문과 방송 겸영이 세계적 추세라고 부르댄다. 그렇지 않다고 지적해주는 전문가들의 의견도 '정치적'이라고 재단한다.

신자유주의가 세계적으로 논리적 파산을 맞고 있는 데도, 신자유주의 논리에 기반을 둔 미디어산업 '발전'만 부르댄다. 저들이 우물 안 개구리가 아니라면 무엇인가.

더구나 이 나라에서 대통령이나 국회의원이 되면 자신들이 지적으로 우월하다는 착각에 사로잡히는 사람들이 대다수다. 미디어 쪽에 일해본 경험도 없거나 겨우 곁눈질로 보던 사람들이 어느 날 집권세력이 되어 미디어법을 좌우하려 든다.

대표적 보기가 국회의원 나경원이다. 나경원은 최근 한 방송과의 인터뷰에서 미디어법과 관련해 사회적 논의기구가 필요하다는 언론계와 학계의 제안에 대해 다음과 같이 언죽번죽 말했다.

"저는 참 그러한 부분이 공허한 처사라고 얘기드릴 수 있을 것 같습니다. 그러니까 저희가 국회법과 절차 내에서도 충분히 국민의 의사를 수렴하고, 사회적 합의를 이루어내는 그런 과정이 있거든요? 그런데 상정을 막기 위해서 시간 끌기를 하는 게 아닌가, 이렇게 밖에 보지 않습니다."

그는 또 국회 밖에서 자꾸 시간을 끌 게 아니라, 국회 안에서 "정정당당하게 논의하면서 고칠 것은 고치고, 제대로 된 건 수용하면서 했으면 좋겠다"고 주장했다.

사회적 합의기구가 '시간 끌기'인가? 한나라당의 미디어악법 주도자로서는 그렇게 볼 수도 있겠다. 하지만 아니다. 미디어법은 국회 안에서 숫자로 표결할 사안이 아니다. 미디어는 의회 못지않은 민주주의 사회의 공론장이기 때문이다. 더구나 사회적 합의기구는 다름 아닌 이명박 대통령의 공약이기도 하다. 이 대통령은 대선후보 시절 '21세기 미디어위원회' 구성을 국민 앞에 약속했다.

그 공약과 한나라당이 당내에 구성한 '미디어산업발전특별위원회'와는 전혀 성격이 다르다. 노무현 정권 시절에 미디어법과 관련한 텔레비전 토론에서 당시 박형준 교수는 미디어위원회와 같은 사회적 합의기구가 필요하다는 나의 제안에 동의한 바 있다. 지금 박 교수는 이명박 대통령의 측근으로 청와대에서 일하고 있다.

대통령 스스로 내세운 공약을 어겨가면서도 한나라당 정권이 국회의원 숫자로 미디어악법을 강행처리하려는 이유는 무엇일까? 이성적 토론을 통한 결정에 자신이 없기 때문이다.

신문시장을 독과점한 부자신문과 재벌이 방송까지 장악했을 때, 대한민국이 어디로 갈지 그들이 단 한 번만이라도 진지하게 성찰해보았는지 의문이 든다. 한때는 스스로 지식인을 자부하던 저들이 국회나 청와대에 들어가 왜 저렇게 무모하고 살천스레 변했을까. 연민에 젖기에는 사안이 너무 심각하다.

딴은 미디어악법만이 아니다. 금산분리 완화, 산업은행 사영화, 출자총액제한 폐지를 강행하겠다는 저들의 행태 또한 세계적 추세와 동떨어진 '우물 안 개구리'식 오만이다. 한나라당 정권을 무람없이 '개구리 정권'이라 쓰는 이유다.

우물 안 개구리는 자신이 우물 안에 있다고 절대로 인정하지 않는다. 어떻게 해야 깨닫게 할 수 있을까. 우물 안 개구리임을.[3]

_ 2009년 3월 2일

---

3   이 칼럼이 나간 뒤 한나라당과 민주당은 '미디어발전국민위원회' 구성에 합의했다. 하지만 100일 동안 한시적 운영으로 국회 법안처리의 보조기구에 머물러 내가 제안한 미디어위원회와는 이름만 비슷할 뿐 전혀 성격이 다르다.

한나라당의 투철한 '계급 전쟁'을 보라

'계급 전쟁이 시작됐다' 버락 오바마 미국 대통령의 부자증세에 대해《뉴욕타임스》를 비롯한 미국 언론들이 쓴 표현이다.

오바마는 앞으로 10년간 부유층에는 6360억 달러의 세금을 더 걷고, 중산층 이하에는 1490억 달러를 깎아주는 정책을 발표했다. 연소득 20만 달러가 넘는 고소득층에게 걷은 세금으로 의료보험과 교육복지 확대에 투입한다. 미국으로선 '계급 전쟁'이라는 자극적 표현을 언론이 쓸 만한 사안이다. 레이건 정권 이래로 30년 내내 '신자유주의 세계화'를 주도하며 부익부빈익빈을 심화시킨 게 바로 미국이기 때문이다.

하지만 정말 오바마가 계급 전쟁을 시작한 걸까? 흥미로운 사실은 미국 언론이 레이건 정권의 부익부빈익빈 정책에 대해서는 계급 전쟁 표현을 쓰지 않았다는 데 있다. 기실 따지고 보면 레이건의 신자유주의 정책이야말로 명백한 계급 전쟁 아닌가.

따라서 오바마가 계급 전쟁을 시작했다는 미국 언론의 보도는 사실과 다르다. 계급 전쟁은 이미 레이건이 시작했다. 오바마는 그것을 되돌리는 일을 시작했을 뿐이다.

흔히 계급이라면 부정적 인식을 갖기 십상이다. 민중이 사회현실을 있는 그대로 보는 것을 방해하려는 기득권세력의 의도였다.

한국 사회에서 계급이란 말은 더 금기였다. 2009년 지금 이 순간도 계급이란 말을 입에 담기조차 불편한 사회다. 대학에서도 계급이란 말은 '도태'된 지 오래다. 이 또한 누군가의 노림수이다.

그 결과는 무엇인가. 우리 사회에 계급이나 계급의식은 없는가? 전혀 아니다. 서울시 교육감 선거에서 서울 강남─서초─송파구 주민 다수의 투표행태는 그들이 얼마나 계급 의식에 철저한가를 입증해주었다. 아니, 비단 교육감 선거만이 아니다.

아무 선입견 없이 찬찬히 이명박 정권을 톺아보기 바란다. 부익부빈익빈을 아무런 양심의 가책도 없이 자행하고 있다. 가난한 철거민들의 참혹한 참사에는 사이코패스를 방불케 하는 언행을 일삼았다.

지금 국회에서 벌어지고 있는 살풍경도 마찬가지다. 출자총액제한 제도를 폐지하고 금산분리 완화를 기어이 처리하려는 저들을 보라. 《조선일보》《동아일보》《중앙일보》와 재벌에게 기어이 방송을 넘기려는 저 집요함을 보라. 얼마나 계급의식에 투철한가. 반면에 민주당은 10년 동안(물론, 지금도 얼마나 계급의식이 약한가) 집권했을 때도 야당일 때도 한나라당에 휘둘리고 있다. 자신들이 누구를 대변해야 하는지 스스로 의식이 뚜렷하지 않기 때문이다.

그렇다. 우리는 지금 한나라당의 투철한 계급 전쟁을 지켜보고 있다. 대한민국 10퍼센트만을 위한 계급 전쟁이다. 그렇다면 대한민국 국민 90퍼센트를 누가 대변할까. 국민 대다수인 민중을 대변하고 그들의 이익을 위해 투철하게 계급전쟁을 벌일 정치세력이 절실한 오늘이다.

_ 2009년 3월 4일

'사퇴압력' 신영철 대법관은 억울하다?

신영철 대법관. 승승장구하던 그가 '생각'에 잠겼다. 서울중앙지법원장 시절, 일선 판사들의 재판에 개입한 사실이 여러 정황으로 드러났기 때문이 아니다. 대법원 진상조사단이 자신을 상대로 '촛불재판 개입 의혹'을 조사하고 나섰기 때문이다.

진상조사단의 조사를 받던 신 대법관은 "생각할 시간을 달라"고 요청했다. 그의 요청에 따라 조사는 중단됐다. 대법원 안팎에서는 신 대법관이 '사퇴'할 생각을 굳혔다고 풀이했다. 하지만 신 대법관은 퇴근 뒤에 사퇴 의사가 없고 조사를 계속 받겠다는 뜻을 밝혔단다.

어떻게 보아야 할까. 대법관 신영철은 억울하다는 게 나의 판단이다. 그가 사건이 불거지던 초기에 법대로 했다며 당당했던 데서도 확인할 수 있다. 그는 아무 문제가 없다고 무람없이 주장했다. 신영철 대법관만 그렇게 생각한 게 아니다. 이용훈 대법원장도 그를 두남뒀다.

어디 그뿐인가. 대한민국을 저마다 대표하는 《조선일보》《동아일보》《중앙일보》가 일제히 신영철 대법관을 '지원'하고 나섰다. 우리가 이미 보았듯이 《조선일보》는 문제를 제기한 양심적 법조인들을 일러

"좌파"로 살천스레 몰아세웠다. "사법부 파괴공작"이라며 부르댔다.

그런데 왜 새삼 신 대법관이 사퇴한단 말인가. 물론, 신 대법관이 다각도로 재판에 개입했다는 판사들 증언이 곰비임비 이어지고 있는 것은 사실이다. 신 대법관의 말에 압력을 느껴 전기통신기본법 위헌신청을 기각했다는 전 서울중앙지법 형사단독 판사의 증언도 나왔다. 그는 《경향신문》과의 전화통화에서 "판사로서 부끄럽다"며 모멸감을 느꼈다고 되풀이했다.

하지만 그 또한 신 대법관으로서는 억울한 일이다. 왜 그런가? 이미 그가 극진히 모셨던 이용훈 대법원장이 '이메일 압력'이 불거졌을 때 기자들의 질문에 "판사가 그런 걸로 압력을 받아서야 되겠느냐"고 언죽번죽 공언한 바 있지 않은가.

신 대법관이 억울한 이유는 더 있다. 그는 판사들에게 과거 '사법파동'과 관련해 "우리 사법부 역사에 여러 번의 사법파동이 있었는데 결국 우리 사법부의 독립과 발전에 얼마나 도움이 됐는가. 나는 그렇게 생각하지 않는다"고 말했단다.

보라. 지금도 집권여당과 대법원은 슬그머니 신영철 사퇴 쪽으로 '계산'을 끝내고 있다. 바로 그 '수'를 읽어서가 아닐까. 신영철 대법관이 생각할 시간을 달라고 한 까닭은. 억울함은 물론, 배신감을 느껴서가 아닐까. 실제로 그는 문제의 이메일에서 "대법원장의 말씀도 내 생각과 크게 다르지 않다"고 언급했다. 하지만 이미 대법원장은 자신에 대한 진상 조사를 묻는 의견에 "대법원장을 왜 조사하느냐"고 눈 부라린 바 있다.

그래서다. 생각에 잠긴 대법관 신영철은 고독할 터다. 이용훈 대법원장도 전혀 흔들림 없고, 이명박 대통령도 건재한데, 왜 그만 사퇴압력을 받아야 하는가. 함께 "법대로"를 부르대어 왔는데, 왜 자신의 불법만 지금 문제가 되고 있는가.

그렇다. 해결의 실마리도 다름 아닌 신 대법관의 발언에 있다. "여러 번의 사법파동이 있었는데"도 사법부의 독립과 발전이 이루어지지 못한 게 엄연한 사실 아닌가. 그 이유는 무엇인가. 언제나 흐지부지 되었기 때문이다. 서릿발 심판이 없었기 때문이다. 사법부가 진정 독립과 발전을 이루려면 뜻있는 판사들이 더 나서야 할 때다. _ 2009년 3월 10일

'사법부 파괴세력' 정체 밝혀졌다

과연 다르다. 대법관을 구하려고 한나라당과 신문권력은 물론 청와대도 나섰다. 대법원의 진상조사 결과도 발표가 늦춰졌다. 조사과정에서 신영철의 재판개입 의혹을 확인했음에도 다음 주로 미뤘다.

일단 소나기를 피하고 보자는 의도일까, 여론의 추이를 살필 깜냥일까. 이미 저들은 대대적인 여론전을 펴고 있다. 한나라당 박희태 대표와 홍준표 원내대표가 모두 나섰다. '사퇴 불가'를 단호히 부르댄다.

박 대표는 "일선 판사들의 압력이 있었다는 말을 가지고 이처럼 중대한 문제의 판단자료로 삼을 수 없다"며 사뭇 사법부를 걱정했다. 그는 "왜 다들 그리 성질이 급한지 모르겠다"며 언구럭부리기도 했다.

홍준표 원내대표는 한술 더 뜬다. "진보진영의 신 대법관에 대한 공격이 노골화하고 있다"고 흥분한다. 《조선일보》의 '좌파 판사' 논리와 똑같다. 그의 발언을 뜯어보면 더 놀랍다. 그는 다음과 같이 말한다.

"지난 10년 진보정권 하에서 사법부가 과연 국민을 위한 재판을 해왔고, 사법부 내에 진보좌파 성향의 분들이 없었는지에 대해 사법부 스스로 생각해볼 일이다."

말살에 쇠살같은 주장이라 짚어볼 가치도 없지만, 그냥 넘기기엔 참으로 위험한 논리다. 먼저 김대중─노무현 정권이 '진보정권'이라는 규정부터 잘못이다. 두 정권이 진보정권이라면 민주노동당은 대체 무엇이란 말인가. 더구나 "사법부가 그 정권 하에" 있었다? 사법부 독립을 인정하지 않는 사고방법이 확연히 드러난다. 게다가 진보적 판사는 사법부에 있을 수 없다는 투다. 한나라당 원내대표 홍준표는 대한민국을 수구─보수의 나라로 착각하는 걸까.

물론, 작금의 사태는 보수─진보의 문제도 결코 아니다. 그럼에도 저 수구신문들은 여전히 진보와 보수의 문제로 분석하는 '논평'을 곰비임비 쏟아내고 있다. 촛불에 대한 정치적 판단 문제로 생뚱맞은 논리도 전개한다. 진보와 보수 이전에 대한민국 헌법이 보장한 사법부 독립의 대원칙이 훼손되고 있는 명백한 사실을 호도하고 있다.

무엇보다 생게망게한 압권은 청와대다.《경향신문》과《한겨레》보도에 따르면 밀리지 않겠다는 분위기란다. 신 대법관 비판을 '반 이명박·좌파세력'의 '공세'라고 생각하고, 그가 물러나면 대통령과 정부의 권위가 떨어진다고 판단한단다.

정말 묻고 싶다. 왜 사법부 문제가 행정부의 권위로 이어진다고 예단하는가. 청와대와 한나라당, 신문권력의 언행을 찬찬히 톺아보면 문제의 핵심은 확연해진다.

그렇다. 저들은 결코 사법부 독립을 원하는 게 아니다. 무엇보다 저들은 법원장이 정치적 판단으로 일선 판사들에게 압력 행사하는 걸 당연하게 여긴다. 그렇다. '사법부 파괴세력'의 정체가 또렷하게 드러나고 있다. 바로 청와대─한나라당─신문권력이다.

명토박아둔다. 사법부 독립의 문제조차 케케묵은 색깔로 재단하는 저들은 비단 사법부 파괴세력에 그치지 않는다. 민주주의를 파괴하는 세력이다. 보수든 진보든 저들의 정체를 똑똑히 직시하지 못할 때 대한민국의 내일은 암담할 수밖에 없다. _ 2009년 3월 12일

'가짜 기자'가 '진짜 판사' 훌닦다

대법원 진상조사단이 신영철 대법관을 공직자윤리위원회에 넘겼다. 사법부에 희망이 남아 있음을 보여준 결정이다.

물론, 만족스럽지는 않다. 처음 사건이 불거졌을 때, 대법원장의 두남두는 발언에 비추어 그래도 절망할 필요는 없다는 뜻이다. 신영철이 서울중앙지법원장 시절 저지른 명백한 재판 개입을 두고 '재판에 개입했다고 볼 소지'라고 규정한 문구도 불안한 여운을 남긴다. 민주사회를위한변호사모임도 논평했듯이, 신영철이 판사들에게 위헌제청을 자제하라는 발언, 선고유예를 만류하고, 벌금판결을 유도하는 발언에 대해서는 '재판관여로 볼 수 없다'고 판단한 대목도 유감이다.

그럼에도 대법원의 진상조사 발표를 평가하고 싶다. 이명박 정권의 행정부와 입법부에 더해 언론권력까지 힘을 모아 신영철 구하기에 나선 상황에서 나름대로 쉽지않았던 결정이라고 판단한다.

물론, 저들의 신영철 구하기는 아직 끝나지 않았다. 《조선일보》《동아일보》《중앙일보》이 일제히 실은 사설을 보라.

《조선일보》는 여전히 색깔공세다. 사설 제목부터 〈법원이 이념과 세대로 찢겨선 국민이 신뢰 못해〉다(2009년 3월 17일자). 이어 부르댄다.

"국민은 이번 파동을 통해 대한민국 법원이 횡적으론 이념의 좌우로, 종적으론 세대 간 갈등으로 크게 찢겨 있고 사법부 안에 세계 어느 나라 사법부에도 없는 사조직의 흔적이 그대로 남아 있다는 걸 두 눈으로 확인했다."

과연 그러한가. 신영철의 불법적인 재판 개입을 시정하는 게 "좌우의 문제"이고 "세대 간 갈등"이고 "사조직의 흔적" 문제인가? 대체 누가 법원을 이념과 세대로 찢고 있는가? 바로 《조선일보》다. 자신들이 찢어놓고, 찢겨선 신뢰 못한단다.

어처구니없는 '논리'는 같은 날 《동아일보》 사설 〈법원장, 대법원장의 존재 이유와 책임〉에서도 발견할 수 있다. "이번 파문을 정치쟁점화하거나 진보 대 보수의 싸움으로 몰고가는 것은 바람직하지 않다"며 공직자윤리위가 신영철을 구하라고 선동한다. 자신들이 "진보 대 보수의 싸움"으로 "정치쟁점화"해놓고 부리는 언구력이다.

그래서다. 요즘 나는 저들이 '저널리스트'라는 게 믿겨지지 않는다. 무엇보다 압권은 "진짜 판사라면 숨어서 제보하는 것보다는 직職을 걸고서라도 당당히 나섰을 것이다. 그런 기개도 없이 어떻게 법과 양심에만 의지해 재판의 독립을 지켜갈 수 있겠는가"라는 《조선일보》의 훈계다.

《조선일보》와 목소리는 달랐지만 《중앙일보》 사설(〈e—메일 조사 결과, 사법개혁 계기 되어야〉)도 "일부 판사들이 외부 언론에 내부 자료를 유출하는 등의 방식으로 문제를 제기한 과정은 비정상적이다. 독립적이어야 할 판사가 스스로 외부의 간섭을 불러들이는 이율배반적인 행위"라고 꼬집었다.

코웃음이 절로 나온다. 사법부 독립을 위해 사퇴를 각오하고 나선 '진짜 판사'들을 언론인이라기보다는 선동가인 '가짜 기자'들이 훌닦는 나라, 바로 우리가 살고 있는 대한민국이다.

《조선일보》는 사설의 마지막에 사뭇 비장한 물음을 던졌다. "지금 우리 사법부에 존경받는 선배 판사가 얼마나 되며 선배 판사들이 앞날 사법 독립의 대들보가 되리라고 기대하는 후배 판사가 얼마나 되는지 스스로에게 물어봐야 한다."

그 물음을 나는 우리 언론계에 부메랑으로 던지고 싶다. 우리 언론계에 존경받는 선배 기자가 얼마나 되는가. 대들보가 되리라고 기대하는 후배 기자가 얼마나 되는가. _ 2009년 3월 17일

존경받지 못하는 국민

존경받지 못하는 국민. 이명박 대통령이 가장 두려워하는 문제란다. 독자들에게 생게망게하게 들리겠지만 청와대 공식 발표다. 1인당 국민소득이 3만 달러, 4만 달러가 되더라도 다른 나라로부터 존경받지 못하는 국민이나 국가가 되지 않을까 가장 두렵단다.

어떤가. 국민의 존엄성을 걱정하는 대통령의 정성에 감동해야 옳을까. 미처 몰랐다며 사과라도 할까. 대통령의 말을 기자들에게 사뭇 진지하게 전한 청와대 깜냥도 궁금하다.

대통령 말은 국가브랜드위원회 첫 자리에서 나왔다. 대통령은 '브랜드'를 높이는 게 세계적 금융위기 속에서 도움이 된다고 부르댔다. 물론 '브랜드 시대'나 '글로벌 마케팅' 또는 '네이밍' 따위의 영어를 즐겨 쓰는 윤똑똑이들에게 대통령 발언은 '옥음'이었을 터다. 그러나 이명박 정권이 권장하는 '구조조정'으로 일터에서 퇴출당한 국민에겐 어떻게 들렸을까. 생존권을 지키려고 옥상 망루에 올라간 지 하루 만에 참혹한 주검으로 돌아온 가장의 유족들은 대통령 말을 어떻게 들었을까.

위원장이 저 소문난 '신자유주의 대학총장' 어윤대인 탓일까. 국가

브랜드위원회도 뜬금없기로 대통령과 어금지금하다. '배려하고 사랑받는 대한민국'이 '국가 비전'이란다. 덴마크 수준의 '국격'을 갖추겠다고 기염이다. 대통령은 선심 쓰듯 '적극 지원'을 약속했다.

배려하고 사랑받는 대한민국? '브랜드' 논리로도 어설프기 짝이 없다. '브랜드'를 제대로 공부한 사람들은 그것이 한낱 외형의 문제가 아님을 통찰했다. 고갱이가 될 가치로 내실을 다지지 않으면 천문학적 돈으로 치장한 '브랜딩 전략'을 세워도 실패한다는 게 최근의 연구 성과다. 외부 '이미지'만 높일 게 아니라 내부 구성원에게 자부심을 줌으로써 결속력 다지는 걸 '성공의 조건'으로 제시한다. 그 과정 없이 아무리 '배려와 사랑'을 외쳐도, 국민 혈세를 쏟아부어도, 나라 안팎의 '브랜드 교수'들 배만 불릴 뿐이다. 경찰 투입으로 국민 5명이 숨져도 되술래잡는 국가에 누가 자부심을 느낄까. 덴마크와 달리 사회보장이 전혀 없는 나라, 그럼에도 최저임금을 깎겠다는 대통령에게 부닐며 '배려하고 사랑받는 대한민국'을 노래하는 저들을 무엇이라 부를까.

그래서다. 이미 세계적으로 파산된 가치인 '신자유주의'에 더해 공안통치를 일삼는 대통령이 참으로 '국가브랜드'를 높이겠다면 가장 먼저 할 일이 있다. 성찰이다. 교회 장로의 문법으로 말하면 '회개'다.

장로로서 자신을 톺아보기 바란다. 후보 시절 국민의 위대성을 들먹이지 않았던가. 취임 때 국민을 섬기겠다고 약속하지 않았던가. 모두 "선거 때 무슨 말을 못 하느냐" 따위의 천박한 사고에서 나온 거짓말인가?

국민소득 3만 달러, 4만 달러가 되어도 국민이 존경받지 못하는 게 가장 두렵다는 대통령에게 쓴웃음으로 쏜다. 3만 달러 아니어도 좋다. 경제 살려라. 지금도 살찐 부자들의 경제가 아니다. 국민 대다수인 민중의 경제적 고통을 보듬어가라. 신자유주의 경제정책에서 하루라도 빨리 벗어나야 옳다. 임금 삭감이 아니라 노동시간을 줄여 일자리를 늘릴 때다. 내수 중심으로 방향 전환이 한국경제가 살아나는 길이다.

　‘존경받지 못하는 국민’은 더더욱 정치인 이명박이 우려할 문제가 아니다. ‘브랜드’ 타령으로 혈세를 탕진할 일도 아니다. 진실로 이르니 대통령 자신부터 국민을 존경하라. 아니, 존경까지 바라지 않는다. 다만, 더는 죽이지 말라. 지금 이 순간도 오열하고 있는 철거민 유족을 겸손하게 찾아가라. 그게 보수와 진보를 떠나 국가의 품격을 조금이라도 높이는 길이다. _ 2009년 3월 19일

PD수첩 체포검사, 사표검사

　문화방송MBC PD수첩 프로듀서(피디)가 전격 체포됐다. 미국산 쇠고기 광우병 보도를 수사하고 있는 서울중앙지검 형사6부는 제작진의 한 명인 이춘근 피디를 가족이 지켜보는 가운데 체포했다. 담당부장은 전현준 검사다. 그뿐이 아니다. 검찰은 조능희 책임피디와 김보슬 피디를 비롯해 방송작가 2명에 대해서도 강제 신병 확보에 나섰다.

　두루 알다시피 2008년 6월 농림수산식품부가 PD수첩을 명예훼손 혐의로 수사의뢰하면서 검찰수사는 시작됐다. 정부가 정책에 비판적인 방송사 프로그램을 상대로 수사를 의뢰하는 살풍경을 보며 적잖은 사람들은 그 뜬금없음에 차라리 실소했다.

　하지만 아니었다. 기어이 피디를 체포하는 저 야만을 보라. 이미 저들은 와이티엔YTN 노종면 노조위원장을 체포해 구속했다. 노 위원장 또한 가족이 보는 가운데 체포당했다.

　기실 서울중앙지검 형사6부는 지난 수사팀이 발표한 중간수사 결과까지 공공연하게 시들방귀로 여겼다. '제대로 된 수사'가 아니었다고 혹평했다. 제작진을 상대로 어떤 경위로 방송 프로그램을 제작했는지 조사하지 않았다는 게 '이유'다.

좋다. 전현준 부장검사의 지휘 아래 지금 벌어지고 있는 피디 체포에 대해 그의 '소신'을 존중해주자. 다만 두 검사의 이름을 명토박아 기록해두자. 전현준 수사팀이 혹평하는 지난 수사팀의 부장검사는 임수빈이다. 당시 서울중앙지검 형사2부의 임수빈 부장검사는 "공적 사안을 다룬 보도"이고 "명예훼손의 피해가 구체적이지 않기 때문에 체포를 하거나 압수수색까지 실시할 필요는 없다"고 판단했다. 우리가 알다시피 임수빈 검사는 결국 올해 초에 사표를 냈다. 검찰 수뇌부와 갈등을 빚은 게 원인임은 더 말할 나위가 없다.

임수빈 부장검사는 재직 중에 쓴 글에서 검찰 형사부를 일러 "명예를 먹고 사는 고독한 존재"라고 표현한 바 있다. 임 검사 자신이 '공안' 쪽을 두루 거쳤기에 그 말은 더 뜻 있었다. 그러나 보라. 명예를 먹고 사는 고독한 존재로서 형사부가 공안 검사를 뺨치고 있다.

물론, 임수빈 검사는 권력의 부당한 지시에 맞서 사표를 내고 전현준 검사는 용춤추는 모습이 새삼스러운 것은 아니다. 악화가 양화를 구축하는 모습, 대한민국 어느 조직이든 나타나는 현상이다.

하지만 임수빈과 전현준은 그 차원을 넘어서 있다. 언론의 자유, 민주주의의 밑절미를 '법'의 이름으로 훼손하는 문제이기 때문이다.

지금 당장은 임수빈이 초라할 수 있다. 그는 청춘을 바친 조직을 떠나 쓸쓸하게 개인사무실을 냈다. 전현준은 권력의 총애를 받아 커갈 게 분명하다. 하지만 역사는 어떻게 기록할까? 다름아닌 전현준 부장검사와 형사6부에 묻고 싶다. 검찰은 '정권의 영원한 시녀'라는 말, 그 말은 칼 든 검찰에 대한 명예훼손인가? 아닌가?

나는 '시녀'라고 생각한다. 지금 그렇게 쓰고 있다. 더구나 나는 농림수산식품부만이 아니라 이명박 정권 전체가 쇠고기 협상과정에서 검역주권을 포기했고 국민 건강권을 훼손했다고 판단한다. 그렇게 써왔고 지금도 거듭 명토박아 쓴다. 그래서다. 대한민국 검찰에 묻는다. 왜 이춘근 피디만 체포하는가. _ 2009년 3월 26일

청와대 '성매매' 조직적 은폐의혹

"청와대 근무자는 다른 부처의 모범이 돼야 한다"

이명박 대통령이 3월 27일 확대비서관 회의에서 한 말이다. 대통령은 이어 강조했다. "앞선 능력과 경험만으로는 부족하며 윤리·도덕적 측면에서도 한 점 부끄럼이 없어야 한다."

대통령 발언이 언론을 통해 알려졌을 때 적잖은 사람들은 뜬금없었다. 왜 갑자기 그런 말을 했을까. 그의 측근 비서관이던 추부길 목사가 뇌물수수로 구속되었기 때문이라 보기엔 시차가 컸다.

이유는 곧 드러났다. 서울 마포경찰서가 성매매 혐의로 청와대 국정기획수석실 소속 행정관을 붙잡아 '성매매특별법 위반 혐의'로 불구속 입건한 사실이 3월 27일 밤 확인됐기 때문이다. 이른바 '성매매' 사건이 일어난 시점은 대통령 발언이 나온 사흘 전, 3월 24일 밤이다. 문제의 행정관은 성매매를 단속하려고 잠복수사를 하던 경찰에 현장에서 덜미를 잡혔다.

사건이 알려지자 청와대는 마지못해 "2~3일 진에 그런 불미스러운 일이 있었다"며 덧붙였다. "이 일로 청와대 안에 음주 자제령이 내려졌다." 그 시점까지 청와대 행정관은 안마시술소에서 성매매를 한 것으로만 알려졌다.

물론, 그 사안만으로도 기막힌 일이다. 국민 대다수가 경제적 고통을 받고 있는 상황에서 청와대 행정관이 안마시술소를 찾아가 성 매매를 했다는 발표만이 아니다. 음주 자제령을 내렸다는 청와대 관계자의 발언은 어떤가. 가장 인간적 만남이어야 할 성을 '매매'하는 자들이 청와대에 '근무'하고 있는 게 문제인데도 술로 모면하려는 의도 아닌가.

더욱 실소를 머금게 한 것은 청와대의 해명이다. 청와대 관계자는 다음날 "성매매 혐의로 적발된 행정관은 2명이 아니라 1명"이라고 부르댔다. 2명이 아니라 1명이면 문제가 덜어진다는 깜냥일까?

하지만 진실은 거기서 그친 게 결코 아니었다. 당시 청와대 행정관은 저 혼자 안마시술소를 찾아 성매매에 나선 게 아니었다. 그날 청와대 행정관 2명은 방송통신위원회 간부와 함께 케이블업계 관계자로부터 룸살롱에서 접대를 받았다. 여기서 비로소 문제의 실체가 드러난다. 청와대 행정관은 업무와 관련된 업체 간부와 룸살롱에서 만나 희희낙낙했다. 계산은 누가 했을까. 두말할 나위가 없다. 게다가 청와대 행정관은 술자리를 마친 뒤 룸살롱 여성과 '숙박업소'로 옮겨갔다.

냉철히 톺아볼 일이다. 그게 청와대 행정관의 성매매인가? 아니다. 명백한 성접대, 성상납 아닌가. 문제의 행정관은 청와대에서 방송통신 일을 담당했고 케이블 업계 관계자는 그 '직위' 때문에 룸살롱에서 접대한 게 아니던가.

그래서다. 청와대에 명토박아둔다. 성매매가 아니라 더 추악한 성접대, 성상납이다. 한 신인 연예인이 모멸감 때문에 스스로 목숨을 끊게 한 바로 그 성접대와 맥락이 같다.

그럼에도 대통령은 그것을 윤리의 문제로만 언급했다. 자신의 국정 업무와 직결된 업체 관계자와 만나 룸살롱 술은 물론 성접대를 받은 게 단지 도덕의 문제란 말인가. 아니다. 그렇다면 왜 대통령은 윤리의 문제로 언급했을까. 둘 중 하나다. 대통령에게 누군가 보고를 은폐했거나 대통령 자신도 은폐에 가담했거나이다.

의혹을 철저히 가려야 한다. 부자신문들이 이를 단순 성매매로 보도하는 일 또한 왜곡이다. 성접대 받은 권력형 비리를 청와대가 쉬쉬하다가 성매매로 은폐한 과정을 한 점 의혹 없이 밝혀야 한다. 민정수석실과 대변인실에 이어 대통령 발언까지 조직적 은폐 의혹이 짙지 않은가. 오해라면 그 과정을 투명하게 밝혀라. 고작 '룸살롱 출입금지' 내릴 때가 아니다. 도덕이나 윤리적 문제는 더욱 아니다. _ 2009년 3월 30일

청와대 성상납 – 장자연 리스트 공통점

〈청와대는 성접대 로비와 안마 탈선도 구분 못하는가〉

사뭇 준엄하다. 누구의 다그침일까. 바로 《조선일보》 사설(4월 1일자) 제목이다. 《동아일보》도 사설 제목을 〈룸살롱·성접대 로비와 축소 의혹, 모두 심각하다〉로 내걸었다. 《중앙일보》는 하루 앞서 사설 〈룸살롱서 휘청대는 청와대 기강〉을 내보냈다.

제목에서 묻어나듯 《조선일보》의 목소리가 가장 쩌렁쩌렁하다.

"이 사건은 청와대 행정관 한 명의 성매매 탈선 문제가 아니다. 청와대 행정관과 부처 공무원이 정부 결정에 따라 회사 운명이 결정될 수도 있는 업계 관계자로부터 룸살롱 접대, 성 로비를 받은 중대한 오직 사건이자 공무원 기강 문란 문제이다."

그렇다. 이는 단순한 성매매 탈선 문제가 아니다. 따라서 《조선일보》가 청와대를 겨냥해 '성 접대 로비'와 '안마 탈선'도 구분 못하는가라고 묻는 것은 너무도 당연하다. 하지만 궁금하다. 왜 갑자기 지금인가. 단순 성매매가 아니라는 사실은 이미 3월 29일에 드러나기 시작했다. 이미 방송통신위원회는 3월 29일 진상조사에 나서 3월 24일 밤 청와대 행정관과 방송통신위원회 간부에 더해 케이블 방송업계 관계자가 함께 자리한 사실을 확인했다. 아울러 이들의 '향응 제공' 여부를 조사한다고 밝혔다.

3월 30일 아침. 《한겨레》와 《경향신문》은 각각 '성접대' 사실을 1면과 2면에 비중있게 편집해 보도했다. 나 또한 3월 30일 아침, 블로그 '손석춘의 새로운 사회'에 〈청와대 성매매 조직적 은폐의혹〉 칼럼을 올렸다. 사건의 실체가 성매매가 아니거니와, 그렇다고 성접대 차원으로 그칠 문제가 아니라고 판단했기 때문이다. 다시 강조하지만 이 사건의 본질은 청와대가 행정관의 성접대 사실을 조직적으로 은폐한 데 있다.

《조선일보》가 청와대에 그 물음을 던지는 이유가 궁금한 까닭이다. 《조선일보》는 《한겨레》와 《경향신문》이 비중 있게 보도한 그날 아예 기사를 내보내지 않았다. 《조선일보》가 기사를 내지 않은 사실이 네티즌들로부터 비판을 받자 다음날에 기사를 내보냈다. 이어 그 다음날 사설이 나왔다.

그래서다. 청와대에 던진 그 질문을 《조선일보》에 되묻고 싶다. 《조선일보》는 '성 접대 로비'와 '안마 탈선'도 구분 못했는가. 왜 뒤늦게 청와대를 홀닦고 나섰는가. '성 접대 로비'에 자신들이 침묵한 게 부담으로 다가왔을 법하다. 그렇지 않아도 한 연예인의 성접대 문제가 장안의 화제로 불거진 상황이다.

하지만 《조선일보》는 아직도 조직적 은폐 문제는 거론하지 않고 있다. 《동아일보》 사설은 "청와대와 경찰은 이 사건 관련자들의 비위를 축소 은폐하려 했다는 의심을 살 만하다"고 썼다. 하지만 이 또한 부족하다. "의혹을 살 만하다"가 아니다. 이미 은폐 의혹은 사실로 드러났다. 심지어 룸살롱에서 케이블 방송 업체가 계산한 돈도 80만 원이 아니라 180만 원으로 드러났다.

그렇다. 문제의 핵심이 더는 은폐 의혹이 아니다. 누가 은폐를 주도했는가다. 첫 칼럼(〈청와대 성매매 조직적 은폐의혹〉)에서도 썼지만 거듭 촉구한다. 성상납 은폐가 청와대 민정수석실, 대변인실에 그친 문제인가. 아니면 대통령까지 모든 걸 알고 있었는가. 명명백백하게 밝혀라.

청와대 성상납과 장자연 리스트의 공통점, 은폐다. 경찰 수사의지의 실종이다. 그래서다. 명토박아둔다. 민주주의 사회에서 여성을 접대와 상납의 도구로 쓰는 부라퀴들은 지위고하를 막론하고 실체적 진실을 드러내야 옳다. 누가 집요하게 은폐하고 있는가도 밝혀야 옳다.

_ 2009년 4월 1일

시흥－평택의 길

붉은 소, 검은 소, 얼룩소. 이솝 우화에 등장한다. 늘 함께 다녔다. 사자가 덤비면 같이 맞섰다. 사자는 꾀를 냈다. 슬금슬금 얼룩소에 다가가 언구럭부렸다. "붉은 소가 자신이 가장 힘세다던데?" 붉은 소와 검은 소에겐 거꾸로 물었다. "얼룩 소가 가장 강하다며?" 붉은 소가 격분했다. 얼룩 소에 덤벼 뿔 빠지게 싸웠다. 결국 소들은 뿔뿔이 갈라졌다. 사자는 얼룩 소, 검은 소, 붉은 소를 차례로 잡아먹었다.

누구나 한번쯤 들어보았을 우화를 새삼 늘어놓은 까닭이 있다. 읽을수록 노예 이솝의 슬기가 빛난다. 뿔내 싸우고 뿔뿔이 흩어진 붉은 소, 얼룩 소는 오늘 누구인가. 몸 사리며 지켜만 본 검은 소는 또 누구인가.

사월 재보선을 앞둔 울산 북구를 보라. 두 진보 정당이 후보 단일화로 몸살을 앓았다. 더러 눈 흘길지 모르겠지만 명토박아둔다. 애초 당을 쪼갤 일이 아니었다. 총선 앞에서 분열로 참패하고 1석 재보선 앞에서 손잡으려는 모습을 민중은 어떻게 볼까. 게다가 당을 쪼개는 과정에서 시로 '분열의 씨앗'으로 비난한 당사자가 만났다. 단일화를 이뤄도 효과적 선거운동이 가능할까 회의적 시각이 적잖은 이유다.

하지만 개탄에 잠길 일은 아니다. 울산 북구만 볼 일은 더욱 아니다. 언론에 부각되지 못했지만 눈여겨볼 곳이 있다. 평택과 시흥이다.

평택은 황새울을 품은 상징적 공간이다. 최첨단 미군기지가 들어서는 걸 막는 과정에서 불거진 갈등을 풀며 시민사회단체, 민주노동당, 진보신당이 힘을 모았다. 평택민주단체연대회의(평택연대)는 창립 선언문에서 "서로의 차이를 앞세우기보다는 침몰하는 민주주의, 나락으로 떨어진 시민의 삶을 복원하기 위해 단결하고 또 단결하여 싸워나가겠다"라고 결기를 세웠다. "작은 물줄기 모여 바다를 이루고, 봉우리 모여 산맥을 이루듯이 진보진영의 대단결로, 사회변혁의 아름다운 길로, 진군 또 진군하고자 한다." 선언문의 결말은 힘이 넘친다. 평택연대 창립식에서 만난 강상원 집행위원장은 앞으로가 더 중요하다며 차근차근 공통분모를 찾아가겠다고 다짐했다.

서울과 더 가까운 시흥에선 연대에서 한발 더 나간 실험이 한창이다. 한나라당 시장의 실형 선고로 치러지는 보궐선거를 앞두고 시민사회단체, 민주노동당, 진보신당이 한자리에 모였다. 토론과 투표를 거쳐 주민소환운동본부 최준열 대표를 범시민 후보로 세웠다. 두 진보 정당과 시민사회단체가 연대해 후보를 낸 새로운 실험이다. 시흥은 지금까지 민주당과 한나라당 후보로 시장에 당선된 4명이 예외 없이 재판을 받았다. 그럼에도 민주당은 2대 시장을 역임한 인사를 다시 공천해 시민사회단체의 반발을 사고 있다.

시흥에서 범시민 후보 선출은 진보–민주세력의 단결을 아래로부터 일궈 새 정치세력을 형성해가는 소중한 실험이다. 더구나 시민들 스스로 주민소환 운동이라는 주권운동을 지며리 벌여온 열매이어서 더 값지다.

바로 그 점에서 시흥—평택의 길은 진보—민주세력의 대단결로 새로운 대안을 만들라는 시대적 과제를 풀어가는 데 훌륭한 본보기다. 물론, 아직 갈 길은 멀다. 결말도 낙관만 할 수 없다. 그럼에도 어떤가. 아래로부터 일궈낸 아름다운 단결이야말로 오늘 우리의 꼭뒤를 짓누르고 있는 절망을 벅벅이 이겨갈 희망이 아니던가. 저 맑은 기운이 서울로, 충청으로, 영남·호남으로 퍼져갈 수는 없을까.

그래서다. 시흥—평택이 애면글면 열어가는 새 길이 진보—민주세력에게 던지는 의미를 새겨본다. 붉은 소, 얼룩 소, 검은 소 사이가 더는 쉼표일 수 없다는 게 아닐까. 시흥—평택의 길에 세운 푯말은 다음과 같이 '단결' 아닐까. 붉은 소—얼룩 소—검은 소. _ 2009년 4월 9일

MB 연출 MBC 막장드라마

핀잔을 받더라도 사실부터 적시해둔다. 나는 소문난 막장 드라마 '아내의 유혹'을 한 차례도 보지 않았다. 인터넷에서 이따금 관련된 글만 보았을 뿐이다. 나와 견주면 미국 워싱턴에 사는 한 부자신문의 지국장은 '성의'가 갸륵하다. 칼럼을 쓰며 인터넷으로 드라마를 보았단다. 그의 칼럼은 '아내의 유혹'을 다음과 같이 비판한다.

"어느 여자는 악을 쓸 때 몸을 떨면서 소리를 쥐어짜는 모습도 보였다. 길거리에서 악쓰며 싸우는 장면 그대로다. 악역만 악을 쓰는 것이 아니고 주연급까지 같이 악을 쓰고 소리를 지른다. 악쓰며 상대를 향해 퍼붓는 저주도 할 말 못할 말을 가리지 않는다. …… 이 드라마가 '막장'이라는 소리까지 들으면서도 왜 시청률 최고를 기록했는지도 생각해보지 않을 수 없었다. 툭하면 맞붙어 죽기 살기로 악쓰고, 아무에게나 마구잡이로 저주를 퍼붓는 것이 혹시 지금의 우리 사회 모습 그대로는 아닌가……"

그의 글을 다소 길게 인용한 까닭은 사뭇 그럴 듯해서다. 기실 우리 사회 도처에 악쓰는 사람들이 얼마나 지천인가.

그런데 바로 다음 문장에 이르러 그와 나의 생각이 참 다르다는 사실을 새삼 확인했다. 그는 "미국에서는 상상도 할 수 없는 일이지만, 우리 국회에서 악쓰는 모습은 '아내의 유혹'보다 더 했으면 더 했지 못하지 않다. 얼마 전 용산 참사도 서로 악을 쓰다 벌어진 참극"이라고 썼다.

과연 부자신문 워싱턴지국장답다. 신자유주의 악법을 둘러싼 국회 갈등은 물론, 용산 철거민들의 참혹한 죽음까지 "서로 악을 쓰다 벌어진 참극"이란다. 아내의 유혹을 보며 용삼 철거민 참사를 떠올리는 그의 상상력은 얼마나 엽기적인가. 내겐 상상력이 부족해서일까. 악쓰는 악다구니들이 전혀 다른 얼굴들과 겹쳐진다. 저 소문난 '막장 드라마'를 굳이 인터넷으로도 보지 않은 이유다. 바로 내 두 눈앞에서 생생한 막장 드라마가 실제상황으로 벌어지고 있어서다.

보라. 저 MBC를 무대로 벌어지는 '막장드라마'를. 엄기영 사장은 이따금 바른 소리를 해온 신경민 앵커를 전격 교체했다. 라디오 시사프로 진행자 김미화는 어느새 '좌파'가 되었다. 물론, 최근 활개치고 있는 극우파들의 눈에는 자신들 외에는 모든 사람이 좌파로 보인다는 우스개도 있다. 하지만 냉철할 일이다. '본업'이 코미디언인 김미화 본인도 자신을 '좌파'로 여기는 일을 '코미디'로 보지 않을까. 그렇다. 참으로 생게망게한 한국 방송의 희극이다.

그뿐인가. 결혼식을 앞둔 신부인 김보슬 프로듀서를 기어이 체포했다. PD수첩이 미국산 쇠고기 수입의 광우병 위험을 왜곡 보도했다는 게 이유다. 이송 과정에서도 저들은 김보슬 피디에게 수갑을 채웠다. 과연 김 피디가 수갑을 찰 만큼 범죄혐의가 뚜렷한가? 공권력의 '과시'요, 으름장이다.

4년 뒤 오늘을 찬찬히 톺아보면 어떨까. 엄기영, 신경민, 김미화, 김보슬을 둘러싼 MBC 풍경이야말로 가장 전형적인 막장 드라마였음을 누구나 쉽게 간파할 수 있지 않을까. 그 드라마의 연출자는 누구인가. 더 말할 나위 없이 이명박 정권이다. 그렇다. MB 연출 MBC 막장드라마, SBS '아내의 유혹'을 뺨치고 있지 않은가.

물론, MB 연출 막장드라마는 MBC에 국한되지 않는다. 용산 철거민들에게 아무런 사과도 없이 다시 살천스레 철거에 나선 저 막장 드라마를 보라.

시청자들이 막장 드라마를 보는 이유는 반전을 기대해서란다. 황당한 일들을 지켜보면서 저들의 끝이 어떻게 귀결되는지 지켜보고 싶어서란다. 그렇다면 어떤가. MB 연출 MBC 막장드라마, 아니 MB드라마, 그 끝은 과연 어디일까. _ 2009년 4월 17일

운좋은 미네르바, 운나쁜 《조선일보》?

〈미네르바에 휘둘린 우리 사회의 수준이 더 문제다〉

《조선일보》 사설 제목이다(2009년 4월 21일자). '미네르바'가 무죄로 풀려난 바로 다음날 유감없이 불편한 심기를 드러냈다. 그나마《조선일보》는 판결 자체엔 비난을 삼가는 '눈치'라도 있다.《동아일보》는 미련하다. 사설 제목도 '1심 무죄라고 '미네르바 현상' 바람직한 건 아니다'로 달았다.

미네르바에 대한 무죄 판결은 대한민국 사법부에 대법관 신영철로 상징되는 '정치법관'만 있는 게 아님을 드러내주었다. 그래서다. 가뭄에 단비처럼 반가웠다.

미네르바에게 무죄를 선고한 서울중앙지법 유영현 판사는 담담하게 말했다. 법리적으로 무죄 판단을 했을 뿐 외부 요소는 전혀 고려하지 않았단다. 유 판사는 검찰이 제출한 증거자료를 "꼼꼼히 살펴봤더니 그것만으로는 유죄라고 하기에 부족했다"고 밝혔다. 그의 판단력과 용기가 대한민국 사법부를 바꿔가는 데 씨앗이 되리라고 확신한다.

그에 비해 어떤가.《조선일보》사설은. 여전히 미네르바 흠집내기에 나선다.《조선일보》사설은 무엇보다 먼저 미네르바를 "경제학을 전문으로 공부한 적이 없었던 30세의 무직 청년 박씨"라고 규정한다.

사설은 이어 "인터넷에 돌아다니는 경제 지식과 경제 정보를 짜맞춰"라고 폄하한다. 학벌중심, 권위중심의 사고가 물씬 묻어난다. 바로 그렇기에 "박씨 예언은 운이 좋아 그럴듯하게 들어맞은 것도 있지만 틀린 게 더 많다"는 주장이 무람없이 나온다.

《조선일보》사설이 운이 좋았다고 한 근거는 "작년 9월 리먼브러더스 파산 등을 예측한 것"이다. 사설은 그 예측이 "우연하게 맞아떨어지면서 그의 글을 37만 명까지 조회하는 일이 생겨났다"고 썼다. 하지만 사설이 모르쇠하는 대목이 있다. 미네르바가 리먼브러더스 파산을 예측한 바로 그 시점에《조선일보》는 리먼브러더스 인수를 선동했다는 엄연한 사실이다. 바로 그렇기에 미네르바가 더 돋보이기 시작했다.

미네르바가 운이 좋았다는《조선일보》의 주장을 짚어보면 자신들은 그저 '운이 나빴다'고 판단하는 게 아닐까 싶다.

하지만 진실은 다르다. 만일《조선일보》가 '미네르바의 허위보도'를 단죄의 증거로 들이대려면, 지금까지《조선일보》가 저질러온 수많은 허위보도들은 어떻게 할 셈인가.

가까운 보기만 들더라도 서울 용산참사와 관련해 전철련 남경남 의장에게 퍼부은 허위사실은 어떤가. 저 기륭전자 비정규직 노동자들의 단식농성을 매도한 허위보도는 또 어떤가.

그래서다. 나는〈미네르바에 휘둘린 우리 사회의 수준이 더 문제다〉라고 사설을 쓰는 '1등신문'의 용기가 차라리 놀랍다. 그 숱한 허위보도를 해놓고도 무사한《조선일보》야말로 운 좋은 신문 아닌가. 감옥에 갔던 미네르바야말로 운 나쁜 네티즌 아닌가.

어떤가. 굳이 수준을 따지겠다면 미네르바가 아니라 《조선일보》이
어야 옳지 않을까. 그 신문에 휘둘린 우리 사회의 수준을 문제 삼을 때
가 아닐까. 지금 이 순간도 청와대와 한나라당이 《조선일보》와 같은 길
을 걷고 있지 않은가. _ 2009년 4월 21일

까까머리 마루타

마루타. 일본 제국주의자들이 저지른 야만의 상징이다. '생체 실험'의 보편어가 된 마루타는 본디 '통나무'다. 일본군 731부대는 사람을 통나무로 여겨 온갖 '실험'을 저질렀다.

21세기인 오늘, 마루타의 야만은 사라졌을까. 민주주의 나무가 더 자라기는 했다. 하지만 아직은 아니다. 가령 미국 조지 부시 정권이 아랍인을 벌레 우글대는 상자에 밀어 넣은 고문은 마루타의 21세기 판이다. 대한민국 대학가에도 마루타가 '신조어'로 퍼져가고 있다. '마루타 아르바이트'가 그것이다. 대학생들이 제약회사나 병원의 '임상 실험'에 자신의 몸을 제공하는 대가로 돈을 버는 살풍경이다.

극단적 보기라고 눈 흘길 일이 아니다. 한 설문조사에서 대학생 55퍼센트가 높은 수익이 보장된다면 참여하겠다고 답했다. 한국인을 상대로 다국적 제약기업의 임상 실험은 무장 늘어나고 있다. 마루타를 낳은 제국주의 논리가 형태를 달리해 관철되고 있는 셈이다.

대학생들이 '마루타'로 곰비임비 나서는 까닭은 명백하다. 한강 모래밭에서 발견된 젊은 주검이 웅변해준다. 전남 담양의 가난한 농부 아들인 그가 1998년 고려대에 입학했을 때, 집안의 경사였다. 현실은 차가웠다. 등록금 탓에 휴학—복학을 오가다 끝내 중퇴했다. 취업하러 둥지 튼 월 20만 원의 고시원 방에서도 쫓겨날 상황에 몰렸다. 방을 깨끗이 치운 그는 한강에 청춘을 던졌다.

어떤가. 대학생들이 기꺼이 마루타로 나서는 현상에 새삼 설명이 필요한가. 물론, 부자신문·부자방송의 언론인 자녀들과는 거리가 먼 이야기다. 고액 과외로 이른바 '명문대'에 진학한 학생에게도 '마루타 친구'는 다가오지 않을 터다.

대학 등록금까지 전액 지원해주는 부자언론사의 편집진에게, 막걸리가 아니라 '와인'이 고대의 상징이 되었노라고 축배 드는 교수들에게, 한강에 떠오른 젊은 주검은 얼마나 절실할까. 남학생은 마루타로, 여학생은 유흥업소 '도우미'로 나서도, 저마다 대학 재단과 으밀아밀 연결된 《동아일보》《중앙일보》《조선일보》는 '등록금 반값'을 의제로 설정하지 않는다.

바로 그래서다. 마침내 젊은 지성인들이 온몸으로 여론 형성에 나섰다. 어깨 아래까지 기른 생머리를 삭발한 대학 총학생회장을 보라. 후두두 잘려나갈 때 기어이 눈물을 쏟았다. 등록금 걱정하는 친구들이 떠올라 울컥했단다. 함께 삭발한 남학생도 가위 소리 들리는 순간 억울했다고 토로했다. 또다른 여대 총학생회장의 삭발에 "엄마는 짠해 하시고, 아빠는 장하다"고 토닥여주었다.

그럼에도 이명박 정권, 부자신문 두루 모르쇠다. 윤똑똑이 교수로 텔레비전 타고 국회의원 된 공성진은 사립대 등록금이 싸다고 언구럭 부린다. 야당 시절 '등록금 반값'을 공약했던 저들은 '선거 전 이야기'라고 되레 도끼눈 뜬다.

그렇다. 치솟는 등록금, 청년실업과 비정규직 확산은 젊은이들을 상대로 한 신자유주의 정권의 마루타 실험이다. 과연 어디까지 침묵할까, 까까머리 마루타가 얼마나 불쏘시개 될까, 살천스레 관찰하는 저 뱁새 눈이들을 보라.

신자유주의 마루타를 두고 '청춘 예찬'이나 '무한한 가능성' 따위를 노래하기란 입에 발린 사랑이다. 다만 까까머리 여대생들 앞에 목이 잠겨 쓴다, 부디 좌절하지 말기를, 아직 침묵하는 마루타들의 가슴과 대학생 자녀를 둔 부모 앙가슴에 그대들의 까까머리는 불화살로 꽂히고 있음을, 용산 철거민 숯 주검 100일과 촛불항쟁 첫돌을 맞아 뜻있는 민주 시민과 학우들 손에서 그 불화살은 여울여울 타오를 터임을, 그 언젠가는 벅벅이 심판의 불벼락이 될 터임을. _ 2009년 4월 23일

장자연 리스트와 《조선일보》의 '명예'

'장자연 리스트'로 신문전쟁이 벌어지고 있다. 경찰이 49일 동안에 걸친 수사 결과를 발표한 바로 다음날, 《조선일보》는 2009년 4월 25일자 1면에 '본사 임원 '장자연 사건과 무관' 밝혀져' 제하의 기사를 내보냈다. 그뿐이 아니다. 8면과 9면 양면에 걸쳐 관련 기사를 편집했다. '루머로 인격살인' 제하에 의혹을 보도한 매체들을 죄다 '좌파'로 살천스레 몰아세웠다.

같은날 '《조선일보》의 명예를 훼손한 49일간의 비방 공격' 제하의 사설은 《한겨레》와 《오마이뉴스》는 물론, KBS와 MBC를 적시하며 "악의적 세력에 대해서는 법적 책임을 엄격히 물을 것"이라고 공언했다. 서슬이 시퍼렇다.

《한겨레》도 가만히 있지 않았다. 휴일을 지나 4월 27일자 10면 머리기사로 '《조선일보》'제 논 물대기' 장자연씨 보도' 제하의 기사에서 《조선일보》가 수사결과 유리한 부분만 보도했다고 비판했다. 같은 날 〈《조선일보》의 균형 잃은 장자연사건 보도·논평〉 제하의 사설은 "취재에 바탕한 보도와 주장을 근거 없이 헐뜯는 것이 바로 명예훼손"이라고 정면으로 받아쳤다. 사설은 특히 "더 큰 문제는 이 신문이 특정 임원과 신문을 구별하지 못한다는 점"이라면서 김대중 고문이 쓴 칼럼을 보기로 들었다.

어떤가. 솔직히 말하자면, 나는 《조선일보》가 고맙다. 장자연리스트의 진실을 더 가릴 수 있는 여지가 확보되었기 때문이다. 기실 경찰의 수사결과 발표는 《조선일보》를 제외하고는 누가 보더라도 '면피용'이라고 판단할 수밖에 없을 만큼 부실했다.

《조선일보》 주장처럼 '좌파매체'만이 아니다. 《중앙일보》는 〈장자연 수사로 드러난 일그러진 사회상〉 제하의 사설(4월 25일자)에서 "어머니 제삿날에도 술 접대를 해야 했고 부르면 언제나 나가야 했다"는 "고인의 비참한 생전 처지"를 지적하고 "경찰 발표를 들여다보면 결국 불쌍한 사람은 고인이 된 장씨뿐"이라고 썼다. 사설은 "피의자의 기획사 사무실을 늑장 부리다 뒷북 치듯 압수수색하고, 수사 대상자들의 실명을 밝히겠다고 했다가 몇 시간 만에 번복하는 등 허둥댈 때부터 예상된 결과였다"고 경찰을 비판했다.

그렇다. 《중앙일보》조차 "수사를 이대로 접어선 안 된다. 세간의 여전한 의혹을 풀기 위해서라도 전모를 더 자세히 밝혀내야 한다"라고 못박고 나섰다. 무엇보다 반드시 밝혀야할 의문은 장자연 씨가 무슨 감정이 있어서 죽음에 이르는 순간에 '《조선일보》의 고위인사' 실명을 '허위'로 거명했는가에 있다. 4월 13일자 김대중 칼럼은 그 의문에 대한 문제의식조차 없이 울뚝뺄만 넘쳐난다. 심지어 그는 이명박 정권을 정면으로 조준해 사태를 즐기고 있는 게 아닌지 묻고 나서기도 했다. 가히 《조선일보》 대표논객 다운 수법이다.

흥미로운 사실은 4월 25일자 《조선일보》 사설이 그 의문에 나름대로 대답을 내놓은 데 있다. 사설은 다음과 같이 썼다. "경찰은 그런데도 이 인사의 이름이 문건에 오른 것은 '김씨나 장씨가 착각했을 가능성이 있다'며 '누가 사칭詐稱을 했거나 장씨에게 다른 정보를 준 사람이 있는지 수사할 예정'이라고 했다."

그렇다. 진실은 아직 규명되지 못했다. 경찰이 밝히고《조선일보》가 사설에 인용한 그 대목대로 만일 누군가 '《조선일보》 고위인사'를 사칭해서 텔레비전 드라마에 열연하는 탤런트에게 '성상납'을 받았다면, 그야말로《조선일보》의 명예훼손이자 용서받을 수 없는 범죄 아닌가.

그렇다.《조선일보》가 명예를 찾는 길은 공인의 의혹이 불거진 사안을 보도한 언론들과 싸우는 데 있지 않다. 진실을 말끔하게 밝히는 데 있다. 대한민국 경찰이 그런 범죄를 해결하지 못할 만큼 무능하다고 생각하지 않는다.《조선일보》가 앞장서서 저 불신 받는 경찰을 압박하라.

_ 2009년 4월 27일

'광우병 논쟁' 불도저가 이기는 걸까

'질겨야 이긴다.' 언제부턴가 유행하는 말이다. 사리를 따져 옳고 그름보다는 밀어붙이기식 힘의 논리가 현실에서 이기는 세태를 반영한 '개탄'이다.

'불도저'를 자임하는 이명박 정권이 들어서면서 부쩍 더하다. 이 정권의 폭력적 밀어붙이기에 여론시장을 독과점한 신문들의 여론몰이가 합세하고 있어서다.

더 황당한 일은 그들이 언제나 '진실'과 '이성'을 내세운다는 데 있다. 보라. 《조선일보》는 〈날조 'PD수첩'이 나라 뒤엎은 지 1년, 책임진 사람이 없다〉 제하의 사설(2009년 4월 29일자)에서 MBC가 방송한 미국산 쇠고기의 광우병 위험 보도를 '날조'라고 살천스레 못 박았다. 이어 "PD수첩 파동 이후에도 MBC 보도는 나아진 게 없다"고 주장했다. 여전히 날조라는 이야기다.

사설은 그 근거를 "노조의 위세를 업은 PD들"이 "사실 확인과 검증 과정마저 거부하기 때문"이라고 단언했다. '노조'까지 싸잡아 몰아세우는 오래된 '수법'이다.

《조선일보》만 언죽번죽 '진실'을 강조한 게 아니다. 같은날 《동아일보》는 사설 〈광우병 선동 1년 뒤〉에서 우리 사회가 이성을 찾아야 한다고 부르댔다. 사설은 "사실왜곡으로 대규모 시위를 촉발해 국가와 국민에 끼친 해악"을 준엄하게 꾸짖는다. 이어 "거짓 방송과 일부세력의 선동으로 또다시 국민이 혼란에 빠지는 사태를 막으려면 1년 전 사태에 대해 진지한 토론과 성찰이 있어야 한다"고 훈계한다.

이들이 참으로 오래오래 PD수첩을 '날조'로 몰아세우는 근거는 단순하다. 인간광우병에 '걸렸을 수도 있다could possibly have'라고 한 발언을 '걸렸다'로 오역해 단정적으로 보도했다는 게 '증거'다. 물론, 잘못이다. 하지만 PD수첩 보도에서 전체적으로 "인간광우병이 의심되고 있다"는 내용이 반복되어 나타난다. 오직 한 번 '걸렸을 수도 있다를 '걸렸다'로 방송했을 뿐이다. 그 이유로 방송 전체가 '날조'라 할 수 있을까?

저들은 또 다우너소는 '광우병 의심소'인데도 단정했다고 주장한다. 마찬가지다. 같은 보도에서 "다우너가 광우병걸렸다고 단정할 수는 없다. 그러나 광우병에 걸리지 않았다고 단정할 수도 없다. 모두 도축되었기 때문"이라고 밝혔다.

그렇다. PD수첩에 실수는 있었다. 하지만 방송 전체를 본 시청자들도 바보가 아니다. 더구나 문화방송은 단정한 대목에 대해 시인하고 정정도 했다. 무엇보다 이명박 정권 스스로 졸속협상에 사과하고 추가협상을 벌인 데는 PD수첩의 보도가 큰 몫을 했다.

문제의 핵심은 그럼에도 그 사소한 잘못을 '명분'으로 검찰이 줄줄이 프로듀서와 방송작가를 체포해가고, 《조선일보》와 《동아일보》는 PD수첩을 겨냥해 마녀사냥을 질기도록 벌이는 데 있다.

저 질긴 공세 앞에 침묵하기엔 사태가 심각하다. 저들이 아예 촛불 항쟁 전반을 '날조된 사실'에 기반 한 '친북좌파'들의 소동쯤으로 폄훼하고 있기 때문이다.

저들의 깜냥을 전혀 이해 못할 바는 아니다. 촛불항쟁 내내 청소년과 민주시민들을 '친북좌파'로 몰아세워 거센 반발을 샀던 일을 '보상'받고 싶어서가 아닐까. 자신들이 정당했다는 사실을 합리화하고 싶은 심리가 뚝뚝 묻어난다. 1년이 지난 지금도 여전히 촛불에 '이적단체 판결을 받은 단체'가 참여해 촛불을 주도했다고 무람없이 쓰는 저들을 보라.

거듭 사실만 명토박아둔다. 광우병의 위험은 아직 가시지 않았다. 지금도 인간광우병 환자들이 나타나고 있다. 일본은 지금도 20개월 미만 쇠고기만 미국서 수입한다. 그렇다. 30개월 이상 미국산 쇠고기까지 전면 수입하는 결정은 검역주권과 국민건강권 훼손임이 틀림없다.

더 큰 문제는 인간광우병 환자들이 속출하는 유럽 지역의 쇠고기마저 이명박 정권이 무분별하게 수입할 가능성이 높아가는 오늘에 있다. 불도저처럼 밀어붙이는 저 질긴 자들에 맞서 우리가 벅벅이 어둠을 밝혀가야 할 명백한 이유다. _ 2009년 4월 29일

오월의 정부

오월은 눈부시다. 봄의 절정이다. 다만 그해 오월은 특별했다. 새벽 4시. 굉음으로 질주해온 탱크가 눈앞에 다가섰다. 중무장 헬기도 떴다. 자동화기와 수류탄으로 무장한 '특공대'가 야수처럼 들이닥쳤다. '목표'가 누구일까. 민주주의를 목 놓아 부르던 민주 시민들이다.

1980년 오월의 핏빛 진실이다. 한 오월단체는 "작전 개시 1시간 30분 만에 도청 진압이 완료되면서 열흘간에 걸친 민중항쟁도 참담한 최후의 막을 내렸다"고 서술했다. 이해할 수 있다. 사실이기 때문이다. 하지만 나는 그렇게 쓸 수 없다. 탱크, 중무장 헬기, 자동화기로 포위하고 난입해 들어오는 공수부대와 맞서 민주 시민들이 전남도청에서 항전한 '1시간 30분'은, 아니 한순간 한순간은 영원에 잇닿아 있기 때문이다.

탱크가 저 멀리 몰려올 때, 얼마든지 피할 수 있었다. 그럼에도 오월의 투사들은 장렬한 최후를 선택했다. 항쟁의 위대한 깃발을 내릴 수 없어서다. 실제로 바로 그 결사항전이 있었기에 1980년대 내내 민주화운동이 여울여울 타올랐다. 6월항쟁 앞에 전두환 일당이 '친위 쿠데타'

를 포기한 까닭도 그날 온몸으로 보여준 민중의 영웅적 투쟁 때문이다.

그런데 보라. 바로 그 '성지'를 헐어버린단다. 생게망게하게도 일부 오월단체가 '완장'을 차고 있다. 오월단체 사이에 정면충돌까지 우려되는 상황이다. 물론, 내세운 명분은 있다. 5.18 정신을 과거로만 기념할 게 아니라 계승이 중요하단다. 옳은 말이다. 하지만 그곳을 헐어 '아시아 문화의 전당'을 지어야 꼭 '계승'할 수 있는가. 대체 계승이란, 아니 그 이전에 5.18 정신이란 무엇인가.

물음을 바꿔보자. 최후까지 도청을 지킨 민주 시민들이 꿈꾸던 정부는 무엇이었을까. 김대중 정부나 노무현 정부였을까. 신자유주의 정책으로 비정규직 노동자가 급증하고 부익부빈익빈이 더 커져간 나라, 자살률 1위에 출산율 꼴찌의 나라였을까. 아니다. 하물며 이명박 정부였을까.

이 정권이 들어선 뒤 이른바 '보수단체' 들이 오월을 바라보는 눈은 더 살천스럽다. 공개 토론회에 나와 "이제 광주사태에서 민주화운동의 가면을 벗겨야 하는 '터닝 포인트'가 찾아왔다"고 부르대는 '보수단체 대표'만이 아니다. "광주는 화염병이 난무하고 공수부대를 공격하는 폭력의 백화점이었는데 언젠가부터 민주화운동이 됐다"고 부르대는 '평론가'도 있다. "1980년 국가의 혼란을 수습했던 전두환 장군"에 찬가를 불러대는 대학교수도 있다.

무엇보다 통곡할 일은 오월의 도시, 광주의 분열이다. 오월단체가 분열을 막을 섶에 되레 '씨앗'이 되고 있다. 브레히트의 저 유명한 시 '살아남은 자의 슬픔'을 떠올리기도 사치스럽다. 곧장 말하자. 살아남은 자의 오욕이다.

디구니 표독스런 이명박 정권 앞에서 오월단체의 단결은 절실하다.

철거민의 숯주검과 화물연대 노동자의 찬 주검 앞에서 오월의 뜻은 사무친다. 저 오월의 열흘은 '대동 세상'으로 상징되듯 '직접민주주의'의 싱그러운 마당이었다. '민중의 자기통치'라는 민주주의 고갱이를 구현한 해방공간이었다. 1980년 분수대 앞에서 날마다 열린 집회와 토론은 2008년 촛불광장의 '원형'이었다. 그래서다. 빛고을 시민은 물론, 우리 모두 옷깃을 여미며 오월의 분수 앞에 설 때다. 왜 분수처럼 붉은 피 쏟으며 죽음을 선택했는가 물을 때다.

오월의 투사들이 그리던 민주정부, 오월의 정부는 아직 오지 않았다. 선거혁명으로 그 정부를 이 땅에 벅벅이 내올 과제는 살아 있는 사람들의 의무다. 오월이 더 눈부신 까닭이다. _ 2009년 5월 19일

우리 앞에 서 있는 저들을 직시할 때다

노무현 전 대통령 서거. 아침에 책을 쓰고 있을 때, 손전화로 문자가 왔다. 믿을 수 없었다. 긴급히 인터넷을 찾았다. 경찰이 '사망을 확인했다'는 기사가 떠 있었다. 충격으로 심장이 철렁 내려앉으면서도 마치 '사건' 발표하듯이 경찰이 '사망 확인'을 발표하는 형식에 분노가 치밀어 올랐다.

곧이어 다른 문자가 왔다. 《오마이뉴스》 오연호 대표다. 긴급 칼럼을 써달란다. 마음이 가라앉지 않아 슬픔 속에 답문을 보냈다. "뭐라고 쓸 수 있을까요." 쓸 수 없었다. 칼럼니스트라면 마땅히 어떤 비극 앞에서도 냉정을 유지하며 글을 쓰는 게 의무임을 알면서도 글을 쓸 수 없었다. 서랍에서 향을 꺼내 불을 지폈다.

타오르는 향연 아래 쓴다. 검찰이 공개한 노무현 전 대통령의 혐의 사실과 관련해 처음이자 마지막으로 쓴 칼럼에서 다시 옮겨 쓴다.

"참담함에 젖기에는 오늘이 너무 절박하지 않은가. 보라. 우리 앞에는 저 완고한 이명박 정권이 있다. 용산의 철거민 참사에도 지금 이 순간까지 진술한 사과 한 마디 없이 되레 경찰책임자를 두남두는 정권이 있다. 최저임금제를 깎겠다거나 유예하겠다는 정권이 있다. 부자신문에 방송 겸영을 허용하려는 저들이 있다. 대통령 자신을 포함한 부자들의 세금을 대폭 깎으면서 대기업 노동자들까지 월급을 깎겠다는 대통령이 있다.

그래서다. 노사모는 물론, 행여 민주시민들이 절망하거나 낙담할 때가 아니다. 과거로부터 벗어날 때다. 절박한 현실을 마주할 때다. 내일은 우리 손에 달려 있다는 새삼스런 진실을 확인할 때다. 어느 누구에 기대지 않고 우리 스스로 모든 권력이 국민으로부터 나오는 대한민국을 만들어갈 때다. 우리 주권을 더는 누구에게 맡길 게 아니라 우리 스스로 찾아갈 때다. 그 다짐을 할 때다."

4월 초에 쓴 글이다. 그 사이 상황은 더 악화됐다. 용산 유족들은 지금 이 순간도 오열하고 있다. 화물연대 노동자 박종태도 스스로 목숨을 끊었다. 그럼에도 화물연대를 겨냥한 '마녀사냥'에 이어 대대적 검거 선풍이 불고 있다. 신문―방송 겸영 법안도 강행 처리하겠다고 으름장이다.

언제나 그렇듯이 용산 철거민들에게도, 화물연대 노동자들에게도 《조선일보》《동아일보》《중앙일보》는 저 이명박 정권의 살천스런 '검찰―경찰' 앞줄에서 '사냥개'처럼 달려들고 있다.

검찰이 수사정보를 흘릴 때마다 온갖 자극적 언사로 노무현 전 대통령을 조롱하고 물어뜯던 저들 아닌가. 우리 앞에 서 있는 저들을 직시할 때다. 저들과 싸워 이길 수 있는 길을 찾을 때다.

독자들께 양해를 구한다. 더 쓸 힘이 없다. 칼럼니스트로서 불성실을 부디 용서하기 바란다. 오직 고인을 애도하며 명복을 빌 따름이다.

_ 2009년 5월 23일

저들의 '노무현 애도'에 담긴 '가시'

〈노무현 전 대통령의 급작스런 서거를 애도한다〉

《조선일보》 사설 제목이다. 《조선일보》답다. 그 누구보다 고인을 조롱하던 신문이 《동아일보》나 《중앙일보》가 쓰지 못한 '애도'를 사설 표제에 담았다.

물론, 사설 본문은 다르다. 노무현 전 대통령은 '사거'로 쓰고 박정희 전 대통령은 '서거'로 굳이 구분해 쓰고 있다. 《조선일보》의 '신념'일 수 있다. 문제는 그 '신념'이 사실과 다른 주장을 펴는 데 있다.

사설은 다음과 같이 쓴다. "구미 국가에선 대통령 권력을 견제하는 데 언론의 비판적 기능이 큰 역할을 하고 있다. 그러나 노 전 대통령 시절부터 홍위병에 가까운 세력들이 시민단체를 가장해 대통령에 비판적인 목소리를 내는 언론에 대한 전방위 공격을 퍼부었다. 여기에 권력의 세무사찰 등등의 탄압 방식이 얹혀지면서 언론의 대통령 권력에 대한 감시도 기대하기 힘들만큼 약화됐다. 그 결과 대한민국 대통령 권력은 감시·견제·비판으로부터 해방되면서 결국은 권력 자체의 비리의 무게로 붕괴되기까지 위태위태한 모습을 연출했다."

무엇을 말하려는 걸까. 노무현 정권 시절 '언론 감시'가 부족했기 때문에 비극을 불러왔다는 주장이다.

과연 그러한가. 과연 《조선일보》의 '견제와 비판'이 부족했는가? '홍위병에 가까운 세력들'이 '시민단체'를 가장해 '전방위공격'을 했기에 '대통령에 비판적인 목소리'를 내지 못했는가?

솔직하게 돌이켜보기 바란다. 고인의 재임 때 '친북 좌파'로 몰아세우던 색깔공세만이 아니다. 오늘의 비극을 빚은 데는 고인이 대통령에서 퇴임한 뒤에도 집요하게 퍼부은 '노무현 조롱'이 큰 요인 가운데 하나로 자리하고 있다. 검찰에서 혐의사실이 흘러나올 때마다 대서특필하며 살천스레 비아냥거리지 않았던가.

사설로 '애도'를 표명하며 그 책임을 되레 '언론 탄압으로 인한 비판 기능 약화'로 슬그머니 언구럭부리는 저들을 보라. 게다가 신문권력들은 사태를 서둘러 봉합하려는 의도를 노골적으로 드러내고 있다. 가령 《중앙일보》 사설은 "노 전 대통령에 대한 수사를 전 정권에 대한 탄압으로 몰아가거나 비극적인 죽음을 정쟁의 도구로 삼으려고 하는 건 역사의 건전한 진행에 반하는 것"이라고 주장했다.

《동아일보》도 〈영욕 너머로 떠난 노무현 전 대통령〉 제하의 사설에서 사뭇 '분열'을 걱정하고 나섰다. 사설은 "어떤 경우에도 노 전 대통령의 비극을 국민 분열의 재료로 이용하려는 책동은 경계할 일"이라고 경고하고 "일부 세력은 마치 그의 죽음에 이명박 정부와 검찰이 책임이 있는 양 선동"한다고 비난했다. 이어 검찰을 '비호'하고 나선다.

검찰은 비리가 드러나면 피의자와 관련 참고인을 불러 심문하고 철저하게 증거를 수집해 기소하는 것이 고유한 책무이고, 노 전 대통령은 수사과정에서 전직 대통령으로서 배려와 예우를 받을 만큼 받았다는 게《동아일보》의 주장이다. 물론, 사설의 주장처럼 "전직 대통령이라고 해서 비리 혐의가 있어도 묻어두는 것은 법치주의 국가에서 있을 수 없는 일"이다.

하지만 그렇다고 '현 정권의 정치적 보복 의도'가 없다고 단언할 수 있을까. 더구나 혐의사실을 곰비임비 흘려가며 사실상 '여론 재판'을 했던 이유는 무엇인가. 무엇보다 '노무현의 인격'까지 모욕을 주면서 가장 '정치적 보복'에 앞장섰던 게 다름 아닌《조선일보》《동아일보》《중앙일보》아니었던가. 그들이 대변해온 이 땅의 수구세력 아니던가.

그렇다. 저들의 애도에 담긴 '가시'를 모를 사람은 없다. 문제는 앞으로다. 노무현 전 대통령 서거로 신문권력에 맞선 민주시민들의 싸움이 끝났다고 판단한다면 큰 착각임을 저들에게 벅벅이 깨우쳐줄 일이다. 비록 지금 참담한 현실을 받아들이기 힘들더라도, 그럴수록 싸움은 이제 새로운 국면에 접어들었음을 우리 자신부터 명심할 때 아닐까. 바로 그렇기에 우리의 '슬기'가 더 절실하다. 뜨거운 열정을 차가운 이성으로 뒷받침해야 저 부라퀴들과 싸워 이길 수 있지 않을까. 저들에게 또 당할 수야 없지 않은가. _ 2009년 5월 24일

노무현 친구? 한나라당 원내대표에 묻는다

친구. 언제 들어도 친근한 말이다. 노무현 전 대통령의 서거 뒤 고인의 '친구'를 자처하는 사람이 나타났다. 그것도 그냥 친구가 아니란다. '2년간 동고동락했던 동갑내기 친구'였단다.

누구일까. 생게망게하게도 한나라당 원내 대표 안상수다. 안 대표는 '친구'임을 증명하겠다는 듯이 준비한 사진까지 꺼내들었다. 1976년, 사법연수원 시절 노 전 대통령과 함께 찍은 사진이라며 기자들에게 공개했다. '노무현의 친구' 안상수가 사진을 보며 마음 아파한다는 기사가 그의 사진과 함께 여기저기 실렸다.

좋다. 사법연수원 시절 '친한 사람끼리 찍었다'는 사진이 입증해주듯이 그가 노 전 대통령과 사법시험 17회 동기임은 사실이다. 하지만 정말 '동고동락한 친구'였을까? 그 또한 알 길이 없다. 그의 말처럼 고향도 가깝다. 그가 유명을 달리한 고인과 친구인지 아닌지는 이제 확인할 길이 없다. 남은 것은 살아 있는 사람의 주장뿐이다.

그래서다. 제3자가 따따부따할 문제는 아니다. 문제는 그가 사진까지 기자들 앞에 꺼내들었다는 데 있다. 궁금하다. 대체 그는 무슨 생각으로 '동고동락한 친구'의 비극적 자살 소식을 듣고 사진을 찾아 한나라당 당사로 나왔을까. 물론, 그는 자신이 신한국당으로 가며 정치노선이 달라졌다고 덧붙이기는 했다. 하지만 강조점은 명백하게 '친구'에 있었다. 게다가 한 방송사와 인터뷰에서는 '친구이기에 노 전 대통령의 죽음을 받아들이기가 힘든 모습'으로 말했다. "조문을 마치고 저는 집으로 돌아와서, 서울로 돌아와서 많은 생각을 하면서 소주잔을 기울이면서 많은 생각을 했습니다."

소주잔을 들이키며 정치가 과연 무엇인지, 삶이 무엇인지에 대해 깊이 생각했단다. 그의 '깊은 생각'이 다다른 결론은 무엇인가. "이제 한국의 정치가 투쟁이 아니라 화해와 평화의 길로 가야한다"고 부르댄다. 바로 그 지점에서다. 곧장 '노무현의 친구' 안상수 원내대표에게 묻는다. 아직도 재벌과 《조선일보》《동아일보》《중앙일보》에 방송을 넘기겠다는 미디어법을 강행처리할 셈인가?

별개의 문제라고 언구럭부리지 말기 바란다. 신문법은 그가 '감회'에 젖어 들여다본 '친구 노무현'이 대통령 시절 가장 관심을 기울인 법이다. '동고동락한 친구'가 내내 해결하고 싶었던 미완의 과제다. 그걸 진전시키는 게 친구의 도리 아닌가? 되레 원점도 아니고 후퇴시키겠다는 게 '친구'의 도리인가?

물론, 안상수는 정치와 친구관계를 다른 사안이라고 주장할 수도 있다. 좋다. 그렇다면 한나라당 당사까지 고인의 사진을 들고 나올 게 아니었다. '동고동락 친구'라고 기자들 앞에 사뭇 슬픔을 드러낼 게 아니었다.

안상수는 한나라당 원내대표 경선과정에서 거침없이 말했다. "이명박 정부가 성공할 수 있도록 개혁 민생 입법을 완성해야 한다. 미디어법도 그중 하나다." 참 소가 웃을 일이다. 대체 왜곡 일삼는 신문과 재벌에게 방송을 넘기는 게 어떻게 '개혁 민생 입법'인가?

고인의 비극 앞에 친구를 자처한 안상수에게 명토박아 권한다. 고인이 가장 심혈을 기울였던 언론 관련법을 개악하지 말라. 그게 소주를 마시며 그가 이른 결론, '화해와 상생의 길'을 실천하는 길이다. 미디어법을 진전시킬 섰에 후퇴시키기는 고인에 대한 예의가 아니다. 그럼에도 미디어법 개악을 강행하겠다면, 황망한 시점에 사진을 챙겨들고 나와 기자들 앞에서 무람없이 '동고동락 친구'라고 밝힌 자신의 모습을 거울에 비춰보기 바란다. 누가 보이는가를. _ 2009년 5월 25일

저들에게 '노무현'은 왜 '후유증 문제'일까

노무현 전 대통령의 서거에 추모 행렬이 이어지고 있다. 고인의 정치적 지지자들만이 아니다. 그의 죽음이 억울하다고 판단한 사람들, 특히 자신의 삶이 억울한 민중들이 눈물을 쏟고 있다.

뜨거운 추모 열기와 더불어 우리가 잊지 말아야 할 사실이 있다. 저들의 차가운 눈길이다. 비단 김동길, 김진홍, 조갑제의 '막말'만이 아니다. 저들의 '막말'은 그들에게 '소신'이다. 아니, 지금은 입 밖에 내고 있지 않지만 적잖은 사람들의 속마음이다.

우리는 그 사실을 다름 아닌 그들의 '대변지'에서 확인할 수 있다. 바로 《조선일보》다. 사설 본문에서 박정희는 굳이 서거로 쓰고, 노무현은 사거로 썼다고 비판(〈저들의 '노무현 애도'에 담긴 '가시'〉)한 바로 다음날, 《조선일보》는 박정희를 굳이 다시 쓰면서 '사거'로 쓰는 '발빠름'을 보였다.

그 정도는 얼마든지 '양보'할 수 있다고 판단했을 법하다. 하지만 유의할 일이다. 같은날 '김대중 칼럼'은 노무현 서거와 전혀 무관한 칼럼을 썼다. 〈MB의 변화인가, 변절인가〉 제하의 칼럼(5월 25일)은 황석영이 이명박 대통령을 수행한 사실을 놓고 '변절'의 의심을 던진다. 하지만 그가 노무현 죽음을 어떻게 받아들이고 있는지는 칼럼이 끝자락에 드러난다. 그는 다음과 같이 쓴다.

"더군다나 이 대통령이 유념해야 할 것이 있다. MB정권은 보수·우파의 지지로 탄생한 것이라는 사실이다. 그는 자신이 약속한 것과 다른 길로 가려면 납득할 만한 설명을 내놓아야 한다. 그렇지 못하면 그는 앞으로 남은 기간 보수·우파의 신뢰를 잃을 것이며 이미 분열 여당, 강성 야당에 '노무현 후유증'까지 안고 있는 이 대통령의 앞날은 험난하기만 할 것이다."

《조선일보》의 대표논객 김대중에게 노무현의 비극은 단 한 마디 '노무현 후유증'이다. 다음날 사설에서 노무현은 어떻게 표현되고 있을까. 〈내우와 외환 사이에 낀 경기회복〉 제하의 사설(5월 26일자)은 마지막에서 노무현 서거와 관련해 다음과 같이 쓴다. "여기다 노 전 대통령 문제와 북핵 문제가 사회·정치적 분열과 갈등을 유발하면 우리 경제는 치명상을 입게 된다." 노무현 서거는 '문제'로 표기되고 있다.

끝없이 이어진다. 5월 27일자 신문에서 '양상훈 칼럼'은 노무현 서거를 '소용돌이'로 설명한다.

그렇다. 《조선일보》 인터넷판은 짐짓 '애도'를 표하고 있지만, 저들에게 노무현 서거는 '후유증'이고 '문제'고 '소용돌이'로 인식되고 있다. 과연 그들만일까? 아니다. 적잖은 기득권세력이 그렇게 생각하고 있다. 왜 그럴까? 왜 저들은 검찰과 언론의 살천스럽던 '노무현 조롱'에 아무런 성찰도 없을까? 왜 '후유증'이나 '문제' 따위로 전직 대통령의 자살을 언구럭부리는 걸까?

우리를 시들방귀로 여겨서가 아닐까. '소나기'는 피하고 보자는, 곧

수그러들 수밖에 없다는 '자신감' 때문이 아닐까.

보라. 우리 어느새 용산 철거민의 억울한 '숯주검'을 잊지 않았던가. 화물연대 노동자 박종태의 피맺힌 자결도 망각하고 있지 않은가. '노무현 문제'는 '후유증'이 조금 더 오래갈 뿐이라고 저들은 생각하지 않을까. 용산 참사 현장의 '화염병'과 화물연대의 '죽봉'을 침소봉대하며 이미 철거민을, 노동자를 두 번 죽이지 않았던가.

결코 저들을 만만하게 볼 때가 아니다. 거듭 강조하는 까닭이다. '노무현 죽음' 앞에 서 있는 저 부라퀴들을 직시할 때다. 어떻게 이길까, 슬기를 모을 때다. _ 2009년 5월 27일

'바보 노무현' 죽인 저들을 잊지 말자

노무현 전 대통령이 영면하는 날이다. 비보를 처음 들었을 때처럼 다시 향을 피운다. 거듭 고인의 명복을 빌며 쓴다. 애도와 더불어 고인을 죽음에 이르게 한 자들이 마지막 영결식 날에 무엇을 했는가를 기록하는 게 내가 고인의 원혼을 기리는 길이라고 판단했다.

김대중 전 대통령의 추도사를 막은 이명박 정권의 깜냥을 새삼 들먹일 생각은 없다. 다만 그들이 민심을 두려워한다는 사실만 확인하고 가자. 문제는 퇴임 뒤 노무현을 줄기차게 조롱한 《조선일보》다. 더 정확히 말하자면 《조선일보》가 대변하고 있는 그 신문의 '정기독자'와 광고주들이다. 그들이 노무현 영결식을 어떻게 보는지 지면에서 확연히 드러난다.

《조선일보》는 사설 〈노무현 전 대통령을 떠나보내며〉를 썼다. 사설은 김대중 전 대통령의 말을 거두절미해 "나라도 그런 결단을 했을 것 같다"고 말했다며 다음과 같이 비난했다. "전직 대통령이 자신보다 20여 년 젊은 다른 전직 대통령이 스스로 목숨을 끊은 일을 두둔하듯 말하는 것은 아무래도 듣기 거북하다."

그렇다. 거북할 터다. 《조선일보》 정기구독자들도 거북할 터다. 보수를 가장한 대한민국 수구세력도 거북할 터다. 하지만 명토박아둔다. 김대중 전 대통령은 증언했다. "노 전 대통령이 겪은 치욕과 좌절, 슬픔을 생각하면 나라도 이러한 결단을 했을 것이다." 그 발언을 아무 맥락도 없이 "나라도 그런 결단을 했을 것 같다"고 옮겨도 좋은가.

이 신문의 강천석 주필은 영결식 날 아침 칼럼에서 쓴다. "'노무현 소용돌이'나 '김정일 회오리바람'이 서로 만나 위로 회오리치고, 아래로 소용돌이칠 경우 대한민국의 지붕과 벽이 함께 날아갈 수 있다."

그게 할 소리인가. 언론이 의제로 삼을 문제가 곳곳에 있는데 영결식날 아침에 꼭 그렇게 칼럼을 써야하는가.

《조선일보》 사설은 마지막에서 강조한다. "오늘은 국민 모두가 노 전 대통령이 이승을 편안히 떠날 수 있도록 몸과 마음을 가다듬을 시간이다. 그를 편히 떠나보내고 나서 이런 비극적인 일이 되풀이되지 않도록 하는 방안을 찾는 데 모두가 머리를 맞대야 한다."

그렇다. 비극이 다시는 되풀이되지 않도록 방안을 찾는 데 모두 머리를 맞대야 한다. 《조선일보》와 검찰이 대변하는 이 땅의 수구 기득권 세력이 전직 대통령의 비극 앞에서도 아무런 성찰이 없는 오늘을 똑바로 볼 일이다. 그렇다. '바보 노무현'을 죽인 저들을 어떻게 넘어설 것인가. 우리 스스로 마음을 다질 때다. 고인의 명복을 비는 우리의 결기어야 한다. 그때 비로소 이승을 떠나는 고인도 편안할 터다.

_ 2009년 5월 29일

'바보 노무현'을 살리는 길

수백만 명의 추모. 고백한다. 입에 발린 '레토릭'이 아니다. 나는 저 긴 애도의 행렬을 보며, 이 땅에서 살아가는 민중의 위대성을 새삼 확인하는 감동에 잠겼다.

그랬다. 우리 민중은 전통적으로 이성계보다 최영에게 더 애정을 쏟은 데서 나타나듯이 실패한 사람을 따뜻하게 품어왔다. 노무현 정권 5년에 대해 2007 대선에서 표의 심판을 내렸던 유권자들도 고인의 비극 앞에서 진심으로 애도하고 나섰다.

퇴임 뒤 조롱당하고 좌절 끝에 자살로 삶을 마감한 고인의 비운과 자신의 삶을 동일시한 게 아니었을까. 조롱당한 노무현의 모습에서 일상적 삶이 조롱당하는 민중은 그와 동질감을 느꼈을 법하다. 분향소 앞에서 슬픔은 망자에 대한 애도인 동시에 소통할 길 없고 억울한 일을 풀 길 없는 사람들의 먹먹함이었다.

긴 추모 행렬 앞에서 '정치비리로 내몰린 권력자의 비겁한 자살'을 부르대는 자칭 '보수 인사'의 망발이 이어지고 있지만 떠들게 내버려 두자. 다만, 2008년 촛불항쟁 앞에서 감정에 몰입해 '집단지성'을 과도하게 평가했던 사람들의 '과오'가 되풀이되는 게 아닐까라는 우려는 짚을 필요가 있다.

군이 그 문제를 지금 쓰는 게 적절할까 싶지만, 추모 행렬 앞에서 노무현 집권 시기를 '미화'하고 나서는 일부 사람들의 과도한 언행이 자칫 우리 앞에 놓여진 미래까지 가리를 수 있다는 걱정을 지울 길이 없기 때문이다.

물론, 내가 착각하고 있을 가능성도 있다. 하지만 칼럼니스트라면 그때그때 자신의 판단을 동시대인들과 나누는 게 의무다. 그 책임을 지는 일 또한 칼럼니스트의 몫이다. 나는 추모하는 사람들 가슴에 자리한 고인의 모습이 '대통령 노무현'이 아니라 그가 정치인으로 추구하던 가치가 가장 잘 드러났던 시절의 노무현, 곧 '바보 노무현'이라고 판단한다. 대통령으로 뽑아줄 때 기대했던 '바보 노무현'의 향수, 그가 실패하고 좌절하고 끝내 죽음에 이른 데 대한 연민이 저 긴 행렬의 진실 아닐까.

대한문 분향소로 가는 길 덕수궁 돌담에 많이 내걸린 글이 '가난한 사람의 대통령' '서민 대통령'이었다. '부자 대통령 이명박'에 견주어 '바보 노무현'의 추억이 2002년 대선에서 노무현 후보에게 표를 던진 1000만 유권자의 마음을 다시 움직였다고 보는 게 옳지 않을까.

지역주의와 색깔 공세에 정면 도전했고 검찰과 언론에 맞서 싸우던 정치인, 하지만 대통령으로 뽑아주었는데도 끝내 해결하지 못하고 퇴임 뒤 결국 조롱당하며 비참하게 죽음을 맞은 '바보 노무현'에 대한 민중의 웅숭깊은 애도가 아닐까.

그래서다. 그가 영면에 든 지금은 대통령 노무현이나 과거에 연연할 때가 아니다. '바보 노무현'이 풀어야 했던 시대적 과제가 왜 지금도 온전히 남아 있는지, '대통령 노무현'은 왜 실패했는지 냉철하게 분석하고 앞으로 그 과제를 어떻게 풀어나갈지 대안을 마련할 때다.

그 시대적 과제를 풀어가는 길, 바로 그 길에서 '바보 노무현'은 다시 살아날 수 있다. 일각에서 나타나고 있듯이 그의 비극 앞에서 아무런 성찰 없이 '대통령 노무현' 시절의 찬가만 부르대고 그것이 주된 흐름이 될 때, 냉정하게 묻고 싶다. 과연 우리에게 미래가 있을까? 과연 그게 고인을 위한 길일까?

국민장 기간 내내 썼듯이 저들과 어떤 비전과 정책으로 싸울지, 어떤 원칙으로 연대하고 단결할지 슬기를 모아갈 때다. '바보 노무현'을 살리는 길, 그 길을 찾을 때다. _ 2009년 6월 2일

'새로운 대한민국'의 꿈

"오늘밤이 지나면 우리는 새로운 대한민국을 만납니다. 성별 학력 지역의 차별 없이 모두가 자신의 꿈을 이뤄가는 세상. 어느 꿈은 이미 현실이 되었고 어느 꿈은 아직 땀을 더 쏟아야 할 것 입니다. 정치가 썩었다고 고개를 돌리지 마십시오. 낡은 정치를 새로운 정치로 바꾸는 힘은 국민여러분에게 있습니다."

고향 마을 뒷산, 부엉이 바위에서 몸을 던져 비극으로 삶을 마감한 정치인 노무현의 말이다. 2002년 12월 대통령 선거를 앞두고 한 발언이다. 그의 비극적 죽음 앞에 수백만 명의 추모에는 그 꿈을 함께 나누던 사람들의 열망이 담겨 있다.

그의 대통령 당선이 확정되었을 때 이 나라 곳곳은 새로운 희망으로 넘실댔다. 《태백산맥》의 작가 조정래는 단언했다. "이것은 혁명이다." 그랬다. 그에게 표를 던진 1000만 명의 유권자들은 적어도 그가 새로운 대한민국으로 가는 길목을 열어주리라고 기대했다.

결과는 우리 모두 지켜보았듯이 아니었다. 우리 국민은 '새로운 대힌민국'을 만나지 못했다. 정치인 노무현이 '반칙과 특권없는 세상'을 제안하며 특히 강조한 것은 '공권력'의 상징인 검찰과 언론개혁이었다. 하지만 그는 검찰도 언론도 개혁을 완수하지 못했다. 그 결과다. 그가 개혁하려던 검찰과 언론으로부터 대통령에서 퇴임 뒤 집중 공격을 받았다. 그의 가족과 친척들이 한 중소기업인으로부터 받은 돈과 관련해 전직 대통령인 그는 검찰과 언론으로부터 조롱당할 만큼 조롱당했다. 그가 죽음을 선택한 직접적 요인이었다.

그래서다. 그의 비극적 죽음 앞에서 애도만 할 수는 없다. 그가 영면에 든 오늘은 정치인 노무현의 대통령 당선부터 비극적 최후까지 톺아보며 무엇이 문제였는가를 정확히 짚어야 할 때다. 대통령으로서 노무현이 실패한 이유를 정확히 인식해야 한국 정치에 미래가 있다.

어느새 빛바랜 흑백사진처럼 다가오지만, 2002년 봄부터 솔솔 불던 '노무현 바람'은 당시 한국 정치의 희망이었다. 노무현은 시민단체 활동가들을 대상으로 한 설문조사에서 '희망을 주는 정치인'으로 꼽혔다. 당시 '바보 노무현'이 그의 애칭이었다. 노무현을 사랑하는 사람들의 모임, 노사모가 그를 '후원'했다.

후보 시절 노무현은 그 기대에 부응했다. 민주당 후보 경선 유세에서 노무현은 여론시장을 독과점한 신문들이 일방적으로 퍼뜨려온 온 경제성장 우선론과 달리 분배의 중요성을 역설했다. 가령 2002년 4월, 경기지역 후보 경선 연설에서 노무현은 "복지는 목적이고 시장은 수단"이라며 "복지정책을 통해 소득분배를 하고, 이 소득분배를 통해 건강한 소비를 늘리고 일자리를 만드는 새로운 정책이 추진되어야 한다"고 밝혀 신선한 충격을 주었다. 그는 선거 직전(2002년 12월 9일)에 인터뷰에서도 "빈부격차 해소는 시대적 과업"이라고 단언했다.

하지만 대통령 당선 뒤 그는 삼성이 제안한 '국민소득 2만 달러 시대'를 중장기 국가비전으로 설정했다. 한미자유무역협정 체결을 강행했다. 왜 그랬을까. 실제 국가정책에 대안을 준비하지 못했기 때문이다. 막상 국정을 책임질 때, 어떻게 경제를 '관리'할지 막연했기 때문이다. 우리가 할 일도 바로 그 지점에 있다.

신자유주의 경제정책을 벗어나 한국경제를 책임지는 정책을 구체적으로 마련하고 준비하는 일, 검찰과 언론을 치밀하게 개혁하는 일, '새로운 대한민국'을 구현하는 일, 바로 그것이 비극적 최후를 맞은 정치인 노무현을 옳게 추모하는 길이 아닐까. _ 2009년 6월 4일

원로 목사의 자결, 장로 정권의 대결

"북한은 핵실험을 하고 미사일을 발사하면서 우리 국민은 물론, 세계의 평화와 안전을 위협하고 있습니다. 지금 이 시각에도 위협의 수위를 점점 높여가고 있고, 우리는 방어 수위를 높여가며 첨예하게 대립하고 있습니다. '우리 민족끼리'를 늘 주장하던 북한이 동족인 우리를 위협하고 있습니다."

이명박 대통령의 현충일 발언이다. 과거 군부독재정권의 '대결주의'가 물씬 묻어난다. 국민 대다수가 미처 의식하지 못한 사이에 참으로 놀라운 변화가 일어난 셈이다. 진보세력마저 남북관계의 전개과정에서 한 발 물러서 있던 결과다.

보라. 현충일 기념식에 이어 이명박 대통령은 한미연합 항공작전지휘통제부를 찾았다. 현직 대통령으로서 16년 만의 '방문'에는 월터 샤프 주한미군사령관도 동행했다. 이명박 대통령은 "한미 협력 잘 하는 게 전쟁 억지하는 것"이라고 서슴없이 부르댔다. 그가 대통령에 취임 뒤 남북공동선언마저 부정하는 언행을 일삼으며 북을 자극하고 '한미동맹'만 부르짖은 게 오늘의 상황을 빚은 가장 큰 요인인데도 그의 진단과 전망은 정반대다.

바로 그래서가 아닐까. 이명박 대통령이 '대결'을 부르대던 바로 그날, 통일운동을 벌여온 강희남 목사가 '자결'했다. 조국통일범민족연합 남측본부 초대의장을 지낸 강희남 목사는 전북 전주의 자택에서 목을 매며 유서를 남겼다. "지금은 민중주체의 시대다. 4.19와 6월민중항쟁을 보라. 민중이 아니면 나라를 바로잡을 주체가 없다"고 호소했다.

강 목사는 이미 5월 1일부터 단식에 들어갔다. 붓으로 '이 목숨을 민족의 제단에'라고 썼다. 이명박 정권이 남북관계를 파탄내는 데 맞서 목숨을 던지겠다는 결기였다.

그래서다. 참담한 마음으로 향을 피운다. 고인의 명복을 빌며 '어두운 아침'에 쓴다. 대결주의로 치닫는 남북관계에 통일운동을 벌여온 고인은 무엇을 할 수 있었을까. 고인과 함께 통일운동을 해온 범민련 관계자들을 이명박 정권은 이미 감옥에 가뒀다. 고인의 마지막은 얼마나 스산했을까.

물론, 나는 통일운동에서도 노선 차이는 있고 그 차이는 서로 존중할 필요가 있다고 생각한다. 다만, 지금 남북관계를 파탄내고 대결주의로 치닫는 저 무모한 정권 앞에서는 손을 잡아야 옳지 않은가. 진보세력에 '6.15남북공동선언 실천'이라는 '공통분모'를 늘 강조해온 까닭이다. 강 목사가 목숨을 끊은 날, 이명박 대통령의 현충일 발언을 다시 새겨보자.

"북한의 위협으로 남북긴장이 고조될수록 북한이 오판하지 않도록, 우리는 더욱 하나가 돼야 합니다. 튼튼한 안보를 위해서는 빈틈없는 국방태세도 매우 중요하지만 내부의 단합과 화합이 더욱 중요합니다."

어떤가. 군부독재의 수법과 한 치도 다름이 없다. 남북 대결주의로 긴장을 조성하고, 그 긴장을 빌미로 '내부 단합과 화합'을 강조한다. "북한이 오판하지 않도록"이라는 말도 똑같다. 과연 북이 지금 남침 의지라도 있단 말인가? 더구나 노무현 전 대통령의 죽음을 애도하는 국민 앞에서, 과연 그게 대통령이 할 말인가?

국민 내부를 찢어놓을 대로 찢어놓고, 남북관계도 파탄을 내놓고, 언죽번죽 '화합'을 들먹이는 장로 대통령에게 원로 목사의 자결은 어떻게 다가올까? 과연 그가 '회개'할 수 있을까? 아니 성찰이라도 할 수 있을까? 고인의 원혼 앞에서 민주시민과 나누고 싶은 물음이다.

_ 2009년 6월 7일

조중동, 언소주가 그토록 무서운가

개는 왜 짖는가? 무서워서일까?

문득 떠오르는 물음이다. 새로운 '마녀'가 나타났기 때문이다. 마녀의 이름은 언론소비자 주권 국민캠페인(언소주). 《조선일보》《동아일보》《중앙일보》로부터 집요하게 사냥당하고 있다. 검찰의 눈도 한껏 충혈되어 있다. 누가 사냥개인지도 모를 만큼 검찰과 언론이 거품물며 살천스레 달려들고 있다.

보라. 《조선일보》는 '시민단체, 언소주 '자살특공대식 불매운동' 고발한다'(6월 15일 8면) 제하의 '기사'를 실었다. 짐짓 점잖을 빼던 《중앙일보》도 6월 10일자 사설에서 언소주의 불매운동을 '조폭적 논리'나 '사회적 린치'따위로 몰아세웠다.

《동아일보》는 〈해외에 삼성 악선전해 경제 망치려는 협박꾼들〉 제하의 사설(6월 15일)에서 '천방지축' '망나니짓' '행패'라고 썼다. 심지어 언소주를 '세금도 쥐꼬리만큼 내는 사람들'로 비난했다. 세금을 '쥐꼬리만큼 내는' 게 어떤 연관성이 있는지 모르지만, 그 이전에 사실관계도 틀렸다. 《조선일보》와 《동아일보》가 언소주 김성균 대표를 일러

"사회당 당원"이라고 쓴 이유도 실소를 자아낸다. 사회당원이라는 게 어떤 연관성이 있는지 모르지만, 그 이전에 사실관계도 틀렸다.《한겨레》보도에 따르면, 언소주 쪽은 대기업 간부와 공무원, 교사 등 30대 후반과 40대 초반의 회사원과 의사 등 전문직 종사자들이 단체의 핵심 활동가들이라고 반박했다. 김 대표 또한 "사회당에 가입한 사실이 없다"며 두 신문에 정정보도를 요청했다.

그렇다. 왜 저들이 저렇게 사실관계까지 왜곡하며 미친 듯이 달려드는걸까? 무서워서라고 나는 판단한다. 기실 신문 광고불매운동은 언소주가 처음이 아니다. 비록 이명박 정권이 개입해 시민들을 '사법처리'한 해괴한 사태로 이어졌지만, 광고 불매운동은 이미 1990년대에 선보였다. 당시 스포츠신문의 선정적 지면에 대해 광고주를 압박한 사례가 있다.《스포츠조선》창간 뒤 스포츠신문 시장을 놓고《일간스포츠》《스포츠서울》이 3파전을 벌이며 앞다퉈 선정적 내용을 편집할 때였다.

스포츠신문 대책을 세우던 시민사회단체들이 결성한 음란폭력성조장매체대책시민협의회(음대협)는 1996년 5월 22일《스포츠조선》불매운동을 결의한 데 이어 5월 25일《스포츠조선》에 광고하는 20대 광고주에게 광고 불매 협조문을 보냈다. 음대협은 이 공문에서 "오는 6월 3일부터《스포츠조선》에 광고하는 기업의 제품 불매운동을 전개 하겠다"고 밝혔다. 음대협은 또 6월 1일까지《스포츠조선》이 대책을 마련하지 않을 경우 전단제작과 거리 집회를 통해 '《스포츠조선》건전화를 위한 국민운동 발대식 및 캠페인'을 펴겠다고 밝혔다.

시민단체들은 그에 앞서 1995년 11월에도 스포츠신문 3개사의 음란 폭력성을 모니터하여 강력하게 개선요청을 했고 3사 모두 이를 수용했다. 그러나《스포츠조선》은 1996년 4월부터 다시 '섹스가정교사' 따위

의 음란물과 음란사진을 대거 지면화하고 나섰다. 당시 음대협은 "이
는 《스포츠조선》이 스스로 도덕성을 지킬 수 있는 도덕적 감각을 상실
한 증거"라면서 "《스포츠조선》이 창간 이래 지난 6년간 청소년에게 유
해한 내용을 싣지 않겠다고 수도 없이 약속했으면서도 이를 지키지 않
았다"고 주장했다.

《스포츠조선》에 대해 벌인 광고 불매운동은 곧장 효과를 보았다.
《스포츠조선》은 5월 30일 음대협의 불매운동과 관련해 1면에 사과문
을 내고 "청소년들에게 음란과 폭력을 조장할 여지가 있다고 판단될
소지가 있는 사진 기사 광고는 싣지 않기로 결정했다"고 밝혔다.

그렇다. 저들은 이미 패배의 쓰라린 경험을 간직하고 있다. 바로 그
래서다. 언소주의 광고주불매운동에 사실까지 왜곡하며 달려든다. 정
권을 들쑤시며 엄벌을 부추긴다. 다시 묻고 싶다. 개는 왜 짖는가? 무서
워서다. _ 2009년 6월 16일

촛불의 학습, 학습의 촛불

촛불이 무섭기 때문일까, 우습기 때문일까. 민주시민 머리를 방패로 찍는 저들을 보라. 조폭조차 혀 찰 야만이다. 쫓기는 시민의 꼭뒤를 개머리판으로 내리친 전두환 일당과 겹쳐진다. 이명박 정권의 맨얼굴이다. 동영상을 본 젊은 여성은 구토증을 토로했다.

비단 '살인 경찰'만이 아니다. 한나라당 국회의원 전여옥의 지지모임 회장은 김대중 전 대통령에게 차라리 자살을 하라고 살천스레 쏘아댄다. "바위에 올라갈 힘이 없으면 본인 집 옥상에서도 가능하다"고 언구럭부린다.

그렇다. 노무현 전 대통령의 비극적 자살 앞에서도 이 대통령과 한나라당은 아무런 성찰이 없다. 용산 철거민과 화물연대 노동자의 핏빛 원혼은 지금 이 순간도 떠돌며 흐느끼고 있다.

이 대통령과 한나라당 국회의원들이 촛불에서 학습한 게 있다면 오직 '초전박살' 아닐까. 보라, 저 경찰과 검찰을. 게다가 부자신문들은 공권력의 폭력을 두남두는 수준을 넘어섰다. 강경대응을 선동한다. 폭력적 국가기구와 이데올로기 기구를 장악한 이명박 정권으로선 촛불을 시들방귀로 여길 만도 하다.

그래서다. 촛불을 든 모든 민주시민에게 제안한다. 아니, 먼저 묻고 싶다. 과연 우리는 촛불에서 무엇을 학습했는가. 2008년 100회 넘게 타오른 촛불항쟁을 톺아볼 일이다. 서울 용산 철거민 5명과 화물연대 박종태의 원혼 앞에선 왜 활활 타오르지 않았을까. 노무현의 죽음 앞에서 다시 타오르긴 했다. 하지만 얼마나 타오를 수 있을지 장담할 수 없는 상황이다.

문제의 핵심은 우리 스스로 지쳐 촛불 내리는 일을 더는 되풀이할 수 없다는 데 있다. 촛불항쟁에서 우리는 이명박 정권에 맞설 대안이 또렷하지 않다는 사실을 학습했다. 정치적 대안이 없을 때 촛불은 다시 타올라도 숙지근할 수밖에 없다.

그렇다면 무엇을 할 것인가. 저 '괴물정권'은 왜 등장했는지를, 김대중─노무현 정권 내내 왜 비정규직 노동자가 늘어가고 양극화가 깊어갔는지를, 왜 대한민국이 자살률 1위에 출산율 꼴찌 나라가 되었는지를, 꼼꼼하게 짚어야 한다.

더러는 민중이 이해하기 어렵다며 '신자유주의'라는 말을 쓰지 말자고 주장한다. 과연 그러한가. 금융 세계화를 밑절미로 기업규제 완화와 노동시장 유연화를 강행하는 게 바로 신자유주의다. 신자유주의가 우리의 삶에 어떻게 폐해를 주는지 지식을 나누고 대책을 공유해가야 한다. 그래야 신자유주의를 넘어설 수 있다. 그 지점에서 촛불을 통한 학습은 학습하는 촛불로 이어진다.

노골적으로 상위 10퍼센트의 이익만을 좇는 이명박 정권의 정체를 낱낱이 밝히고 민중과 더불어 신자유주의의 대안을 구체화하는 과정 자체가 학습이다. 촛불을 든 민주시민 스스로 '학습하는 촛불'이어야 할 이유가 여기 있다. 살고 있는 지역에서도 좋고, 일터에서도 좋다. 10명 안팎의 학습 동아리를 자연스레 만들어 자신은 물론, 이웃의 정치의식을 싸목싸목 높여가야 옳다. 민중의 슬기가 희망이기 때문이다.

학습하고 토론할 때, 연대하고 단결할 때, 민중이 역사를 바꿀 수 있다. 스웨덴의 성숙한 민주주의도, 베네수엘라의 차베스 변혁도 그 밑절미엔 '민중 학습'이 자리잡고 있다.

촛불을 밝히는 현장에 동참하는 학습만이 아니다. 우리가 실현하려는 사회를 함께 학습하고 토론하는 촛불, 바로 그것이 어둠을 물리치는 민중의 길이다. 어깨에 힘 빼고 지역과 일터로 깊숙이 파고드는 길, 학습하는 촛불의 길이다. 모든 권력이 국민으로부터 나오는 민주공화국으로 벅벅이 가는 길이다. 저들에게 똑똑히 가르쳐주는 길이다, 촛불의 무서움을. _ 2009년 6월 17일

이명박의 '계급전쟁' 어떻게 맞설까

가까스로 '최악'의 상황은 피해갔다. 쌍용자동차 노사가 막판에 '타결'을 이뤘다. 경찰특공대가 진입하면 큰 인명피해가 예고되던 도장공장 농성도 76일 만에 풀었다. 막판에 이르기까지 평택에서 벌어진 '전쟁'은 우리에게 중요한 교훈을 남겼다. 바로 벌거벗은 '계급정권'의 출현이 그것이다.

흔히 '계급'이란 말만 들어도 대다수 사람들은 거부감을 느낀다. 엄연한 사회과학 개념인데도 이 땅에선 사실상 금기어다. 신문과 방송에서도 기피한 지 오래다.

오해 없기 바란다. 지금 우리에게 '계급투쟁'이 절실하다는 주장을 펼 생각은 없다. 다만 있는 그대로 현실을 직시할 필요는 있다. 보라. 말끝마다 '계급'을 낡은 개념으로 몰아치고 '폭력투쟁'과 연관 지어 서슴없이 '빨간 색깔'을 칠해온 저들을. 언제나 자신들이 '국익'을 대변한다며 언죽번죽 부르대왔던 저들을. 냉철하게 평택을 보라. 정작 저들이야말로 '계급'의 이익을 추구하고 있음을 유감없이 보여주지 않았던가. 서울 용산 철거민들을 죽음으로 몬 경찰특공대의 살벌한 '작전'이

다시 등장했다. 살천스레 폭력을 휘두른 이른바 '공권력'은 누구를 대
변하고 있는가.

두루 알다시피 쌍용자동차 노사관계에서 실질적 '사'는 이명박 정
권이다. 쌍용자동차의 경영진 뒤에 산업은행이 있고 산업은행 뒤에 이
정권이 있다. 쌍용자동차에서 벌어진 '전쟁'은 이명박 정권의 정체를
극명하게 드러내주었다. 저들은 세계 금융 위기로 빚어진 상황을 모두
노동자 탓으로 돌리거나 노동자 고통을 모르쇠하고 있다.

이명박 정권에서 노동자들의 생존권 보장정책은 물론, 내수시장 확
대 정책이나 자동차 산업의 중장기 정책을 찾아볼 길이 없다. 오직 시
장 만능주의와 노동조합 적대시, 대기업 중심주의만 날선 모습으로 드
러난다.

비단 쌍용자동차만이 아니다. 방송인 시절 '권력의 나팔수'였던 이
윤성이 국회부의장으로 날치기한 '미디어법' 또한 철저하게 대기업의
논리, 자본의 논리를 담고 있다. 군부 쿠데타를 주도한 전두환 일당마
저 적어도 외면적으로는 인정했던 '방송의 공공성'을 아주 쉽게 자본
에 팔아넘기려는 저들을 보라.

그렇다. 이명박 정권이 지금 보여주는 모습은 명백한 '계급정권'이
다. 한나라당 또한 계급정당임을 감추지 않고 있다. 대기업 자본의 이
익을 철저히, 치열하게 대변한다. 그에 반대하는 사람에겐 가차 없이
폭력을 휘두른다.

문제의 핵심은 대한민국의 극소수 계급을 대변하는 저들이 마치 국
익을 대변한다는 듯 언구럭부리는 데 있다. 이미 그 자신이 대기업 자
본이기도 한 신문들이 극소수 이익을 국익으로 호도해왔다. 한국의 대
기업 자본은 이미 신문만 '매수'한 게 아니다. 대학을 '매수'한 지 오래

다. 재벌의 대학 인수에 두 손 들어 환영하는 행태는 어제 오늘의 일도
아니다. 그 결과다. 쌍용자동차의 '노노갈등'은, 농성 노동자의 아내에
게도 무람없이 폭력을 휘두른 이른바 '비해고 노동자'들의 슬픈 풍경
은 대자본이 여론을 지배하는 나라에서 불거지는 비극이다. 만일 저들
이 미디어악법으로 방송까지 장악해가면 어떻게 될까.

그래서다. 쌍용자동차에서 일어난 전쟁은 시작일 뿐이다. 이명박 정
권과 한나라당이 추구하는 특정 계급이익에 맞서, 그 이익을 지키려는
시대착오적 전쟁에 맞서, 대다수 국민의 보편적 이익을 온전히 대표하
는 정치세력의 재구성이 절실하다. 어정쩡하게 대변하는 정당이 아니
라 시장만능의 신자유주의나 그 연장선인 한미자유무역협정 따위와는
분명하게 선을 긋고, 국민 대다수인 민중의 이익을 제대로 대변하는 새
로운 정치 세력화에 민주시민들이 슬기를 모아갈 때다.

_ 2009년 8월 6일

학습하라, 토론하라, 연대하라

'학습하라, 선전하라, 조직하라.'

아름다운 세상을 꿈꾼 숱한 여성과 남성의 가슴을 설레게 한 푯대다. 세계 진보운동의 '강령'이던 저 열정적 호소가 새삼 사무치는 까닭은 이 땅의 현실이 절망스러워서다. 이명박 정권이 숨진 철거민들을 끝내 모르쇠 해서만은 아니다. 쌍용자동차에서 불거진 '전쟁' 때문만도 아니다. 경제 살리기를 공약으로 당선된 대통령이 노골적으로 특정 계급의 이익을 대변하고 있는데도 한나라당을 두남두는 사람들이 적지 않아서다.

미디어악법 날치기에서 확인할 수 있듯이 대기업 이익을 관철하는 이명박 정권과 한나라당을 《조선일보》《동아일보》《중앙일보》가 엄호하는 꼴은 전혀 낯설지 않다. 영남의 극소수 상류층이나 서울 강남에서 나오는 박수도 당연하다. 그러나 영남의 대다수 민중이 저 특정 계급의 이익을 대변하는 계급정당을 '무조건 지지'하는 풍경은 우리에게 학습이 얼마나 절실한가를 일깨워준다.

미리 눈 흘기지 말기 바란다. 진보세력이 민중을 가르치자는 게 전혀 아니다. 대다수 국민이 고통 받고 있는데도 뺄셈만 고집하는 진보세력 또한 학습이 절실하다. 아니, 나 자신부터 학습에 게으르다. 신자유주의와 분단체제의 대안을 마련하겠노라고 연구원을 만들었으면서도 아직 민중에게 희망을 주지 못하고 있다.

이명박 정권에 반대하면서 한미자유무역은 옳다는 사람들과 더불어 공부하며 신자유주의 아닌 대안 경제가 얼마든지 가능하다는 진실을 공유해갈 때다. 재벌 대변기구인 전경련은 물론, 언제나 저들과 한 패거리인 부자신문들이 넘치는 돈줄로 여론을 몰아가고 있기에 학습은 더 절실하다. 저들은 우물 안 개구리처럼 여전히 시장만능주의를 '글로벌 스탠더드'로 우기거나 신자유주의를 비판하면 곧장 시장을 부정할 셈이냐는 흑백논리로 언구럭부린다. 시장만능주의와 다른 경제 대안들을 공부하지 않을 때, 누구나 윤똑똑이들의 호도에 넘어가기 십상이다.

그 학습과정은 민주적이어야 옳다. 누가 누구를 가르치는 게 아니라 서로 가르치고 배워야 한다. 일방적 선전이 아니라 쌍방향의 토론이다. 민중교육학자 파울루 프레이리는 1970년대에 지금은 사라진 동독의 '이데올로그'들과 나눈 대화를 토로한 바 있다. 그들은 민중참여 교육론을 적극 평가한 뒤 언죽번죽 말했단다. "부르주아 사회에서라면 참여에 관해 토론하는 게 옳다. 그리고 당신은 참여를 부추겨야 한다. 그러나 여기서는 아니다. 우리는 민중이 알아야 할 것을 알고 있다." 그랬다. 민중이 알아야 할 것을 우리는 알고 있다는 동독 엘리트의 자부심, 권위주의의 전형이다. 바로 그래서가 아닐까. 동독이 속절없이 무너진 까닭은. 혹 이 땅의 진보세력이 민중에게 살가운 호응을 받지 못하는 까닭도 저 부사신문의 왜곡 못지않게 그곳에서 찾아야 옳지 않을까. 사실에 근거한 학습, 겸손하게 마음을 연 토론이 절실하다.

실사구시에 밑절미 둔 학습과 토론은 그 자체가 조직의 과정이다. 우리가 촛불항쟁에서 싱그럽게 학습했듯이 새로운 조직의 고갱이는 연대다. 연대는 모두가 주체로서 서로 차이를 존중하고 공통분모를 찾아 힘을 모으는 덧셈의 슬기와 이어져 있다.

그래서다. 세계 진보운동의 저 푯대를 인터넷이 발달한 21세기의 변화한 시대 흐름에 맞게 재구성해야 옳다. 보수와 진보를 떠나 '모든 권력이 국민으로부터' 나오는 대한민국 헌법정신을 온새미로 실현하고 싶은 모든 이에게, 이 절망스런 땅의 골골샅샅에서 '작은 희망'을 지며리 일궈온 '당신'에게, 주체로 나서길 감히 제안하는 까닭이다.

'학습하라, 토론하라, 연대하라!' _ 2009년 8월 11일

이명박과 박근혜를 넘는 길 – 주권운동

2008년 5, 6, 7, 8월을 뜨겁게 달군 촛불항쟁은 수백만 명이 참여해 넉 달 이상 타오른 세계사적 사건이었다. 5월에서 8월 말까지 1524명이 경찰에 연행되었다. 32명이 구속되고 수배자도 22명이었다. 부상자는 2500명에 달했다.

미국산 쇠고기의 전면수입과 학교 교육의 경쟁강화에 맞서 타오른 촛불은 곧이어 보건의료, 전기와 수돗물 사영화에 반대하고, 삶의 환경을 원천적으로 파괴할 경부대운하 저지, 비정규직과의 연대 움직임으로 퍼져갔다.

촛불항쟁 내내 가장 많이 불렀던 노래가 〈헌법 제1조〉 "대한민국은 민주공화국이다. 대한민국의 모든 권력은 국민으로부터 나온다" 였던 사실에서 확인할 수 있듯이, 모든 권력은 국민으로 나온다는 헌법 제1조의 정신을 실제로 구현할 것을 요구하고 나선 최초의 주권운동이 바로 촛불항쟁이었다.

2009년 5월 노무현 전 대통령의 비극적 자살로 다시 500만 명에 이르는 시민들이 분향소를 찾았다. 소수 기득권세력을 철저히 대변하는 이명박 정권에 대한 비판의식은 높아갔다. 그럼에도 이명박 정권은 전혀 정책 변화의 조짐을 보이지 않았다. 떡볶이 가게를 찾아가 어묵을 먹으며 '중도'와 '서민'을 강조했을 따름이다. 비정규직의 고통은 커져가고 영세자영업자들은 몰락해갔다. 부익부빈익빈은 무장 커져갔다.

〈전망1〉 그럼에도 민주당과 친노무현 세력은 노무현 전 대통령의 추모 분위기에서 올라간 지지율을 과신한 나머지 힘을 모으지도 못했고 성찰도 없었다. 뉴민주당 플랜도 바꾸지 않았다. 민주노동당과 진보신당은 서로 비전이 다르다거나 정책 경쟁이라는 이름 아래 서로 자기 길을 걸어갔다. 결국 이명박 정권 심판을 내세운 2010년 6월 2일 서울시장 선거에서 한나라당 후보가 당선되었다. 자신감으로 탄력을 받은 이명박 정권은 신자유주의 정책을 더 밀어붙이며《조선일보》《동아일보》《중앙일보》는 물론, 이미 장악한 방송 3사의 도움을 받아 여론을 유리하게 조성해갔다. 2012년 4월 총선에서 민주당, 민주노동당, 진보신당, 창조한국당으로 갈라진 야당에 힘입어 한나라당은 다시 제1당이 되었다. 2012년 12월 대통령 선거에서도 한나라당 후보로 뽑힌 박근혜 후보가 자유선진당과 단일화에 성공하고 민주당의 분열로 당선됐다. 두 진보정당은 독자적 후보전략을 고수했으나 의미 있는 득표엔 실패했다. 한나라당은 재집권에 성공했다. 기득권세력은 회심의 미소를 지었고 세 신문과 세 방송사는 박근혜 당선자를 '사상 첫 여성 대통령'이라거나 마거리트 대처 영국 총리에 빗대 '철의 여장부'로 대서특필하고 나섰다.

〈전망2〉 민주당과 친노무현 세력은 노무현 전 대통령의 추모 분위기에서 뼈를 깎는 성찰로 왜 비극적 사건이 일어났는가를 짚어보았다. 집권 10년 동안 무엇이 문제였는지, 왜 한나라당에게 정권을 빼앗겼는지 성찰하면서 개혁세력이 진보세력을 배제해온 사실을 새삼 발견했다. 뉴민주당 플랜을 철회하고 진보세력과의 연대에 적극 나섰다. 민주노동당과 진보신당은 계속 갈라진 채 제 갈 길을 간다면 발전이 없다는 성찰 아래 꾸준히 통합을 모색해갔다. 민주당과 두 진보정당은 정당과 정치인들 사이의 이해관계가 얽혀 있어 연대와 단결을 이루는 데 큰 난관이 있었다. 하지만 2010년 6월 2일 서울시장 선거를 앞두고 모든 야당과 시민사회 단체들이 연석회의를 만들었다. 진통 끝에 한나라당 후보에 맞선 범국민후보로 단일화를 이루었고 그 결과 서울시장 선거에서 미세한 표차로 승리했다. 범국민후보로 서울시장을 선출한 경험에 바탕을 두고 정치권은 급격하게 재편되었다. 민주당 내 진보적 국회의원들과 민주노동당—진보신당—창조한국당은 새로운 당, 진보적 국민정당을 내오는 데 성공했다. 2012년 총선과 대선에서 새 정당은 국회 다수당에 이어 집권하면서 한국 정치사와 민주주의의 새로운 지평을 열었다.

최악과 최선의 갈림길에 놓인 오늘

앞서 살펴본 〈전망1〉과 〈전망2〉는 각각 최악의 시나리오와 최선의 시나리오다. 정당이나 정치인 시각에서 그렇다는 게 아니다. 국민 대다수인 민중의 처지에서 그렇다는 뜻이다. 현실이 〈전망1〉로 갈지 〈전망2〉로 갈지는 알 수 없다. 쉽게 생각한다면 그 중간 정도로 가리라고 생각할 수 있다. 하지만 근거 없는 막연한 낙관은 금물이다.

어떤 형태로 가든 한나라당의 재집권 여부로 확연히 갈라지는 것은 명백하기 때문이다. 따라서 최악의 시나리오를 막고 문제를 옳게 풀어 가려면 먼저 오늘의 상황부터 정확하게 분석할 필요가 있다.

2009년 8월 15일 현재 대한민국은 민주공화국이 아니라 부자공화국 이다. 부자정권만이 아니다. 부자신문이 여론을 독과점하고 있기 때문 이다. 이명박 정권은 종부세 무력화에서 상징적으로 드러나듯이 가장 늘려 잡아도 상위 10퍼센트를 대변하는 정권이다.

이명박 정권의 1년 반을 돌아보면 부자정권과 부자신문이 사실상 동맹관계를 맺고 있음을 발견할 수 있다. 구체적으로 서울 용산 철거민 참사를 '전철연의 과격시위' 탓으로 여론화한 게 바로 《조선일보》《동 아일보》《중앙일보》였다. 언론 못지않게 이명박 정권의 버팀목은 공안 당국이다. 촛불항쟁을 거치며 이명박 정권은 자신이 기댈 곳은 부자신 문과 '공권력'임을 새삼 확인한 듯하다. 이 정권이 방송 장악에 물불을 가리지 않는 이유, 용산 참사의 책임자이자 촛불 폭력진압을 주도한 김 석기 경찰청장 내정자를 끝까지 두둔한 이유도 거기에 있다. 이명박 정 권은 앞으로도 이데올로기적 국가기구인 언론과 폭력적 국가기구인 공안기구에 의존해 신자유주의 정책과 노동시장 '유연화' 정책을 펴나 갈 가능성이 높다.

문제의 핵심은 이명박 정권이 상위 10퍼센트 중심 정책을 주저 없이 펴나가는 이유가 과연 폭력적 국가기구와 이데올로기적 국가기구를 믿기 때문만 일까라는 데 있다. 이명박 정권 시기 진보―민주세력의 과 제를 논의할 때 더 중요하게 성찰해야 할 대목이 진보―민주세력 내부 요인이기에 그 물음은 더 적실하다.[4]

촛불항쟁이 거세게 타올랐음에도 이명박 정권과 한나라당이 신자 유주의 정책을 강행하는 중요한 이유 가운데 하나는 자신들의 정치적 대안이 보이지 않는다는 사실을 간파하고 있어서다. 100만 개의 촛불이 100회 넘게 타올랐지만 정치적 대안이 없었던 촛불은 구심점을 잃고 지쳐갔던 게 엄연한 사실이다. 노무현 전 대통령의 비극적 자살 이후 500만 명에 이르는 추모 열기 또한 정치적 대안을 찾지 못해 수그러들고 있다. 그렇다. 낡은 것은 사라지는데 새로운 것은 아직 나타나지 않는 게 오늘의 현실이다

기실 2008년 촛불항쟁 내내 어떤 정당도 촛불을 든 민주시민들의 대안으로 믿음을 주지 못했다. 한나라당은 말할 나위없고 민주당도 야유를 받았다. 그렇다고 민주노동당이나 진보신당이 촛불시민들을 강렬하게 끌어당긴 것도 아니다.

국민 대다수인 민중에게 더 심각한 문제는 촛불항쟁이 벌어졌던 2008년 5, 6, 7, 8월과 비교해 객관적 세계정세가 더 어두워졌다는 데 있다. 2008년 9월 본격화한 미국의 금융 위기는 세계 금융위기와 실물경제 위기로 치달았다. 그 결과 수출의존도가 높은 한국경제는 중소기업 도산과 자영업 몰락, 실업률 급증이 현실화하고 있다. 민중의 생존권이 더 위협받는 국면이다. 경제 침체가 장기화할 때, 민중의 고통은 무장 심화될 수밖에 없다. 이명박 정부가 신자유주의 정책을 전환할 조짐이 보이지 않기에 더 그렇다.

이것이 함축하는 의미는 무엇일까. 우리가 대한민국의 경제와 정치를 근본적으로 바꿀 수 있는 객관적 조건은 익어가는데 주체적 조건은

---

4 외적 요인이 설령 지배적이라고 하더라도 그 요인만 강조한다면, 주체적 대응에 게으를 수밖에 없다. 외적 요인에 어떻게 대응할 것인가를 논의하기 위해서라도 내적 요인을 더 중시해야 옳다.

준비가 부족하다는 데 있다.

그렇다면 진보－민주세력의 과제가 무엇일까라는 물음에 답은 명확하다. 정치적 구심점이 될 수 있는 대안을 만드는 일이다. 비단 정당만의 문제가 아니다. 민중운동이든 시민운동이든 통일운동이든 정치적 구심점이 없을 때, 각 부문의 운동 발전도 제약받을 수밖에 없는 상황이다. 이명박과 한나라당 정권에 맞설 정치적 대안을 만들어내지 못하면, 앞으로 더 많은 민중의 고통과 희생이 따르더라도 2012년 대선에서 〈전망1〉이 현실이 될 수 있다. 박근혜의 '줄푸세' 정책에서 드러나듯이 그와 이명박의 경제정책 사이에는 아무런 차이가 없다. 바로 그렇기에 진보세력의 연대와 단결로 새로운 대안을 만드는 과제가 절실하다. 그것은 고통 받는 민중과 민족 앞에 더는 외면할 수 없는 절실하고 절박한 시대적 과제다.

진보－민주세력 재구성의 원칙

민주노동당과 진보신당, 창조한국당과 민주당 일부로 흩어져 있는 진보적 정치세력이 시민사회단체들과 더불어 정치적 대안을 만들려면 재구성이 관건이다. 현재 네 정당 가운데 어느 정당도 단독으로 2012년에 집권할 가능성은 어둡다.

하지만 정치적 구심점이 절박하다고 해서 지금 당장 새로운 정당을 누군가 주도하거나 '헤쳐 모여'식으로 만들 수도 없다.[5] 촛불항쟁에 나섰던 모든 세력이 지금 할 일은 새로운 정당을 만들어내기 이전에 새로운 정치세력화의 기반을 튼튼하게 마련하는 일이다. 바로 그것이 진보의 진보적 재구성이라고 발제자는 판단한다. 여기서 '진보적 재구성'이라 할 때 그 대상인 동시에 주체는 진보정당의 정치인이나 당원들만이 아니다. 노동운동, 농민운동, 빈민운동, 여성운동, 환경운동, 학생운동, 시민운동, 통일운동만도 아니다. 신자유주의와 분단체제에서 고통받고 있는 모든 국민이다.

그래서다. 촛불을 든 모든 사람들이 진보적 대안을 만들어가는 진보—민주세력 재구성의 3원칙을 다음과 같이 제안한다.

첫째, 실사구시의 원칙이다. 실사구시란 말 그대로 사실에 기초하여 진리를 탐구하는 태도다. 소련—동구의 몰락과 중국의 전환, 조선민주주의인민공화국의 '고난'은 우리 모두가 정면으로 마주해야 할 역사적 사실이다. 그 사실에 기초할 때, 우리는 경직된 사상적 엄숙주의에서 벗어나 진리를 탐구해야 할 필요성을 더 절감할 수 있다. 막연한 이상주의와 구호 수준의 담론을 넘어서서 실제로 '해방의 진정한 조건'을 '철저히' 파고들어야 옳다. 진보세력이 집권했을 때 현재의 정치경제 체제와 전혀 다르게 국가를 책임질 수 있는 구체적 정책이 필요하다.

실사구시가 필요한 이유는 관념적 이상주의의 모호한 비전이 분열

---

5   가령 민주노동당과 진보신당 사이에 깊어진 감정의 골을 메우기란 쉽지 않다. 실제로 민주노총의 '진보정당세력 통합을 위한 추진위원회'가 진보신당을 찾았을 때 논쟁이 불거졌다. 진보신당 쪽은 "통합이 되기 위해서는 해소할 장애물들이 많다"며 "단순히 1년 전으로 돌아가는 통합이라면 아무런 의미가 없는 것 아니냐"고 반문했다. 실망하거나 비난할 문제가 아니다. 진보신당의 반응을 받아들일 수 있어야 진정 통합이 가능하다. 민주노동당과 갈라져 나온 진보신당으로선 다시 통합하려면 그에 합당한 '명분'이 있어야 한다. "아무런 변화 없이 통합을 강조하는 것은 진정성도 없으려니와 제3자에게는 민주노동당에 진보신당이 흡수되는 상황으로 이해될 수 있다"는 진보신당 쪽의 우려를 고려해야 한다. 연대로 울산북구에서 진보세력이 얻어낸 국회의원 1석은 그 자체로 소중하지만, 두 당이 마음을 열고 만나지 못할 때 통합에 부정적 기능을 할 수도 있다. 무조건 통합하자는 당위론보다 지금 중요한 것은 왜 통합할 수밖에 없는가라는 섬세한 현실론이다.

을 낳을 수밖에 없기 때문이다. 민중의 삶, 민중의 고통이 엄중한데도 경직된 사상에 기초해서 주자학적 논쟁에 치중하면 반목하거나 갈라질 수밖에 없다. 책임지고 실현가능한 사회의 비전을 제시하고, 국민 대다수인 민중의 이해관계에 기초해 실제 '경제 살리기' 정책을 마련해야 한다. 실사구시의 원칙이 중요한 까닭이다.

둘째, 학습토론의 원칙이다. 실사구시의 원칙으로 구성해가는 비전과 정책을 국민 대다수인 민중과 함께 학습하고 토론해나가야 한다. 국민 대다수는 신자유주의자들에게 노출되어 있다. 김대중―노무현 정권 10년 동안 신자유주의는 '글로벌스탠더드'의 이름으로 때로는 '개혁'의 이름으로 주입되어 왔다.

한미자유무역협정의 당위성을 노무현 정권은 국민혈세 수십억을 쏟아 홍보해왔다. 대한민국의 초중고등학교는 물론, 대학에서도 경쟁 중심과 시장만능주의 교육이 큰 흐름이다. 따라서 진보세력이 새로운 비전과 정책을 학습하고 토론하는 '학습모임'을 일터마다, 지역마다, 학교마다 만들어가지 않을 때, 한국 사회의 여론지형이나 정치지형은 바뀌기 어렵다. 민중운동과 시민운동을 비롯한 모든 사회운동 내부에서도 학습모임 활동이 절실하다. 다양한 수준, 다양한 부문에서 학습모임들이 활발하게 움직이면 아래로부터 자연스럽게 새로운 중심을 만들어갈 수 있다.

20세기 후반 이후 인터넷의 발달은 학습토론모임 활성화에 큰 무기일 수 있다. 이미 촛불항쟁에서 인터넷은 중요한 무기임을 우리 모두 확인했다. 다만, 인터넷 카페의 온라인 모임만으로 사람들의 정치의식이 바뀌기는 어렵다. 온라인을 매개로 활용하면서 곳곳에 학습모임을 만들어 토론을 벌여나가야 한다. 촛불을 들었던 민주시민들과 더불어 진보세력이 '한줌' 안에서 다툴 게 아니라 한줌 밖으로 나가야 할 때다.

기실 학습모임은 '스터디서클'이라는 이름으로 우리 운동의 오랜 전통이기도 했다. 하지만 언제부터인가 변화하는 현실에 맞춰 학습하고 토론하는 데 소홀해온 게 명백한 사실이다. 그 결과가 낡은 시대의 담론을 고집하며 서로 분열을 일으킨 게 아닐까도 짚어볼 필요가 있다.

셋째, 연대단결의 원칙이다. 신자유주의 체제와 분단체제로 국민 대다수가 고통 받고 있는데도 진보세력이 선거혁명을 꿈조차 꿀 수 없는 이유는 분열되어 있기 때문이다. 싸워야 할 대상과 함께 싸울 사람을 명확하게 구별해야 한다. 상대는 단결해 있다. 신자유주의로 무장되어 있다. 촛불항쟁에 나선 모든 사람을 단결시킬 원칙 공통분모를 찾는 게 중요한 이유가 여기 있다. 당장 단결을 이뤄갈 수 없다면, 먼저 연대의 틀로 손잡을 필요가 있다. 연대를 통해 함께 실현가능한 사회의 상을 그리고 정책대안을 마련해갈 때, 연대는 어느 순간 견고한 단결을 일궈낼 수 있다. 연대단결의 기준으로 세 가지를 제안한다.

① 신자유주의 극복: 더러는 신자유주의를 불가피한 현실로 보거나(김대중—노무현 정권) 더러는 사회주의를 이야기하지 않으면 개량주의라고 비판한다. 두 편향을 넘어서야 한다. 사회주의 또한 신자유주의를 넘어서지 않으면 이루기 어렵다. 실사구시의 태도로 신자유주의를 극복하자는 데 동의하는 모든 사람과 연대하고 단결해야 한다. 시장만능과 경쟁중심, 노동시장 유연화의 체제를 바꿔나가는 데 민중운동과 시민운동, 여성운동의 모든 부문운동은 공통분모를 확보할 수 있다.

② 분단체제 극복: 통일운동을 유럽적 기준에서 민족주의운동으로만 볼 문제는 결고 아니다. 분단체제는 현실적으로 남과 북의 국방비

과다지출로 인한 복지예산 축소와 민생경제 악화로 나타나고 있다. 남쪽 경제의 과도한 대외의존체제와 북쪽의 경제봉쇄로 인한 자급자족 체제를 모두 넘어서는 통일민족경제의 형성은 남과 북을 진정한 진보 사회로 재구성해가는 데 절실한 과제다. 더러는 '종북주의'를 거론하고 더러는 외세에 대한 몰인식을 들지만, 공통분모로서 분단체제 극복을 위한 남과 북의 합의문인 6.15공동선언을 실현하는 데 동의하는 모든 사람은 연대하고 단결해야 한다.

③ 과거운동노선 불문: 신자유주의체제와 분단체제 극복에 동의하는 모든 사람이 연대하고 단결할 때 마지막이자 어쩌면 가장 중요한 것은 그 순간부터 더는 상대의 '과거 운동노선'을 묻지 말아야 한다는 데 있다.

촛불의 길: 주권운동

촛불항쟁은 모든 권력이 국민으로부터 나오는 민주공화국을 실현하고자 국민 스스로 나선 최초의 주권운동이다. 2008년 촛불항쟁이 주권운동의 목표를 이루지는 못했지만, 기실 모든 권력이 국민으로부터 나오는 체제의 건설은 하루아침에 이뤄지지 않는다. 더구나 그 체제를 현실로 내올 수 있다면, 그것은 21세기 인류가 걸어가야 할 이상적 사회로 자리매김될 게 분명하다.

촛불을 든 민주시민들의 항쟁, 그 감동어린 축제는 세계사적 가능성을 담고 있다. 문제는 그 가능성을 어떻게 현실화할 것인가에 있다. 그것을 현실화할 주체세력의 형성, 곧 진보—민주세력의 진보적 재구성 3원칙으로 실사구시·학습토론·연대단결(실·학·연대)를 제안했다. 그 원칙을 진보정당과 진보언론, 진보학계, 사회운동에 적용한다면 과제를 더 구체적으로 도출할 수 있다.

진보-민주세력의 재구성이 곧장 실현되는 데는 여러 난관이 있다. 다만 정치적 이해관계가 크기 때문에 불가능하다고 미리 예단할 문제는 아니다. 문제의 핵심은 그것을 실현하도록 추동하는 힘이 기존 정당 내부에서 만들어지기 어렵다는 데 있다. 그렇다면 어떻게 가능할까.

무엇보다 민주당이 과연 대통령을 뽑는 선거에서 자당의 후보를 접을 수도 있는 자세를 갖추고 범시민후보나 범국민후보를 내는 데 동의할 수 있을까? 작금의 현실로 미루어 회의적이다. 바로 그 점에서 그것을 강제할 수 있는 아래로부터의 압력이 가장 중요하다.

민주당과 창조한국당 일각이 민주노동당-진보신당과 함께 진보-민주세력 재구성의 3원칙 아래 새로운 대안정당, 진보적 국민정당을 내오는 데 관건도 바로 아래로부터의 압력을 얼마나 조직화해낼 수 있는가에 달려 있다.

기존 정치인과 정당, 특히 민주당에게 '기득권'을 버리라는 요구가 한낱 도덕적 담론에 머물지 않으려면 그것을 강제할 수 있는 힘을 결집해내야 한다. 앞서 언급한 '새로운 정치세력화의 기반'으로서 대중운동의 활성화가, 주권운동과 학습운동이 필요한 까닭이다.[6]

하지만 그것만으로 가능할까? 동시에 새로운 대안정당의 문제의식을 촛불을 들었던 모든 민주시민과 뜻있는 정치인들이 공유해나가야

---

[6] 학습을 강조한다고 해서 당면한 투쟁에서 한발 물러서자는 뜻은 전혀 아니다. 당면 투쟁에서 또렷한 성과를 내기 위해서라도 학습과 토론 모임이 절실하다. 진정 우리가 어떤 사회를 추구하는지, 새로운 사회를 어떻게 실현할 수 있는지 학습하고 토론하는 일은 그 자체가 조직의 과정이다.

한다. 아래로부터의 대중운동이 주권의식을 높여가는 동시에 위로부터 새로운 정치를 일궈내려는 운동이 서로 맞아떨어질 때 한국정치의 새로운 지평이 열릴 수 있다.

지금까지 논의했듯이 신자유주의 체제와 분단체제를 넘어 모든 권력이 국민으로부터 나오는 사회를 건설해나가는 과정을 촛불항쟁에서 나온 언어로 '주권운동'이라 개념화할 수 있다면, 바로 그 주권을 실현할 수 있는 새로운 대안정당을 내오는 일은 주권운동의 한 부문인 '정치주권운동'으로 자리매김할 수 있다.

분명 낡은 것은 사라지고 없지만 새로운 것은 아직 오지 않았다. 새로운 것을 기다릴 게 아니라 만들어가야 옳다면, 아래로부터의 주권운동과 동시에 '정치주권운동'을 신중하되 대담하게 펼쳐나갈 때다.

민중운동과 시민운동이 각각 한계에 봉착해 있기에 더욱 그렇다. 거듭 강조하지만 주권은 촛불항쟁에서 민주시민 스스로 창출해낸 운동 방향이다. 모든 권력이 국민으로부터 나오도록 각 부문 운동에서 부문별 주권을 의제로 제기하고 쟁취해갈 필요가 있다. 가령 노동운동은 노동현장의 의사결정권을, 농민운동은 식량 주권을, 학생운동은 등록금 결정과 학사운영 참여권을, 시민운동은 영역별로 주권 또는 의사결정권을 의제로 제기하고 그것을 현실로 구현해나갈 수 있다. 민중운동과 시민운동이 범국민운동 또는 국민주권운동으로 연대의 틀을 마련할 때 각 부문별 운동도 더 성과를 거둘 수 있다.

지금까지 논의했듯이 신자유주의 체제와 분단체제를 넘어 모든 권력이 국민으로부터 나오는 사회를 건설해나가는 과정을 촛불항쟁에서 나온 언어로 '주권운동'이라 개념화할 수 있다. 그때 주권운동은 한 사람의 자유와 모든 사람의 자유가 이어지는 새로운 사회를 구현해나가

는 '21세기 영구혁명'의 실천이다. 바로 그 주권혁명에 2008년 촛불항
쟁의 역사적 의미, 현재적 의미가 있다.